U0634155

权威·前沿·原创

皮书系列为
"十二五""十三五"国家重点图书出版规划项目

BLUE BOOK

智 库 成 果 出 版 与 传 播 平 台

乡村振兴蓝皮书
BLUE BOOK OF RURAL REVITALIZATION

湖南乡村振兴报告（2021）
HUNAN RURAL REVITALIZATION REPORT（2021）

主　编 / 陈文胜

社会科学文献出版社
SOCIAL SCIENCES ACADEMIC PRESS（CHINA）

图书在版编目（CIP）数据

湖南乡村振兴报告 . 2021 / 陈文胜主编 . -- 北京：
社会科学文献出版社，2021.11
　（乡村振兴蓝皮书）
　ISBN 978 - 7 - 5201 - 9257 - 6

Ⅰ . ①湖…　Ⅱ . ①陈…　Ⅲ . ①农村 - 社会主义建设 -
研究报告 - 湖南 - 2021　Ⅳ . ①F327.64

中国版本图书馆 CIP 数据核字（2021）第 213874 号

乡村振兴蓝皮书
湖南乡村振兴报告（2021）

主　　编 / 陈文胜

出 版 人 / 王利民
责任编辑 / 桂　芳
责任印制 / 王京美

出　　版 / 社会科学文献出版社·皮书出版分社　（010）59367127
　　　　　　地址：北京市北三环中路甲 29 号院华龙大厦　邮编：100029
　　　　　　网址：www. ssap. com. cn
发　　行 / 市场营销中心（010）59367081　59367083
印　　装 / 天津千鹤文化传播有限公司

规　　格 / 开　本：787mm × 1092mm　1/16
　　　　　　印　张：19.5　字　数：292 千字
版　　次 / 2021 年 11 月第 1 版　2021 年 11 月第 1 次印刷
书　　号 / ISBN 978 - 7 - 5201 - 9257 - 6
定　　价 / 128.00 元

主编简介

陈文胜　湖南师范大学潇湘学者特聘教授、中国乡村振兴研究院院长、博士生导师，中央农办乡村振兴专家委员，国务院特殊津贴专家，中共湖南省委农村工作领导小组"三农"工作专家组组长，湖南省城乡一体化研究基地首席专家，湖南省扶贫领导小组专家咨询委员，《中国乡村发现》主编，香港中文大学访问学者。主持国家社科基金项目2项，主持省社科基金重大项目2项、重点项目3项、一般项目15项，其他项目28项。出版学术独著《论中国乡村变迁》《大国村庄的进路》《论大国农业转型》《乡村债务的危机管理》《乡镇视角下的三农》《新农村建设的热点难点着力点》，合著《大国小村》《论道大国三农》《粮食安全国家责任与地方目标的博弈》《湖南省城乡一体化发展研究报告》《湖南省县域发展研究报告》等，主编《乡村振兴蓝皮书：湖南乡村振兴报告（2018）》《乡村振兴蓝皮书：湖南乡村振兴报告(2019~2020)》《新型农民能力培养》《农民十万个怎么做》等丛书。在《求是》《政治学研究》《人民日报》《经济日报》《光明日报》等报刊发表论文90余篇，被《中国社会科学文摘》《新华文摘》等国家级文摘类报刊转载、摘录20余篇。撰写的研究报告获党和国家领导人肯定性批示9人次、省部领导肯定性批示35人次，15项成果进入省委省政府决策。

摘　要

本书站在"两个一百年"奋斗目标的历史交汇期，基于湖南传统农业大省的省情，以解决城乡发展不平衡、乡村发展不充分的矛盾为主线，对湖南实施乡村振兴战略取得的成效、存在的问题及对策进行了研究。

2021年湖南实施乡村振兴战略取得明显成效：一是以县域城乡融合发展为动力，全面推进乡村振兴形成新格局。表现在：强化顶层设计，厘清乡村振兴发展思路；坚持规划引领，推动乡村振兴有序发展；打通城乡要素流动"堵点"，农业农村改革纵深推进。二是以精细农业发展为突破口，扛稳国家粮食安全首要任务。表现在：坚持"藏粮于地"，保护耕地守底线；坚持"藏粮于民"，精耕细作增效益；坚持"藏粮于技"，科技支撑提效能。三是以"六个全覆盖"乡村建设为关键，补齐农村全面小康短板。表现在：推进农村通组道路全覆盖；推进农村饮水安全全覆盖；推进农村危房改造全覆盖；推进农村义务教育全覆盖；推进农村社会保障全覆盖；推进农村"一门式"基层公共服务全覆盖。四是以绿色乡村为目标，逐步进入宜居宜业新发展阶段。表现在：打好农村人居环境整治攻坚战；扎实推进重点水域禁捕退捕；加强农村生态环境突出问题治理。五是以乡村文化兴盛为方向，赋能全面推进乡村振兴内在动力。表现在：深入挖掘湖湘乡土文化资源；移风易俗，大力弘扬文明新风尚；乡风文明阵地建设不断深化；深入实施文化惠民工程。六是以"三治融合"乡村善治为要求，探索农村高效能治理长效机制。表现在：提升基层治理能力，规范创新村民自治，推进平安乡村建设。七是以农业农村优先发展为原则，推进脱贫攻坚成果与乡村振兴有效衔

接。表现在：统筹推进疫情防控和巩固脱贫成果，努力克服疫情灾情的不利影响；严格落实"四个不摘"，巩固拓展脱贫成果；保持投入力度总体稳定，推进各项工作有效衔接。

湖南全面推进乡村振兴需要破解的现实难题：一是农业结构性矛盾依然突出，农民增收形势依然严峻；二是要素支撑明显不足，政府与市场关系明显不顺；三是绿色乡村发展理念不强，环境治理机制不全；四是文化建设中农民主体性不够，因地制宜传承提升乡土文化不力；五是农民首创精神发挥不够，基层治理自主性不高；六是乡村振兴工作体制机制有待完善，绩效考评体系有待健全。

开创湖湘特色乡村振兴新局面的基本对策：第一，建立区域农产品正面清单与负面清单，全面优化产业结构与产业布局。要建立"正面清单""负面清单"的约束机制；突出优质高效，优化农业产业结构；坚持优势与特色导向，优化农业区域布局。第二，构建"政府主导、农民主体、社会主力"的有效衔接新机制，形成乡村振兴多元要素合力。正确处理政府和市场的关系，充分保障农民的主体地位，动员社会力量参与乡村振兴。第三，构建减污治污长效机制，推进乡村"两型"发展。推进乡村垃圾减量化，打好农村污水处理组合拳，打好农业面源污染防治攻坚战，持续推进乡村绿化美化。第四，全面推进文明乡村创建活动，引导形成乡风文明新风尚。第五，发挥基层党组织的核心引领作用，建立农民广泛参与的治理机制。第六，全面健全乡村振兴的工作体制机制，形成上下贯通、一抓到底的工作队伍。

本书还以湖南洞庭湖地区的岳阳市、常德市、益阳市及其典型县市为依托进行了调研，撰写了"三市三县"的乡村振兴调研报告，同时还撰写了湖南省村镇银行发展的专题报告，等等，力图全面反映湖南乡村振兴的各个侧面图景。

关键词： 乡村振兴　有效衔接　城乡发展

Abstract

Standing at the historical intersection of the "two centenary" goals, based on the provincial situation of Hunan's traditional agricultural province, this book studies the achievements, problems and Countermeasures of Hunan's implementation of the Rural Revitalization Strategy with the main line of solving the contradiction of unbalanced urban and rural development and insufficient rural development.

In 2021, Hunan has achieved remarkable results in implementing the Rural Revitalization Strategy: First, take the integrated development of urban and rural areas in the county as the driving force, comprehensively promote rural revitalization and form a new pattern. It is manifested in: strengthening the top-level design and clarifying the ideas of Rural Revitalization and development; Adhere to planning guidance and promote rural revitalization and orderly development; We will open up the "blocking points" for the flow of urban and rural factors and deepen agricultural and rural reform. Second, take the development of fine agriculture as a breakthrough and shoulder the primary task of stabilizing national food security. It is manifested in: adhering to "storing grain in the land", protecting cultivated land and keeping the bottom line; Adhere to "storing grain for the people" and intensive cultivation to increase benefits; Adhere to "storing grain in technology" and improve efficiency with scientific and technological support. Third, take the "six full coverage" rural construction as the key to make up for the shortcomings of rural well-off society in an all-round way. It is manifested in: promoting the full coverage of rural roads; Promote safe drinking water coverage in rural areas; Promote the full coverage of the reconstruction of dilapidated houses in rural areas; Promote the full coverage of rural compulsory education; Promoting full coverage of rural social security; We

will promote the full coverage of "one door" grass-roots public services in rural areas. Fourth, take the green countryside as the goal and gradually enter a new development stage suitable for living and industry. It is manifested in: fighting a tough battle for the improvement of rural residential environment; We will solidly promote the prohibition and return of fishing in key waters; We will strengthen the management of prominent problems in the rural ecological environment. Fifth, take the prosperity of rural culture as the direction, empower the internal power to comprehensively promote rural revitalization. It is manifested in: deeply excavating the local cultural resources of Hunan; Change customs and customs, and vigorously carry forward the new trend of civilization; The construction of rural civilization front has been continuously deepened; We will further implement the project of benefiting the people through culture. Sixth, explore the long-term mechanism of high-efficiency governance in rural areas according to the requirements of "integration of three governance" and good governance in rural areas. It is reflected in: improving grass-roots governance capacity, standardizing and innovating villagers' autonomy, and promoting safe rural construction. Seventh, based on the principle of giving priority to the development of agriculture and rural areas, promote the effective connection between poverty alleviation and Rural Revitalization. It is manifested in: comprehensively promoting epidemic prevention and control and consolidating the results of poverty alleviation, and striving to overcome the adverse effects of epidemic disasters; Strictly implement the "four do not pick", consolidate and expand the achievements of poverty alleviation; Maintain the overall stability of investment and promote the effective connection of various work.

The practical problems that need to be solved to comprehensively promote rural revitalization in Hunan are: first, the structural contradictions in agriculture are still prominent, and the situation of increasing farmers' income is still severe; Second, the factor support is obviously insufficient, and the relationship between the government and the market is obviously not smooth; Third, the concept of green rural development is not strong, and the environmental governance mechanism is not complete; Fourth, the cultural construction of farmers' subjectivity is not enough, and the inheritance and promotion of local culture are not effective according to local conditions; Fifth, the initiative of farmers is not brought into full play, and the autonomy of grass-roots governance is not high; Sixth, the system and mechanism of Rural Revitalization need to be improved, and the performance evaluation system needs to be improved.

The basic countermeasures to create a new situation of Rural Revitalization with Hunan characteristics are as follows: first, establish a positive list and negative list of regional agricultural products, and comprehensively optimize the industrial structure and industrial layout. We should establish a restraint mechanism of "positive list" and "negative list"; Highlight high quality and high efficiency and optimize the agricultural industrial structure; Adhere to the guidance of advantages and characteristics, and optimize the regional layout of agriculture. Second, build a new effective connection mechanism dominated by the government, the main body of farmers and the main force of society, and form a joint force of multiple elements of Rural Revitalization. Correctly handle the relationship between the government and the market; Fully guarantee the dominant position of farmers; Fully guarantee the dominant position of farmers; Mobilize social forces to participate in Rural Revitalization. Third, build a long-term mechanism for pollution reduction and control to promote the "two oriented" development of rural areas. Promote the reduction of rural waste; Make a good combination of rural sewage treatment; Do a good job in tackling key problems in the prevention and control of agricultural non-point source pollution; Continue to promote rural greening and beautification. Fourth, comprehensively promote the establishment of civilized villages and guide the formation of a new trend of rural civilization. Fifth, give play to the core leading role of grass-roots party organizations and establish a governance mechanism with extensive participation of farmers. Sixth, improve the working system and mechanism of Rural Revitalization in an all-round way, and form a working team from top to bottom.

Based on Yueyang City, Changde City, Yiyang City and their typical counties in the Dongting Lake area of Hunan Province, this book has also conducted research and written an investigation report on Rural Revitalization of "three cities and three counties"; At the same time, he also wrote a research report on the effective connection between the consolidation and expansion of

poverty alleviation achievements in Huayuan County and rural revitalization, and a special report on the development of rural banks in Hunan Province, trying to comprehensively reflect all aspects of Rural Revitalization in Hunan.

Keywords: Rural Revitalization; Effective Connection; Urban and Rural Development

目 录

Ⅰ 总报告

Ⅱ 区域篇

Ⅲ　专题篇

Ⅳ　案例篇

皮书数据库阅读 **使用指南**

CONTENTS

I General Report

II Regional Reports

Ⅲ Special Report

Ⅳ Village Reports

总 报 告

General Report

B.1
湖南2021年乡村振兴研究报告

湖南师范大学中国乡村振兴研究院 *

摘　要：　在"两个一百年"奋斗目标的历史交汇期，湖南作为传统农业大省，以解决城乡发展不平衡、乡村发展不充分的矛盾为主线，实施乡村振兴战略取得明显成效，主要表现在：以县域城乡融合发展为动力，全面推动乡村振兴形成新格局；以精细农业发展为突破口，扛稳国家粮食安全首要任务；以"六个全覆盖"乡村建设为关键，补齐农村全面小康短板；以绿色乡村为目标，逐步进入宜居宜业新发展阶段；以"三

　*　陈文胜，湖南师范大学中国乡村振兴研究院院长、博士生导师，中央农办乡村振兴专家委员，省委农村工作领导小组"三农"工作专家组组长，研究方向为农村经济、城乡关系、乡村治理，执笔人。陆福兴，湖南师范大学中国乡村振兴研究院教授，研究方向为农村政策法律、农业安全，执笔人。瞿理铜，湖南师范大学中国乡村振兴研究院副教授，主要研究方向为土地经济与土地政策，区域发展与城乡规划，执笔人。李珺，湖南师范大学中国乡村振兴研究院、马克思主义学院博士研究生，研究方向为乡村文化，执笔人。李珊珊，湖南师范大学中国乡村振兴研究院、马克思主义学院博士研究生，研究方向为农村土地，执笔人。汪义力，湖南师范大学中国乡村振兴研究院、马克思主义学院博士研究生，主要研究方向为乡村治理，执笔人。

治融合"乡村善治为要求，探索农村高效能治理长效机制；
以乡村文化兴盛为方向，赋能全面推进乡村振兴内在动力；
以农业农村优先发展为原则，推进脱贫攻坚与乡村振兴有效
衔接。在全面推进乡村振兴中需要破解的现实难题主要有：
农业结构性矛盾依然突出，农民增收形势依然严峻；要素支
撑明显不足，政府与市场关系明显不顺；绿色乡村发展理念
不强，环境治理机制不全；文化建设中农民主体性不够，因
地制宜传承提升乡土文化不力；群众首创精神发挥不够，基
层治理自主性不高；乡村振兴工作体制机制有待完善，绩效
考评体系有待健全。本报告据此提出了开创湖湘特色乡村振
兴新局面的基本对策：建立区域农产品正面清单与负面清
单，全面优化产业结构与产业布局；构建政府主导、农民主
体、社会主力的有效衔接新机制，形成乡村振兴多元要素合
力；构建减污治污长效机制，推进乡村"两型"发展；全面
推进文明乡村创建活动，引导形成乡风文明新风尚；发挥基
层党组织的核心引领作用，建立农民广泛参与的治理机制；
全面健全乡村振兴的工作体制机制，形成上下贯通、一抓到
底的工作队伍。

关键词： 乡村振兴　脱贫攻坚　农业农村现代化　湖南

　　习近平总书记明确提出，脱贫攻坚取得胜利后，要全面推进乡村振兴，
这是"三农"工作重心的历史性转移。① 在"两个一百年"奋斗目标的历
史交汇期，湖南作为传统农业大省，扛起精准扶贫首倡地、"两型社会"建

---

① 《中央农村工作会议在北京举行》，《人民日报》2020 年 12 月 30 日。

设名片的政治责任，以解决城乡发展不平衡、乡村发展不充分的矛盾为主线，推动脱贫攻坚成果与乡村振兴有效衔接，构建农业高质高效、乡村宜居宜业、农民富裕富足的农业农村现代化新格局，推动农业农村发展取得历史性成就。

一　实施乡村振兴战略取得明显成效

湖南始终坚持把习近平新时代中国特色社会主义思想贯穿农村工作的方方面面，始终从战略和全局的高度重视"三农"问题，聚焦实施"三高四新"战略来构建农业农村现代化新发展格局，按照"产业兴旺、生态宜居、乡风文明、治理有效、生活富裕"总要求，以县域城乡融合发展为动力，以精细农业为特色，闯出全面推进乡村振兴的湖南新路子。

（一）以县域城乡融合发展为动力，全面推进乡村振兴形成新格局

习近平总书记指出，要把乡村振兴战略这篇大文章做好，必须走城乡融合发展之路。[①] 湖南深入贯彻 2021 年中央一号文件精神，强化统筹谋划和顶层设计，把县域作为城乡融合发展的重要切入点，以县域内城乡规划统一引导乡村振兴有序发展，加快推动城乡要素平等交换，实现合理配置，走湖南特色的城乡融合发展之路。

1. 强化顶层设计，统筹乡村振兴战略全局

全面推进乡村振兴必须加强顶层设计，同时以更有力的举措、汇聚更强大的力量来推进政策的落地实施。乡村振兴与脱贫攻坚既相互关联又不相等同，乡村振兴更多着眼于锻长板，包括农村经济、文化、治理、民生、生态等在内的乡村发展水平的整体性提升，是乡村全面的振兴。湖南贯彻落实习近平总书记对湖南工作的重要指示精神和党中央关于实施乡村振兴战略的决策部署，着力加强乡村振兴顶层设计，编制了《湖南省乡村振兴战略规划

---

① 习近平：《习近平谈治国理政》（第三卷），外文出版社，2020，第 260 页。

(2018~2022年)》，围绕产业发展、农村人居环境整治、农民增收、乡村治理、人才振兴和文化振兴，分别出台了六个配套的行动计划或实施方案。为建立健全农村工作体制机制，2020年省委出台《湖南省贯彻〈中国共产党农村工作条例〉实施办法》，明确各级党委和政府主要负责人、农村基层党组织书记是本地区乡村振兴工作第一责任人，加强党委农村工作领导小组和党委农村工作部门建设，每年评选表彰一批乡村振兴工作先进市县，并将考核结果作为省政府真抓实干督查激励的重要依据，全省层层分解任务，层层传导压力，营造了"五级书记"抓乡村振兴的浓厚氛围。为统筹推进乡村振兴战略和新型城镇化战略，走湖南特色的城乡融合发展之路，省委还出台了《关于建立健全城乡融合发展体制机制和政策体系的实施方案》，从城乡要素配置、基本公共服务、基础设施、乡村经济等方面统筹推进县域经济发展和减贫工作，推进形成新型工农城乡关系。

2. 坚持科学规划，实现乡村振兴高质引领

湖南在2021年已率先启动重点村庄的规划编制工作，2023年底前，将全面完成村庄规划编制和审批工作，通过规划引导，推动打造各具特色的美丽村庄。截至目前，所有县市区已基本完成村庄分类和布局。各地结合乡村振兴战略规划实施，逐村研究村庄人口变化、区位条件和发展趋势，明确县域村庄功能分类，统筹安排村庄建设用地，引导乡村人口相对集聚和优化布局。各地结合实际，按照方便群众生产生活、保持乡村功能和特色的原则，划分村庄类型，按照城郊融合类、农业发展类、生态保护类、特色保护类、集聚提升类五类，合理确定村庄规划特色与要求，探索了符合地方实际的规划方法。

调研发现，常德市通过开展"助力规划编制、助建美丽乡村"驻村规划师志愿服务活动，完成100个镇、1626个村庄的规划编制工作;[①] 岳阳市湘阴县高标准编制了乡村振兴战略规划、土地利用总体规划、城乡建设规划、农村土地综合整治规划，村庄规划实现"全覆盖"，并结合该县实际情

---

① 常德市自然资源规划局:《关于乡村振兴工作情况的汇报》，打印稿。

况，出台了《关于加快农业结构调整推动乡村振兴的决定》《全面推进乡村振兴加快农业农村现代化实施方案》等系列文件，科学明确了农业农村工作的路线图和施工图。

3. 打通城乡要素流动"堵点"，农业农村改革纵深推进

要素融合是城乡融合发展的重要条件，湖南在深化农村重点改革上不断下功夫，加强城乡要素双向流动，完善要素市场化配置，农村集体产权制度改革整省试点、国有农场办社会职能改革基本完成，农业农村发展活力不断增强。

（1）打通城乡人才要素流动"堵点"。通过完善支持农业转移人口市民化的"人地钱挂钩"政策，让农业转移人口就地实现市民化。结合乡镇特色吸引各类人员返乡、入乡创业，培育懂技术、懂管理的致富能人、新型职业农民，强化人才支撑，激发乡村振兴的内生动能。湖南农村教师公费定向师范生、定向免费医学生、贫困地区基层医疗卫生机构人才、农技特岗定向生的培养力度进一步加大，效果进一步彰显。

（2）打通城乡土地要素流动"堵点"。通过还权赋能，让农村土地的规划权、使用权、发展权回到农民手中；通过推进农村宅基地管理体制改革，在浏阳、汨罗、宁远、凤凰开展了全国试点，将原有宅基地发展成乡村民宿、农居生活体验馆等，将沉睡资本转变为有效资本。湖南农村土地、集体产权、宅基地、供销合作社等重点改革进展有序、效果良好。其中，农村集体产权制度改革整省试点任务基本完成，已建立农村集体经济组织2.6万多个；建立股份经济合作社3451个，量化资产总额253.7亿元。已经明确乡镇国土空间规划应安排不少于10%的城乡建设用地指标，重点保障乡村产业发展用地。①

（3）打通城乡资本要素流动"堵点"。深化农村信用社改革，推进涉农资金统筹整合，推动农村金融机构回归本源。培育和发展乡村资本市场，鼓励社会资本参与乡村建设，创新农村金融服务体系，降低乡村和农业发展的

---

① 中共湖南省委农办：《关于2020年实施乡村振兴战略情况的报告》，打印稿。

融资成本，发展农业保险。2020年湖南安排农林水领域债券资金141.8亿元，加强政银对接合作，省农业农村厅与8家金融机构签订战略合作协议。全省涉农贷款余额同比增长15.4%。[①]

（二）以精细农业发展为突破口，扛稳国家粮食安全首要任务

粮安天下，农稳社稷。湖南是全国重要粮食生产基地和优质农产品供应基地，始终牢牢把住粮食安全主动权，以农业供给侧结构性改革为主线，以精细农业发展为突破口，做好粮食生产"大文章"。

1. 坚持"藏粮于地"，保护耕地守底线

粮食生产，根本在耕地。习近平总书记指出，要"全面压实耕地保护责任，推进高标准农田建设，坚决遏制各类违法乱占耕地行为"[②]。湖南省始终坚持"藏粮于地"，通过保护、建设、利用好耕地资源，夯实粮食生产根基，保护耕地守底线。

（1）加强耕地保护和质量建设。一方面，实行最严格的耕地保护制度。现在"大棚房"、违建别墅、乱占耕地建房等基本得到遏制，全省落实粮食面积7132万亩，增长3%。[③]另一方面，不断提高耕地质量。一是农田水利和高标准农田建设取得显著成绩。落实中央和省级水利投资116.8亿元，开工率99%，开工建设2座Ⅱ等大（2）型水库，其中犬木塘水库是新中国成立以来湖南省投资最大的单体水利工程。建成高标准农田391万亩，同步发展高效节水灌溉面积32万亩，在岳阳整市推进高标准农田工程质量金融保险创新试点。[④]全省累计建成高标准农田2970万亩，投入农田建设资金77.3亿元。[⑤]二是重金属污染耕地种植结构调整力度持续加大。如期完成受污染耕地安全利用年度任务，全面实行水稻"先检后收"和全过程闭合式监管，

① 中共湖南省委农办：《关于2020年实施乡村振兴战略情况的报告》，打印稿。
② 《习近平在湖南考察时强调　在推动高质量发展上闯出新路子　谱写新时代中国特色社会主义湖南新篇章》，《人民日报》2020年9月19日，第1版。
③ 袁延文：《扎实做好"十四五"开局之年农业农村重点工作》，《农业论坛》2021年第1期。
④ 袁延文：《扎实做好"十四五"开局之年农业农村重点工作》，《农业论坛》2021年第1期。
⑤ 中共湖南省委农办：《关于2020年实施乡村振兴战略情况的报告》，打印稿。

长株潭种植结构调整任务清零，全省500.78万亩中轻度污染耕地落实一项以上农艺措施，47.55万亩严格管控区退出水稻生产，[①] 保障了粮食质量安全。

（2）实现耕地资源利用最优化。在多年摸索的基础上，湖南省高档优质稻开发主推"早加晚优"、"稻油水旱轮作"以及"稻田综合种养"3种绿色高质高效模式。"早加晚优"模式即早稻推广加工型品种、晚稻推广高档优质稻，主要在长沙、汨罗、鼎城等24个县市区开展；"稻油水旱轮作"模式即推广一季高档优质稻搭配一季双低油菜，水旱轮作既用地又养地，主要在浏阳、桃源等13个县市开展；"稻田综合种养"模式即因地制宜推广高档优质稻套养小龙虾、鱼，培育生态稻米品牌，主要在南县等3个县开展。[②] 调研发现，南县依托湖乡优势，利用平湖水网湿地众多的特点，在全县创新推广了稻虾生态种养模式，2020年的稻虾生态种养面积达到60万亩，综合产值达140亿元。[③]

2. 坚持"藏粮于民"，精耕细作增效益

湖南始终坚持"藏粮于民"，把粮食和重要农副产品生产供给作为重要任务抓实抓好，同时根据人多地少的省情，以精细农业为取向不断优化农业结构，抓好农产品精深加工，提高农产品附加值，千方百计提高农民种粮收益，调动农民种粮积极性。

（1）农业综合生产能力不断增强。一是粮食产量、面积、质量三提升。湖南出台《关于稳定发展粮食生产的意见》等政策措施，增强地方重农抓粮的责任感和主动性。全年粮食播种面积7132.1万亩、增长3%，产量603亿斤、增长1.3%，[④] 油菜种植面积稳居全国第一。省财政投入早稻集中育秧及早稻扩面生产资金6亿多元，早稻播种面积和产量均居全国第一。[⑤] 增

① 袁延文：《扎实做好"十四五"开局之年农业农村重点工作》，《农业论坛》2021年第1期。
② 湖南省农业农村厅：《主推绿色高质高效3种模式　高档优质稻发展来势好》，湖南省人民政府门户网站，http://www.hunan.gov.cn/hnyw/bmdt/201912/t20191212_10835471.html，2019年12月12日。
③ 中共南县县委农办：《南县实施乡村振兴战略工作情况汇报》，打印稿。
④ 中共湖南省委农办：《关于2020年实施乡村振兴战略情况的报告》，打印稿。
⑤ 《许达哲同志在省委农村工作会议上的讲话》，《农业论坛》2021年第1期。

加绿色、有机、地理标志农产品 738 个，推进农产品"身份证"、合格证和国家追溯平台管理，全年农产品质量安全例行监测总体合格率达 98.8%，居全国前列。① 粮食安全省长责任制考核连续 4 年获国家考核评价"优秀"等次。② 二是生猪产能持续较快恢复。出台促进生猪生产保障市场供应的政策措施，省财政统筹资金 1.2 亿元用于非洲猪瘟防控和生猪新增产能项目建设，创新开展生猪活体抵押贷款试点，③ 生猪出栏量排名中部六省份第一、④ 全国第二。⑤ 生猪调出大县数位列全国第一。⑥ 全年生猪出栏 4658.9 万头，恢复到 2017 年的 76.2%。2020 年末，全省生猪存栏 3734.6 万头，同比增长 38.4%。三是"湘"字号品牌意识不断强化。重点打造"两茶两油两菜"（湖南红茶、安化黑茶，湖南茶油、湖南菜籽油，湘江源蔬菜、湖南辣椒）6 大省级区域公用品牌，省财政给予每个品牌 1000 万元营销资金支持。⑦ 重点培育了"湘江源"蔬菜等 6 个省级区域公用品牌和"湘赣红"等 5 个片区公用品牌。成功举办或组织参加第 22 届中部农博会、"国际茶日"、中国国际食博会等展销活动，全省农产品出口达 117 亿元，增长 28.3%。⑧

（2）农业优势特色产业全环节升级、全链条升值。一是狠抓产业发展。在长沙、常德和宁乡、安化、汝城、涟源等市、县实施"六大强农"行动。着重将粮油、畜禽、果蔬、茶叶、水产、中药材、楠竹等优势特色产业打造成千亿产业。2020 年全省十大优势特色千亿产业产值达 1.24 万亿元，增长

---

① 袁延文：《扎实做好"十四五"开局之年农业农村重点工作》，《农业论坛》2021 年第 1 期。
② 《许达哲同志在省委农村工作会议上的讲话》，《农业论坛》2021 年第 1 期。
③ 中共湖南省委农办：《关于 2020 年实施乡村振兴战略情况的报告》，打印稿。
④ 国家统计局湖南调查总队：《2020 年湖南民生调查数据发布词》，湖南省统计局门户网站，2021 年 1 月 19 日，http：//tjj. hunan. gov. cn/hntj/tjfx/xwfb/202101/t20210122_ 14262142. html。
⑤ 毛伟明：《2021 年湖南省政府工作报告》，湖南省人民政府门户网站，2021 年 2 月 5 日，http：//www. hunan. gov. cn/hnszf/szf/zfgzbg/202102/t20210205_ 14403031. html。
⑥ 国家统计局湖南调查总队：《2020 年湖南民生调查数据发布词》，湖南省统计局门户网站，2021 年 1 月 19 日，http：//tjj. hunan. gov. cn/hntj/tjfx/xwfb/202101/t20210122_ 14262142. html。
⑦ 中共湖南省委农办：《关于 2020 年实施乡村振兴战略情况的报告》，打印稿。
⑧ 袁延文：《扎实做好"十四五"开局之年农业农村重点工作》，《农业论坛》2021 年第 1 期。

4.38%，其中畜禽、粮食、蔬菜等产业产值已超过千亿元。农产品加工业销售收入突破1.9万亿元，农业科技进步贡献率达60%。① 二是引导集群发展。按照"一县一特""一特一片"思路，初步形成了"四带八片五十六基地"的产业发展布局。分产业制定发展规划和行动方案，明确核心产区和辐射区。新认定307家省级龙头企业和156家省级农业产业化联合体，支持打造了15家标杆龙头企业，永顺县成功创建国家现代农业产业园。② 湘南湘西承接产业转移形成示范效应，湘西地区农村居民人均可支配收入增幅高于全省平均水平1.8个百分点。③

（3）农业生产社会化服务持续推进。提高小农户参与度，全省家庭农场发展到6.7万户，农民合作社发展到11.2万家，入社农户占全省农户总数的30.8%，农业社会化服务组织发展到7.2万个，服务带动全省40%的小农户。④ 益阳市探索推广水稻代育秧、代插秧、代收割、专业化服务、区域化布局、机械化作业等"十代十化"精细化、社会化服务新模式，培育发展了赫山区农田谋士农业服务公司、桃江县谷丰农作物病虫害统防统治专业合作社等2800多个农业社会化服务组织，广泛开展农业生产全程机械化和产前、产中、产后全程社会化服务。⑤ 澧县锦绣千村农业合作社建立了农资采购配送、农业生产、农产品购销、资金互助四大服务平台，为周边区县29个乡镇的成员及农户提供粮食生产多个环节的社会化服务，带动农户10万余户，每年为农户节本增收1亿元以上。⑥

3. 坚持"藏粮于技"，科技支撑提效能

习近平总书记强调，农业出路在现代化，农业现代化关键在科技进步。

---

① 《许达哲同志在省委农村工作会议上的讲话》，《农业论坛》2021年第1期。
② 袁延文：《扎实做好"十四五"开局之年农业农村重点工作》，《农业论坛》2021年第1期。
③ 毛伟明：《2021年湖南省政府工作报告》，湖南省人民政府门户网站，2021年2月5日，http://www.hunan.gov.cn/hnszf/szf/zfgzbg/202102/t20210205_14403031.html。
④ 中共湖南省委农办：《关于2020年实施乡村振兴战略情况的报告》，打印稿。
⑤ 益阳市委、市政府：《益阳市"十代十化"农业精细化、社会化服务体系建设调查》，湖南政研网，2020年8月7日，http://www.hnzy.gov.cn/Info.aspx? Id=14811&ModelId=1。
⑥ 湖南锦绣千村农业专业合作社：《湖南锦绣千村农业专业合作社农业社会化服务情况汇报》，打印稿。

湖南通过加强农业科技研发，持续推进农业农村现代化，全面提高粮食生产效能。

（1）打造种业创新高地。湖南农业科研的最大优势在种业。全省积极构建"一体两翼多元"现代种业发展新格局，"一体"即打造岳麓山种业创新中心，"两翼"即打造国内良种繁育基地、海外杂交水稻种子产业基地，"多元"即打造杂交水稻核心种业基地、优质生猪种源保护基地、柑橘类品改基地、特色水产种业基地等。现岳麓山种业创新中心已挂牌成立，湖南省南繁科研育种园（陵水）即将建成。① 第三代杂交水稻双季亩产达 1530.7 公斤，创历史新高。②

（2）打造智慧智能农机产业链发展高地。湖南是农机装备制造大省，拥有一批农业科研机构、农业重大科技创新平台和农业领军人物，拥有隆平高科、唐人神等一批农业高科技企业，拥有 13 家国家农业科技园区，农业领域院士数量位居全国前列。③ 2020 年全省建立农机推广服务"331"机制，落实农机购置补贴 11.7 亿元，同比增长 94%。深入实施农机"千社工程"，开展农机作业补贴试点，全省主要农作物耕种综合机械化率达52.5%，提高了 2 个百分点，其中水稻机插率 39%，提高了 5 个百分点，是"十三五"期间增幅最大的一年。④

（3）打造冷链物流业建设高地。印发《湖南省冷链物流业发展规划(2020～2025 年)》《关于促进冷链物流业高质量发展的若干政策措施》，规划建设 5 个 100 万亩以上设施农业产业片（带），新增中央投资农产品产地冷链物流建设项目 65 个，⑤ 全面启动农产品仓储保鲜冷链设施建设工程。

（三）以"六个全覆盖"乡村建设为关键，补齐农村全面小康短板

坚持以人民为中心，构建农村基本社会保障"全覆盖"网络，注重加

---

① 中共湖南省委农办：《关于 2020 年实施乡村振兴战略情况的报告》，打印稿。
② 袁延文：《扎实做好"十四五"开局之年农业农村重点工作》，《农业论坛》2021 年第 1 期。
③ 《许达哲同志在省委农村工作会议上的讲话》，《农业论坛》2021 年第 1 期。
④ 袁延文：《扎实做好"十四五"开局之年农业农村重点工作》，《农业论坛》2021 年第 1 期。
⑤ 中共湖南省委农办：《关于 2020 年实施乡村振兴战略情况的报告》，打印稿。

强普惠性、兜底性、基础性民生建设，在乡村建设中实现"六个全覆盖"。

1. 推进农村通组道路全覆盖

"要想富、先修路"，打通出行的"最后一公里"，让路延伸到家门口、脚底下，使经济发展更添动能、人们更有获得感。推动农村通组道路全覆盖，是打通出行"最后一公里"的关键。2020年湖南扎实开展25户及100人以上自然村通水泥（沥青）路建设，① 全省农村公路总里程达20.2万公里，② 新（改）建农村公路11623公里。其中，自然村通水泥（沥青）路7025公里，完成年度目标任务的117.1%；提质改造农村公路4598公里，完成年度目标任务的115%，③ 以县城为中心、乡镇为节点、村组为网点的农村公路交通网基本形成。同时，湖南已成功创建"四好农村路"全国示范县7个、省级示范县29个。④ 其中，安仁县全力推进"交通运输＋产业发展＋脱贫攻坚＋美丽新村＋乡村旅游"五位一体联动发展，打造了"十里银杏路""十里紫薇路""十里桃花路""十里香樟路"。广大农村地区群众真正从农村交通发展中感受到变化、享受到红利，打通了老百姓家门口的出行路、致富路。

2. 推进农村饮水安全全覆盖

"民以食为天，食以水为先"，在农村地区，饮水安全尤为重要。湖南实施农村饮水安全脱贫攻坚工程，一方面落实省级投资5.37亿元，另一方面通过加大整合涉农资金力度、利用银行贷款、引进社会资本等多种渠道，全年筹措资金近34.1亿元，按照贫困人口500元/人、非贫困人口120元/人的标准，持续促进农村供水保障水平提升与饮水安全建设。⑤ 同时，健全饮

---

① 中共湖南省委农办：《关于2020年实施乡村振兴战略情况的报告》，打印稿。

② 邓晶琲、袁东伟：《湖南农村公路交通网基本形成》，湖南省人民政府门户网站，2020年11月5日，http：//www. hunan. gov. cn/hnszf/hnyw/bmdt/202011/t20201105_ 13950861. html。

③ 《2020年全省12项22个重点民生实事顺利完成》，湖南省人民政府门户网站，2021年1月19日，http：//www. hunan. gov. cn/hnszf/zfsj/sjfb/202103/t20210308_ 14759978. html。

④ 邓晶琲、袁东伟：《湖南农村公路交通网基本形成》，湖南省人民政府门户网站，2020年11月5日，http：//www. hunan. gov. cn/hnszf/hnyw/bmdt/202011/t20201105_ 13950861. html。

⑤ 刘勇：《湖南2020年农村饮水安全任务超额完成》，《湖南日报》2021年1月13日，第1版。

水工程管护运行机制和供水应急预案，落实管理责任，对突出问题实行动态清零。新建水窖、集水池等应急水源工程 1334 个，更换水源污染、水质不达标 1257 处，增设水质净化消毒设备 1637 台。经排查发现的 850 个安全饮水不达标问题全部整改到位。① 580 万人的饮水安全问题实现动态清零，巩固和新增农村通自来水人口 129.3 万人。②

3. 推进农村危房改造全覆盖

作为全国最早开展农村危房改造的省份之一，湖南 2009 年就启动了改造，已累计获得中央补助资金 142.4 亿元、省级财政配套资金 70.1 亿元，完成改造 173 万户，③ 打造了农村危房改造的"湖南样本"。一是做好农村"四类对象"的住房安全保障。聚焦建档立卡贫困户、低保户、农村分散供养特困人员、贫困残疾人家庭四类重点对象的危房改造任务，完成农村危房改造 2.9 万户，④ 73.8 万农村"四类对象"危房改造任务全面完成。⑤ 开展农村危房改造"回头看"，新增四类重点对象危房 8587 户 29185 人全部改造到位。扎实整改 2385 户建新不拆旧以及 14358 户住房安全但人畜混居、漏风漏雨、厨房厕所不达标等隐患问题。⑥ 二是推动农村危房改造与传统村落保护有机结合。在隆回县虎形山瑶族乡崇木凼村、城步苗族自治县长安营乡大寨村、靖州苗族侗族自治县地笋苗寨、古丈县默戎村等地，不少"忧居"变"优居"，留住了美丽乡愁，与乡村振兴有效衔接。

4. 推进农村义务教育全覆盖

湖南织密扎牢义务教育的保障底线，不断扩大教育公平覆盖面。一是实现"学有所教"。继续高标准、高质量推进乡村小规模学校和乡镇寄宿制学

① 湖南省扶贫开发办公室：《湖南省脱贫攻坚工作情况总结》，打印稿。
② 中共湖南省委农办：《关于 2020 年实施乡村振兴战略情况的报告》，打印稿。
③ 曾华俊、何方平：《首倡之地 展首倡之为——湖南省脱贫攻坚农村危房改造工作纪实》，《中国建设报》2020 年 7 月 8 日。
④ 毛伟明：《2021 年湖南省政府工作报告》，湖南省人民政府门户网站，2021 年 2 月 5 日，http://www.hunan.gov.cn/hnszf/szf/zfgzbg/202102/t20210205_14403031.html。
⑤ 湖南省扶贫开发办公室：《湖南省脱贫攻坚工作情况总结》，打印稿。
⑥ 湖南省扶贫开发办公室：《湖南省脱贫攻坚工作情况总结》，打印稿。

校建设，新建、恢复教学点 158 个，让更多的农村孩子在家门口就能"上好学"。[①] 2020 年竣工投入使用"芙蓉学校"43 所，另外 57 所将在 2021 年全部建成。[②] 二是实现"幼有所育"。全省新增 39.15 万个公办幼儿园学位，完成年度目标任务的 154.70%。[③] 实现乡镇公办中心幼儿园全覆盖，全省整体通过国家县域义务教育基本均衡发展评估验收。[④] 三是实现"应学尽学"。利用教育扶贫"一单式"系统深入摸排，开展"三帮一"劝返复学行动，390 万人次适龄小孩"应助尽助""应学尽学"。104 名农村适龄儿童（其中贫困学生 69 名）失学辍学、61 人教育资助政策未落实问题全部整改到位。[⑤]

5. 推进农村社会保障全覆盖

湖南在全省范围开展了全面调查摸底，聚焦关键人员，突出"全覆盖"重点，对未参保人员进行深入分析，引导符合条件的城乡居民积极参保，大力健全覆盖全民、统筹城乡、公平统一、可持续的多层次社会保障体系。一是社会保障网络实现多层次广覆盖。城乡居民养老保险等社保政策动态实现"应核尽核、应发尽发、应保尽保"三个 100%；深入实施社会救助兜底脱贫和"户帮户亲帮亲，互助脱贫奔小康"行动，及时整改新娶媳妇、新生儿等未参保问题，建档立卡贫困户和边缘户参保率 100%。所有建档立卡贫困人口均享受基本医疗保障。[⑥] 净增农村低保对象 13.90 万人，覆盖面从 2019 年的 2.70% 扩大到 3%，为 17.30 万残疾人上门服务评残办证，兜住了贫困群众基本生活底线。[⑦] 二是社会保障待遇标准稳步提高。全省农村平均低保标准实际达到 5003 元/年·人，超过年度目标任务 1003 元/年·人；农村低保救助水平人均为 251 元/月，超过年度目标任务 38 元/月·人，累计发

---

① 湖南省扶贫开发办公室：《湖南省脱贫攻坚工作情况总结》，打印稿。
② 中共湖南省委农办：《关于 2020 年实施乡村振兴战略情况的报告》，打印稿。
③ 《2020 年全省 12 项 22 个重点民生实事顺利完成》，湖南省人民政府门户网站，2021 年 1 月 19 日，http://www.hunan.gov.cn/hnszf/zfsj/sjfb/202103/t20210308_14759978.html。
④ 毛伟明：《2021 湖南省政府工作报告》，湖南省人民政府门户网站，2021 年 2 月 5 日，http://www.hunan.gov.cn/hnszf/szf/zfgzbg/202102/t20210205_14403031.html。
⑤ 湖南省扶贫开发办公室：《湖南省脱贫攻坚工作情况总结》，打印稿。
⑥ 湖南省扶贫开发办公室：《湖南省脱贫攻坚工作情况总结》，打印稿。
⑦ 湖南省扶贫开发办公室：《湖南省脱贫攻坚工作情况总结》，打印稿。

放农村低保资金约42.83亿元。[①]

6. 推进农村"一门式"基层公共服务全覆盖

强力推进农村"一门式"基层公共服务全覆盖工作,实现县、乡、村"服务一扇门、审批一枚章、事情一次办",打通公共服务"最后一公里"。一是着力解决农村"办事难"问题。建成村（社区）服务中心2.9万个,农民群众需求量较大的事项在多数村部实现"一网受理、一站办结"。[②] 加快经办服务的转型升级,运用信息化手段,把分散在不同层级、不同部门的资源力量整合起来,加大向基层简政赋权力度,努力实现基层群众办事"小事不出村、大事不出镇"。二是着力解决农村"看病难、看医贵"问题。行政村卫生室、乡镇全科医生、县域二甲医院空白全面消除。[③] 285个村卫生室新安装和开通结算系统,解决632个村卫生室无固定村医问题,[④] 全省乡镇卫生院、村卫生室标准化建设率分别达97.30%、91.45%。[⑤] 全省1533个建制乡镇卫生院2名及以上全科医生配备率达100%。给105.61万农村及城镇低保适龄妇女进行"两癌"免费检查,完成年度目标任务的105.60%。[⑥] 三是着力解决农民就业培训问题。开展第3届"全省十佳农民"评选,利用"农技大课堂""湘农科教云"等平台开展网络培训,实施基层农技特岗人员定向培养计划和农技推广服务特聘计划。[⑦] 农村转移劳动力培训完成49.26万人次,完成年度目标任务的328.40%。[⑧]

① 《2020年全省12项22个重点民生实事顺利完成》,湖南省人民政府门户网站,2021年1月19日,http://www.hunan.gov.cn/hnszf/zfsj/sjfb/202103/t20210308_14759978.html。
② 中共湖南省委农办:《关于2020年实施乡村振兴战略情况的报告》,打印稿。
③ 湖南省扶贫开发办公室:《湖南省脱贫攻坚工作情况总结》,打印稿。
④ 湖南省扶贫开发办公室:《湖南省脱贫攻坚工作情况总结》,打印稿。
⑤ 中共湖南省委农办:《关于2020年实施乡村振兴战略情况的报告》,打印稿。
⑥ 《2020年全省12项22个重点民生实事顺利完成》,湖南省人民政府门户网站,2021年1月19日,http://www.hunan.gov.cn/hnszf/zfsj/sjfb/202103/t20210308_14759978.html。
⑦ 袁延文:《扎实做好"十四五"开局之年农业农村重点工作》,《农业论坛》2021年第1期。
⑧ 《2020年全省12项22个重点民生实事顺利完成》,湖南省人民政府门户网站,2021年1月19日,http://www.hunan.gov.cn/hnszf/zfsj/sjfb/202103/t20210308_14759978.html.。

（四）以绿色乡村为目标，逐步进入宜居宜业新发展阶段

"改善农村人居环境，建设美丽宜居乡村，是实施乡村振兴战略的一项重要任务，事关全面建成小康社会，事关广大农民根本福祉，事关农村社会文明和谐"。[①] 实施乡村振兴战略，要以实施乡村建设行动为抓手，不断改善农村环境，建设美丽乡村。湖南省坚持以绿色乡村为目标，持续加快美丽乡村建设，不断提高农业农村绿色发展水平，促进乡村更加宜居宜业，以良好生态环境助力乡村振兴。

1. 打好农村人居环境整治攻坚战

整治农村人居环境，建设美丽宜居乡村，是助推乡村振兴的重要抓手。农村环境更整洁，村庄才更宜居，生活才更美好。湖南省强力推进中央交办的督查问题整改，落实禁渔任务，强化系统联治，农村人居环境整治三年行动圆满收官。

（1）全面推行"首厕过关制"。按照农村改厕统一的质量目标要求，科学确定改厕模式、工程施工总承包方式、工程监理及运维方式，建立全过程的质量控制体系，形成一整套规范的农村改厕模式并实践于第一座厕所，经过验证切实可行后再全面推开，以首厕过关带动每厕过关。调研发现，2020年，益阳市改（新）建户厕83860座、公厕84座[②]，常德市改（新）建户厕125577座、公厕121座[③]，岳阳市改（新）建户厕72603座、公厕125座[④]。各市县区因地制宜推进农村厕所革命，着力解决了农村户用卫生厕所数量不足、卫生较差、管理缺失等问题，引导农民群众养成良好如厕卫生习惯，不断提升农村卫生厕所普及率。全省一、二、三类县农村无害化卫生厕所普及率分别达91.7%、92.2%、80.3%。[⑤]

---

① 中共中央办公厅、国务院办公厅：《农村人居环境整治三年行动方案》，国务院公报2018年第5号。

② 益阳市农业农村局：《2020年全市农业农村工作情况汇报》，打印稿。

③ 常德市农业农村局：《常德市农业农村局2020年工作情况及2021年工作思路》，打印稿。

④ 岳阳市农业农村局：《全市农业农村重点工作情况汇报》，打印稿。

⑤ 中共湖南省委农办：《关于2020年实施乡村振兴战略情况的报告》，打印稿。

（2）开展生活垃圾、污水处理行动。通过实行排污负担付费服务、开展投工投劳补偿服务、积极鼓励社会参与支持等方式推广农村生活垃圾处理付费制度，引导村民保护和改善人居环境，提升垃圾治理水平。调研发现，常德市在2020年开展村庄清洁行动中，动员农民群众101万人次，清理生活垃圾和生产废弃物53.80万吨，既降低了垃圾处理成本，又发挥了农民主体作用。益阳南县创新实施农村清洁工程整体服务外包，实现农村生活垃圾治理100%全覆盖，"户分类、村收集、镇转运、县处理"的城乡生活垃圾一体化处理模式逐步健全完善。① 目前，湖南省有40%以上行政村建立了生活垃圾处理付费机制，全省一、二、三类县行政村生活垃圾得到治理的比例分别达100%、97.20%、90.90%。② 此外，全省49.80%的行政村开展了生活污水处理行动，农村生活污水乱排乱放得到有效管控。

（3）开展"空心房"整治行动。在生态保护红线、永久基本农田保护线的基础上，合理规划村庄开发边界，统筹制定宅基地布局和"空心房"整治、闲置宅基地退出利用方案。调研发现，常德市开展农村"空心房"整治行动，共拆除"空心房"2.69万栋，约500万平方米。③ 岳阳湘阴县拆除"空心房"23183栋，约317.44万平方米，累计完成"增减挂钩"项目5579亩，复绿复湿700亩。④

2. 扎实推进重点水域禁捕退捕

湖南是内陆渔业大省、禁捕退捕任务大省。根据全国统一安排，湖南除珠江流域外，45个水生生物保护区水域、长江干流湖南段、洞庭湖及湘江、资江、沅江、澧水干流均要实施禁捕退捕，共涉及102个县市区。湖南坚持把重点水域实施禁捕退捕作为一项重要的政治任务和民生工程、生态工程，精准发力，多措并举，确保重点水域禁捕退捕工作取得重大成效。

---

① 中共南县县委农村工作领导小组办公室：《南县实施乡村振兴战略工作情况汇报》，打印稿。
② 中共湖南省委农办：《关于2020年实施乡村振兴战略情况的报告》，打印稿。
③ 常德市自然资源规划局：《关于乡村振兴工作情况的汇报》，打印稿。
④ 中共湘阴县委、湘阴县人民政府：《湘阴县推进乡村振兴战略情况汇报》，打印稿。

（1）精准识别。深入了解退捕渔船渔民信息，摸清底数，对渔民身份进行精准识别分类，建立一户一档资料。据调研，益阳市建档立卡渔民8297人，回收处置渔船8351艘，注销捕捞证书5254本。[①] 常德市坚持不漏一船、不漏一户、不漏一人，严格识别程序，做好签字背书、留图留影，精确核定全市退捕渔民3448户、渔船3729艘，清理违规网具23214张（顶），处置涉渔"三无"船舶6148艘。[②]

（2）精准保障。采取个别兜底保障和全面就业帮扶的方式为退捕渔民提供就业帮扶，按照"即退即保、应保尽保"的原则为退捕渔民开辟参保绿色通道。据调研，益阳市有劳动力、有就业意愿未就业的退捕渔民已全部清零，就业人数达4642人；全市符合参保条件的退捕渔民参保登记率达100%，参保8175人。[③] 常德市也实现未就业退捕渔民清零，就业人数达2764人，退捕渔民参保登记率100%，参保3977人。[④]

（3）精准管控。通过组织打击非法捕捞专项整治行动、渔政执法巡查专项行动、多部门联合"回头看"等方式加大巡查力度。据调研，益阳市开展打击非法捕捞和非法渔获物联合执法行动1600余次，没收渔获物3776公斤，侦办刑事案件196起，18745艘"三无"船舶全部清理处置到位。[⑤] 岳阳市对野生鱼类全产业链条集中整治，整治涉渔"三无"船舶6422艘，移送司法机关74人。[⑥] 常德市围绕"三无"船舶分类处置和"四清四无"开展数轮多部门联合"回头看"专项行动；全面启用无人机巡查和安装监测点17个，运用科技手段，建立打击非法捕捞的信息化平台。

到目前，湖南省45个水生生物保护区水域全面禁捕，其他水域禁捕退捕工作接近尾声，基本实现清船、清网、清江、清湖"四清"目标；有劳动能力和就业意愿的退捕渔民100%转产就业，符合参保条件的100%纳入

① 益阳市农业农村局：《2020年全市农业农村工作情况汇报》，打印稿。
② 常德市农业农村局：《常德市农业农村局2020年工作情况及2021年工作思路》，打印稿。
③ 益阳市农业农村局：《2020年全市农业农村工作情况汇报》，打印稿。
④ 常德市农业农村局：《常德市农业农村局2020年工作情况及2021年工作思路》，打印稿。
⑤ 益阳市农业农村局：《2020年全市农业农村工作情况汇报》，打印稿。
⑥ 岳阳市农业农村局：《全市农业农村重点工作情况汇报》，打印稿。

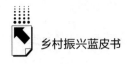
基本养老保险。①

3. 加强农村生态环境突出问题治理

2020年中央一号文件指出，要治理农村生态环境突出问题。湖南省大力推进畜禽粪污资源化利用，采取综合措施恢复水生态，逐步消除农村黑臭水体，以"河长制""湖长制"模式强化农村水资源管理，加强长江流域重点水域的治理和保护。

（1）加快推进畜禽粪污综合治理。全省规模养殖场粪污处理设施装备配套、禽粪污综合利用、秸秆综合利用、农膜回收等均超额完成目标任务。洞庭湖水生态环境治理持续推进，累计完成沟渠疏浚4.4万公里、塘坝清淤7.5万口。②

（2）纵深推进河湖长制。实行"一江一湖四水"系统联治，河湖"清四乱"常态化新摸排855个问题、整改销号808个，开展长江流域非法矮围清理整治，大通湖水质有望达到Ⅳ类，完成浏阳河国家示范河流建设。③

（3）持续推进长江经济带小水电清理整改。完成全省457座立即退出类电站退出、4284座整改类电站整改，3937座小水电站实现生态流量在线监管，一批小水电生态环境突出问题得到解决。④

（五）以乡村文化兴盛为方向，赋能全面推进乡村振兴内在动力

乡村振兴，既要塑形，也要铸魂。湖南在实施乡村振兴战略中高度重视文化建设，注重突出特色，保护传承利用非物质文化遗产，将文化与旅游结合，实现文化富民；注重价值引领，深化乡村思想道德建设，实现文化育民；注重政策配套，推进基层文化基础设施建设，实现文化惠民。

1. 深入挖掘湖湘乡土文化资源

湖湘文化底蕴深厚，历史悠久。湖南深入推进传统节日振兴工程，利用

---

① 中共湖南省委农办：《关于2020年实施乡村振兴战略情况的报告》，打印稿。
② 中共湖南省委农办：《关于2020年实施乡村振兴战略情况的报告》，打印稿。
③ 中共湖南省委农办：《关于2020年实施乡村振兴战略情况的报告》，打印稿。
④ 中共湖南省委农办：《关于2020年实施乡村振兴战略情况的报告》，打印稿。

重要传统节日，精心组织具有浓郁湖湘特色的文化民俗活动，保护传承发展乡村优秀传统文化，赋予农耕文明新的时代内涵。各地政府都在积极支持、引导、部署乡村传统文化的挖掘、保护、复兴工作，重点保护利用好古镇古街、祠堂民宅、廊桥亭台、古树名木等物质文化遗产，以及民俗风情、传统技艺、乡乐乡戏等非物质文化遗产，希望留住更多美丽"乡愁"。调研发现，益阳市一方面注重非物质文化的保护与传承，成功申报安化千两茶制作技艺等4项国家级非物质文化遗产以及梅山剪纸等13项省级非物质文化遗产。安化黑茶"万里茶道"列入《中国世界文化遗产预备名单》，14个中国传统村落的保护也得到加强。全市建成各类非遗展演展示场馆14个、非遗传承传习及培训基地16个。另一方面，益阳市还注重挖掘非物质文化的经济资源，将文化振兴与脱贫攻坚有效衔接，繁荣乡村文化经济。持续组织安化黑茶等非遗产品参加各大重要节会，将非遗产品远销海外。另外，政府出面对当地118户280名贫困户进行市级非遗项目"洗耳溪印子粑粑"制作技艺培训，成为桃江县修山镇脱贫致富、乡村振兴的重要力量。①

2. 移风易俗大力弘扬文明新风尚

近年来，湖南各地从宣传教育、制度约束、强化监管等方面着手，全力推进移风易俗工作，多措并举弘扬文明风尚，持续加强精神文明教育，着力引导人们争做文明风尚的培育者、美好生活的创造者，实现了由"刹歪风、治陋习"到"树新风"的转变，"婚事新办、丧事简办、其他事项不办"蔚然成风。

（1）倡导婚丧嫁娶从简，发挥公职人员示范带头作用。湖南编印发放24万册《落实中央八项规定精神政策摘编》，将操办婚丧喜庆事宜规定作为重要章节；将文明节俭操办婚丧喜庆事宜作为疫情防控中加强精神文明教育的重要内容，将有关工作要求纳入省文明城市、文明村镇、文明单位等测评指标。此外，还畅通举报渠道，加强对违规操办婚丧喜庆事宜及其隐形变异

---

① 中共益阳市委农村工作领导小组办公室：《益阳市实施乡村振兴战略工作情况汇报》，打印稿。

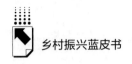

行为的监督检查。2020年以来，全省各级纪检监察机关查处违规操办婚丧喜庆事宜问题103个、处理123人、党纪政务处分89人，① 为推动移风易俗提供了坚强纪律保障，进一步规范公职人员婚丧嫁娶行为。

（2）用群众喜闻乐见的方式，让文明新风吹到农民心坎上。举办全省村（居）红白理事会会长师资培训班，开展"婚育新风进万家""集体婚礼"等主题实践活动；利用清明等重要时间节点，广泛组织"我们的节日"主题活动和殡葬法规、惠民政策宣传，大力推广文明祭扫和节地生态安葬，让慎终追远、孝亲敬老的文明新风入户入心。调研发现，岳阳市2020年共婚事新办5603起，丧事简办10185起，其他事项不办13141起，为群众节省人情开支6.6亿元。② 1835个行政村（社区）通过制定完善村规民约，成立红白理事会、道德评议会、村民议事会、禁毒禁赌会、文明劝导队等"一约四会一队"自治措施，进一步强化基层群众自治能力。③

3. 乡风文明阵地建设不断深化

湖南以习近平新时代中国特色社会主义思想为指导，以文明创建和文明实践为载体，推进社会主义核心价值观进农村、进社区，推动党的创新理论的核心要义和实践要求深入人心、落地生根；按照重在建设、贵在坚持、利民惠民要求，更加注重质量标准，更加注重融入融合，更加注重常态长效，推动乡风文明阵地建设向纵深拓展。

（1）深化新时代文明实践。建设新时代文明实践中心，不仅能让习近平新时代中国特色社会主义思想迅速"飞入寻常百姓家"，还能满足农民对精神文化生活的新期待、新要求。一是建设新时代文明实践中心。目前，全省已建成高标准的文明实践中心22个、实践所375个、实践站5450个，实现湖南省全国试点县的实践中心、所、站建设全覆盖。④ 二是建设"湖南文明

---

① 陈奕樊、陆瑶：《倡导婚丧嫁娶从简 让文明新风落地生根》，湖南省人民政府门户网站，2021年1月24日，http://www.hunan.gov.cn/hnszf/hnyw/zwdt/202101/t20210124_14266242.html。

② 岳阳市文明办：《岳阳市推进新时代文明实践中心建设试点工作情况汇报》，打印稿。

③ 岳阳市文明办：《岳阳市推进新时代文明实践中心建设试点工作情况汇报》，打印稿。

④ 黄晗、刘笑雪：《厚培文明沃土 构筑精神高地》，《湖南日报》2021年3月25日，第1版。

实践"省级平台。按照"亲情""成长""丰收""诚信"的四季主题，持续打造"四季同行·雷锋家乡学雷锋"活动品牌。加强县域文明实践志愿服务队伍建设，组织开展业务培训、项目展示、经验交流，提供必要的经费保障。据不完全统计，2020年，全省各地各部门共开展各类志愿服务活动33万场次，参与志愿服务的志愿者超过462万人。[①] 三是打造文明实践工作品牌。衡阳市力推"衡阳群众"志愿服务，娄底市打造"文明实践15分钟志愿服务圈"，攸县实施"门前三小"工程，武陵源区开展"文明实践屋场会"，[②] 进一步提升文明建设成效。

（2）深化文明创建。建设完善文明创建动态管理平台，加大县级全国文明城市创建力度，鼓励所有省级以上文明城市全域创建、全员创建、全程创建，2020年，湖南省全国文明城市实现由个位数向十位数的新突破。[③] 通过文明创建，广大乡村环境更美，人居环境不断改善，陈规陋习逐渐破除，文明新风吹遍三湘。调研发现，常德市以文明村镇创建为抓手，深入开展"文明家庭""好婆婆、好媳妇""新乡贤"等评选活动，深入挖掘、推荐、宣传"身边好人"事迹，营造和谐婚姻家庭和邻里关系，弘扬湖湘好家风、好村风。常德市现有的133个镇、1541个村中，已有各级文明镇72个、文明村627个，加上2020年度将评选表彰的省级文明村镇15个、市级文明村镇约80个、县（区）级文明村镇约140个，文明村镇总量将达到约934个，占比约55.8%。[④]

4. 深入实施文化惠民工程

党的十九大报告指出，要"完善公共文化服务体系，深入实施文化惠民工程，丰富群众性文化活动"。[⑤] 湖南坚持精准有效、下大力气解决公共文化服务供给"有没有"和"好不好"的难题，既解决"量"更解决

① 黄晗、杨佳俊：《湖南开展文明实践志愿服务活动综述》，湖南省人民政府门户网站，2021年3月5日，http://www.hunan.gov.cn/hnszf/hnyw/zwdt/202103/t20210305_14745950.html。

② 黄晗、刘笑雪：《厚培文明沃土　构筑精神高地》，《湖南日报》2021年3月25日，第1版。

③ 黄晗、刘笑雪：《厚培文明沃土　构筑精神高地》，《湖南日报》2021年3月25日，第1版。

④ 常德市文明办：《乡村振兴调研座谈会发言材料》，打印稿

⑤ 习近平：《决胜全面建成小康社会　夺取新时代中国特色社会主义伟大胜利——在中国共产党第十九次全国代表大会上的报告》，人民出版社，2017，第44页。

"质"的问题。为了让农民充分共享城乡优质文化资源，在完善文化站、农家书屋等基础文化设施的同时，大力建设"公共文化＋互联网"的主阵地，加快乡村文化资源数字化建设。同时，因地制宜广泛开展乡村文化体育活动和文化娱乐活动，丰富乡村文化生活。调研发现，南县深入实施文化惠民工程，基层综合文化服务中心实现全覆盖：132个行政村已全部建成村级综合文化服务中心，覆盖率100%，图书馆、文化馆在每个乡镇文体卫站都设有分馆，设置率100%。各乡镇综合文化站（服务中心）、村级综合文化服务中心均达到"七个一"建设标准。加大乡风文明示范推广力度，南洲镇南山村建立了"乡村相见"公益项目社工工作室；浪拔湖镇红星村开展"枫桥经验"试点，实施"三色预警"矛盾调解机制，分类调解化解矛盾。[①]

（六）以"三治融合"乡村善治为要求，探索农村高效能治理长效机制

湖南坚持把夯实基层基础作为实施乡村振兴战略的固本之策，以自治为基础增活力、以法治为支撑强保障、以德治为先导扬正气，探索健全党组织领导的"三治"相结合的乡村治理体系。出台关于加强和改进乡村治理的若干措施，健全完善乡村有效治理长效机制，推进乡村治理体系和治理能力现代化。

1. 提升乡村基层治理能力

基层，既是末端，也是前沿，既是基础，也是重心，乡村基层治理现代化是乡村振兴题中应有之义。实现乡村社会稳定有序又充满活力，必须凝聚各方力量，创新基层治理体制，培育形成良好基层治理生态。湖南各地在实践中把治理与服务、治理与建设结合起来，因地制宜进行创新和探索，基层治理不断展现新面貌、新气象。

---

① 中共南县县委农村工作领导小组办公室：《南县实施乡村振兴战略工作情况汇报》，打印稿。

（1）贯彻落实"1+5"文件精神。全省各级各部门按照省委《关于全面加强基础建设的若干意见》及《规范乡镇（街道）职责权限实施方案》等5个配套文件（以下简称"1+5"文件）的系统部署，持续用力抓基层、打基础、固根本，围绕"明职权、畅通道、优待遇、留人才、减负担"深入推动省委基层建设"1+5"文件落地见效。据调研，常德市大力推动基层公共服务"一门式"全覆盖工作，将与群众密切相关的65项审批权限下放至乡村。① 益阳市分两批下放63项政务服务高频事项到村（社区），1434个村级综合服务平台已升级成集党务、政务、村务、商务、公共文化、社会服务等于一体的综合服务枢纽。② 省直单位明确乡镇权责事项116项、向乡镇赋权52项。③ 通过"一门式"服务窗口，实现了群众一件事"马上办、就近办、一次办"，事权匹配，基层不再"一团麻"。

（2）提高基层干部待遇。全省各地贯彻落实《中共湖南省委关于全面加强基层建设的若干意见》，进一步提高基层干部待遇，充分调动基层干部的积极性，让基层干部流汗的同时，能获得相应的福利待遇，增加干部的获得感、幸福感。据调研，常德市建立乡镇、村级运转经费和基层干部待遇报酬逐年增长机制，乡镇基层干部待遇全面提标。目前，常德市乡镇、村、社区基本运转经费分别为120万元、25万元、50万元，村、社区干部年均报酬分别提高到3.9万元、6万元。④ 全省乡镇机关事业单位工作人员工资收入高于县直机关事业单位同职级人员13%，对村主职干部购买养老保险最高给予3000元/年的财政补贴，村级组织运转经费年均达24.5万元。⑤

（3）加强村级党支部"五化"建设。湖南各地充分发挥党建引领的制度优势，着力强化"党建+"模式，不断加强农村党支部"五化"建设。开展整体优化提升村级党组织带头人行动，以村（社区）"两委"换届为契

---

① 中共常德市委组织部：《抓党建促乡村振兴工作情况汇报》，打印稿。
② 中共益阳市委组织部：《在全市乡村振兴座谈会上的发言》，打印稿。
③ 中共湖南省委农办：《关于2020年实施乡村振兴战略情况的报告》，打印稿。
④ 中共常德市委组织部：《抓党建促乡村振兴工作情况汇报》，打印稿。
⑤ 中共湖南省委农办：《关于2020年实施乡村振兴战略情况的报告》，打印稿。

机选优配强村级班子，尤其注重选拔爱农业、懂技术、善经营的新型农业经营主体，如新乡贤、创业成功人士、高校毕业生、返乡创业青年、退役军人等优秀人才担任村"两委"班子成员或作为后备力量。如益阳市81个乡镇党委、1434个村（社区）"两委"换届，① 当选乡镇党委委员、"两委"成员中年轻、高学历、有经验者的比例大幅提升。与此同时，各级党组织充分发挥党员带头示范作用，推动党员在乡村治理中带动群众积极参与。例如，常德市通过建立基层党支部联系点和基层党建工作示范点，开展"两优一先"表彰，发挥示范带动作用。目前，湖南全省农村党支部基本达到"五化"标准。

2. 规范创新村民自治

村民自治是我国农村社会土生土长的民主制度，其生命力的旺盛，离不开党的领导、法律监督和政府支持。自治应以法治为前提，以德治为基础，构建"三治融合"的乡村治理体系，促进村民自治更加规范有序、充满活力。

（1）以村规民约推动治理创新。湖南省在全国率先出台《关于开展村规民约和居民公约法制审核的指导意见》，推动社会主义核心价值观和中华民族优秀传统文化融入乡村治理，进一步规范和优化村民自治章程、村规民约等相关规章制度。积极开展乡村治理示范创建，组织"十佳村规民约"评比活动，探索推广"互助五兴""积分制管理""屋场会"等乡村治理有效模式。据调研，常德市2262个村（社区）修订完善村规民约、居民公约，澧县大堰垱镇九旺村的村规民约入选全省首届"十佳村规民约"。②

（2）以普法依法建设法治乡村。通过推进"法律明白人"培养工程向村民小组长和农户延伸，提升农村法治教育水平和农民法律知识、意识。结合当地实际，因地制宜创建法律文化阵地，如开展"民主法治示范村""法律进乡村"等活动。据调研，益阳市在全省率先实现市县乡村四级公共法律服务

---

① 中共益阳市委组织部：《在全市乡村振兴座谈会上的发言》，打印稿。

② 常德市文明办：《乡村振兴调研座谈会发言材料》，打印稿。

实体平台全覆盖，建成乡镇（街道）公共法律服务工作站94个，村（社区）公共法律服务工作点1379个，"一村（社区）一法律顾问""微法律顾问"实现全覆盖，20个村（社区）获批省级"民主法治示范村（社区）"。①

3. 推进平安乡村建设

乡村振兴离不开乡村平安，建设平安乡村是实施乡村振兴战略的重要保障。湖南狠抓农村社会治安综合治理能力这一平安乡村建设的关键环节，进一步强化党委领导、政府负责、社会协同、公众参与、法治保障的机制，构建现代乡村社会治安综合治理体制，推动形成农村平安建设新局面。

（1）发扬新时代"枫桥经验"。湖南在推进社会治理的实践中，始终坚持"枫桥经验"核心要义，发展新型干群关系，积极发动和依靠群众，从群众的视角、基于群众的感受预防化解矛盾纠纷，把改革、发展、稳定协调统一起来。深化人民调解、行政调解、司法调解"三调联动"，实行村每周、乡镇每月、县每季度分别开展一次矛盾纠纷排查工作，实现"大事不出镇，小事不出村"。

（2）加强基层治安防控管理。推进以基础性制度、设施、平台建设为重点的农村社会治安防控体系建设，持续推进"互联网＋警务"，"一村一辅警"机制实现全省全域全覆盖。据调研，益阳市实现县、乡、村三级综治中心建成率100%，市县两级公安机关与同级综治中心全部实现视频监控信息互联互通，2020年新建4.5万余路监控探头，基本实现农村主要交通路口、集贸市场等公共场所视频监控全覆盖。②

（3）打击非法宗教、邪教活动。乡村两级严格落实宗教工作责任制，大力推进党建引领农村宗教治理工作，依法打击农村非法宗教活动、邪教活动，依法制止利用宗教、邪教破坏农村公共秩序和干涉农村公共事务，坚决遏制农村非法宗教势力、邪教组织对基层的侵蚀。

---

① 中共益阳市委农村工作领导小组办公室：《益阳市实施乡村振兴战略工作情况汇报》，打印稿。

② 中共益阳市委农村工作领导小组办公室：《益阳市实施乡村振兴战略工作情况汇报》，打印稿。

（七）以农业农村优先发展为原则，推进脱贫攻坚与乡村振兴有效衔接

按照党的十九届五中全会的要求，进入新发展阶段的"三农"工作主攻方向和硬任务就是以农业农村优先发展为总方针，接续做好脱贫攻坚成果巩固与乡村振兴有效衔接。作为精准扶贫的首倡地，湖南如期实现767万贫困人口全部脱贫（其中建档立卡贫困人口682万人），51个贫困县、6920个贫困村全部脱贫摘帽，① 而且探索的十八洞村精准扶贫经验成为全国脱贫攻坚的样板。随着脱贫攻坚的圆满收官，湖南以"四个不摘"为底线全方位巩固脱贫成果，全力谱写"脱贫之后"好文章。

1. 统筹推进疫情防控和巩固脱贫成果，努力克服疫情、灾情的不利影响

在全国率先建立贫困人口疫情排查"日报告"制度，率先出台"禁养"涉及贫困人口的帮扶方案，制定实施应对新冠肺炎疫情"十条措施"，千方百计促进贫困群众增收补损。一是着力提高就业扶贫组织化程度。2020年加大跨区域劳务合作力度，与长三角、珠三角地区建立政府间和企业部门间劳务对接机制892个，推动51个贫困县与长株潭3市落实劳务协作协议，引导各园区与贫困村广泛结对，全省有组织输出贫困劳动力119.1万人，其中跨省点对点输送贫困劳动力9.54万人。加大扶贫车间建设力度，全省扶贫车间增加1979家、达4942家，吸纳23.8万人就业，其中贫困人口5.3万人。加大扶贫公益性岗位开发安置力度，全省共新增各类扶贫公益岗位7.6万个，总数达15.7万个。② 二是着力推动产业扶贫可持续发展。引领重点产业扶贫项目建设，因地制宜发展优势特色产业。全面摸清禁食野生动物、长江流域禁捕退捕涉及贫困人口底数，到户到人制订帮扶计划，2657户禁食退捕涉及贫困户全面完成转产转业安置任务。打造"五建五销"消费扶贫模式，累计认定扶贫产品18438个、供应商5085个，促销扶贫产品

---

① 湖南省扶贫开发办公室：《湖南省脱贫攻坚工作情况总结》，打印稿。
② 湖南省扶贫开发办公室：《湖南省脱贫攻坚工作情况总结》，打印稿。

价值 190 余亿元。三是着力做好综合兜底保障工作。安排 1 亿元财政资金支持贫困地区灾后恢复重建，5242 户因灾住房和饮水安全问题全部解决，农业全面完成受损农作物抢种改种。深入实施社会救助兜底脱贫和"户帮户亲帮亲，互助脱贫奔小康"行动，净增农村低保对象 13.9 万人、覆盖面从 2019 年的 2.7% 扩大到 3%，为 17.3 万残疾人上门服务评残办证，兜住了贫困群众基本生活底线。①

2. 严格落实"四个不摘"，巩固拓展脱贫成果

（1）强化易地扶贫搬迁后续扶持。全省累计在集中安置区设立基层党组织 898 个、群众自治组织 1523 个，配建或改扩建幼儿园和义务教育学校 673 所、医务室 558 个，建成扶贫车间 1409 个，可提供开发公益性岗位 8900 个，约 24 万搬迁对象在发展特色产业中受益。② 2021 年，湖南在全国率先开发建设"互联网＋易地搬迁大数据平台"，建立易地搬迁后续帮扶省级管理台账，将后续产业扶持财政专项资金由 6000 万元提高到 1 亿元。在集中安置区建设 2068 个车间，设立劳务经纪人 2000 余名，建立劳务协作对接机制 927 个，截至 2021 年 7 月，全省有劳动能力和就业意愿的搬迁群众就业率达到 99.96%，全面完成不动产登记。③

（2）加强防止返贫致贫监测帮扶。出台了全省《关于进一步加强防止返贫致贫监测预警帮扶的意见》，建成运行防返贫监测与帮扶管理平台，切实加强对"两类人员"的动态管理，全面完成"两类人员"返贫致贫风险类型核实校正；制定下发了《关于开展巩固社会救助兜底脱贫成果"回头看"的通知》，全面摸排脱贫人口、易返贫致贫人口、低收入人口、突发困难人口等重点对象，及时将符合条件的人员纳入兜底保障范围，对全省动态识别的 12.77 万脱贫监测人口、11.9 万边缘易致贫人口，逐一前置落实帮扶措施。④ 2021 年 4 月下旬以来，在全省深入开展防返贫集中监测帮扶和问

① 湖南省扶贫开发办公室：《湖南省脱贫攻坚工作情况总结》，打印稿。
② 湖南省扶贫开发办公室：《湖南省脱贫攻坚工作情况总结》，打印稿。
③ 赵成新：《在省委三农工作专家组工作衔接座谈会上的讲话》，打印稿。
④ 湖南省扶贫开发办公室：《湖南省脱贫攻坚工作情况总结》，打印稿。

题排查整改行动，结合党史学习教育"为群众办实事"活动，及时化解了一批矛盾风险，为坚守防止规模性返贫底线争取了工作主动。

（3）加大产业就业帮扶力度。将省级重点产业项目资金安排由 5 亿元增至 7.5 亿元，累计发放贷款 3.4 亿元，贷款余额涉及户数 16.16 万户，逾期余额 1924 万元，逾期率始终控制在 1% 以下。扎实促进稳岗就业，持续加大劳务输出力度，拓展就地就业渠道，统筹用好乡村公益岗位，发挥以工代赈作用，加强职业技能培训，2021 年全省脱贫人口务工人数已达 234.61 万人，是 2020 年底的 100.91%。[①]

3. 保持投入力度总体稳定，推进有效衔接各项工作

为积极探索脱贫攻坚与乡村振兴目标衔接、政策衔接、工作衔接、机制衔接的具体举措，湖南相继在曾有 3 个国家级贫困县的郴州市、武陵山片区的中方县和经济条件较好的浏阳市开展试点；在永州市开展乡村振兴资产项目管理试点，初步构建了三类管理、五权五化、一套机制的"351"模式，并在此基础上，出台了加强乡村振兴项目资产管理的"十条意见"。目前，全省已确权 976 亿元，全部实行台账化管理。[②]

在政策衔接上，研究出台了《关于实现巩固拓展脱贫攻坚成果同乡村振兴有效衔接的实施意见》，加大政策支持力度。同时，根据中央帮扶政策调整优化，及时制定操作细则，相继在财政衔接补助资金和涉农整合资金管理、驻村帮扶等方面出台了具体实施方案。制定了《湖南省财政衔接推进乡村振兴补助资金管理办法》，调整优化过渡期财政支持政策。将原省级财政专项扶贫资金调整为省级财政衔接推进乡村振兴补助资金，要求市州、县级财政部门充分发挥财政职能作用，每年预算安排一定规模的本级衔接资金，保持财政支农的投入力度总体稳定。

在工作衔接上，研究确定了 13 个乡村振兴重点帮扶县、14 个乡村振兴示范县、1 个乡村振兴示范市（长沙市）、1 个乡村振兴合作示范区（湘赣

---

① 赵成新：《在省委三农工作专家组工作衔接座谈会上的讲话》，打印稿。

② 赵成新：《在省委三农工作专家组工作衔接座谈会上的讲话》，打印稿。

边），认定了 2307 个重点帮扶村、2000 余个示范创建村。① 在机构队伍衔接上，全省共选派 24021 名干部组成 10253 支队伍，② 实现对重点帮扶村、一般脱贫村、示范创建村和党组织软弱涣散村等四类村全覆盖选派工作队，并完成线上培训工作。同时，扎实做好扶贫机构优化调整，在全国率先挂牌成立省乡村振兴局，市县两级同步推进扶贫机构重组调整，顺利实现平稳转型。

二 全面推进乡村振兴需要破解的现实难题

湖南省委、省政府遵照中央全面推进乡村振兴的精神，在"三高四新"战略的指引下，大力推进巩固脱贫攻坚成果与乡村振兴有效衔接，取得了良好的开局。但全面乡村振兴刚刚起步，进程中还存在各种现实难题，需要认真分析，找准症结，努力破解，为湖南乡村振兴迈上新的台阶贡献智慧力量。

（一）农业结构性矛盾依然突出，农民增收形势依然严峻

当前，农业结构性矛盾依然是湖南农业发展的突出问题，也是影响农业增效、农民增收的瓶颈。调研发现，主要存在三个方面的问题：一是农产品品种结构与居民消费快速升级不相适应。湖南大宗农产品供大于求、特色优质农产品供不应求的结构至今没有改变，粮、猪、油、茶、柑橘等在数量上全国排名在前，但是优质化、多样化和专用化的大宗农产品发展依然滞后，优质稻和高品质的猪肉、茶油、名茶、水果等农产品生产与人们消费需求尚有一定差距。二是农业产业结构不优，一、二、三产业融合发展不足。各地农业的重心仍然在第一产业，农产品加工和服务业发展缓慢，一、二、三产业融合发展程度不高，农业产业的附加值大多没有留在农村。如南县是小龙

---

① 赵成新：《在省委三农工作专家组工作衔接座谈会上的讲话》，打印稿。
② 赵成新：《在省委三农工作专家组工作衔接座谈会上的讲话》，打印稿。

虾大县，但小龙虾加工企业只有一家，大部分都是以鲜货上市，使得小龙虾丰收年份价格低；优质的稻虾米大部分仍以常规大米加工、销售为主，产业链条短、附加值低影响了农民收入增长。三是产业区域结构同质化较严重。湖南区域资源禀赋特色明显，气候资源丰富，具有发展区域特色农产品的优势，全省通过"一县一特""一村一品"等措施，推进了农业产业的特色化发展。但在具体产业发展中，有些产业一哄而上，在全省无序全面推广，造成了区域主导产业结构同质化问题。如茶叶全省几乎每个县市区都有，柑橘、油茶、黄桃种植遍布全省，水稻、生猪全省品种差异不大。产业结构同质化一到丰产就同质竞争，导致价格上不去，即使增产也不能增收。

农业结构性矛盾严重影响了农业的效益，最终影响了农民收入的增加。农民增收的决定性因素有四大类，即生产经营收入、劳务收入、转移性收入和财产性收入。近年来，宏观经济波动、新冠肺炎疫情等因素影响了农民工外出务工，降低了农民的劳务收入；当前国际金融危机未解，乡村金融与乡村投资市场发展不充分，农民的财产性收入增长不快；加上国家财政调整，转移性收入增长缓慢。所以，农民的经营性收入是当前农民增收的重要基础。而由于农业结构性矛盾，加上市场风险和自然风险带来的不确定性，生产经营收入难以成为农民增加收入的保障，农民增收形势依然严峻。

（二）要素支撑明显不足，政府与市场关系明显不顺

乡村振兴的关键要素是"人、地、钱"。从基层调研情况看，普遍反映乡村振兴的三大要素支撑明显不足。从"人"的要素来说，农业效益比较低，导致很多农民外出打工赚取劳务收入。湖南是人口流动大省，留在农村的过去是"386199"部队，现在小孩大多也去城里读书，妇女去城里陪读，留在乡村的基本就是老人组成的"99"部队。农村劳动力明显不足，更不要说高级技术人才和管理人才。如南县从事农业生产的农民专业知识不够，采用的还是以前的耕种方法，而且有严重的年龄断层，目前种田的多是50岁以上的农民。澧县的葡萄特色产业和南县的小龙虾产业，都需要专业的技术人才，但是有专业知识的大学生一般不愿来工作，即使工资比城市还高，

他们在思想观念上也认为读了大学再回农村有点丢人。此外，乡村技术管理人员也存在严重断层。比如，至2022年底，南县农业农村局农业专业技术人员将有22人退休，但并没有找到补充人员，专业技术人员出现严重断层[①]。从"地"的要素看，国家层面出台了设施农用地方面的通知，而省市层面的实施意见还没有跟进。国家部委有关文件规定可以将一定面积的一般耕地用于设施农业，但在操作层面有风险，鉴于大棚房拆迁事例的教训，地方政府不愿意也承担不起土地政策方面的风险责任。推进乡村一、二、三产业融合发展需要建设用地作为支撑，现在建设用地存量少，新增建设用地难度较大。如益阳市南县大量涉农企业用地报批时间超过一年依然没有获批，而存量集体经营性建设用地非常有限，使得乡村二、三产业发展面临用地瓶颈。从"钱"的要素看，乡村振兴是一项"三农"工作的系统工程，政府不可能大包大揽投入，需要金融机构、社会企业和农民主体投入。问题是农业产业投资大、周期长、收益低、风险大，金融机构投入积极性不高，基本仅限于政府规定完成的任务；工商资本进入乡村投资的观望居多，真正落地的不多；农民自身资金不足，资产性投资能力缺失。

政府财政的"三农"投入，存在的问题也不容忽视。一是稳定"三农"投入面临最现实的难题。受国民经济下行与新冠肺炎疫情的双重影响，最近一年是近十年财政增收形势最为严峻的一年。当下的客观问题是，在县级政府财政收入快速下降的同时实施降税减费，而全面小康战略目标下社会公共支出刚性增长，不少县级财政收不抵支情况严重，不仅大幅增加对"三农"投入不太可能，而且在财政减收的情况下稳定"三农"投入也是最现实的难题。资金问题与"三农"发展的实际需求以及全面建成小康社会的要求之间的矛盾成为当前紧迫的现实矛盾。二是投入体制存在"九龙治水"的问题。现有"三农"投入体制下，仍主要由上至下分条块安排资金和项目，基层统筹的自主性没有发挥出来。"九龙治水"导致资金分散，无法集中资金解决实际突出短板问题，财政资金使用效率较低。三是投入

---

① 南县农业农村局：《2021年上半年工作总结》，打印稿。

结构出现供给与需求的矛盾。现有"三农"投入结构欠合理，更多是关注农业产业发展，对农村基础设施和公共服务投入不够，没有很好地处理眼前效益与长期发展的关系。

乡村振兴的要素供给是一个复杂的问题，既有要素短缺的问题，也有政府与市场关系不顺的问题。由于农村改革滞后，政府大包大揽地干预农民具体的经营行为和生产行为，特别是通过直接投资项目等方式主导农业生产，导致供给结构与需求结构出现脱节，一些农产品的产能过剩而价格快速下跌，扭曲了市场供求关系，影响了市场机制的作用发挥，造成政府越位与市场缺位的问题非常突出。一方面，政府直接组织发动、人为地扩大生产规模，无疑就造成了产量严重过剩而价格大幅下跌，严重损害了农民利益。当然，农产品的价格降低有助于城市低收入群体减少生活成本，但是这绝不应该建立在损害农民利益的基础上。这不是说对城市低收入群体缺少人文关怀，政府应对的有效办法应是进一步完善这些群体的社会保障，而非以牺牲农民的利益为代价来承担城市低收入群体的社会保障责任和粮食安全的国家责任。另一方面，每每在农产品价格上涨和下跌之时，政府就会对小农采取有力的宏观政策进行调整，造成单个农产品供大于求与供不应求现象交替出现，严重损害了农民的利益与农业的发展，必然要求农业发展方式实现从生产导向向市场导向的根本性转变。

（三）绿色乡村发展理念不强，环境治理机制不全

保护生态环境、建设宜居乡村是乡村振兴的重要目标任务之一。当前，有些地方在乡村振兴中片面理解乡村振兴的任务，重视产业兴旺而忽视乡村的"两型"绿色发展。对"绿水青山就是金山银山"的发展理念理解得不深入，有些地方甚至破坏生态环境搞乡村振兴。调研发现，一些基层干部群众认为抓环境治理只是表面功夫、不能增加 GDP，只要生产发展了，环境问题就可以随之解决，因而造成乡村发展与环境保护分离，乡村振兴的规划或者项目推进并不重视生态的长远价值，绿色乡村发展的理念还没有深入人心，还没有真正从生态发展振兴理念去深入认识乡村振兴。

乡村环境治理的长效机制亟待完善。调研发现，其突出表现：乡村规划滞后，环境治理没有成为重要内容；乡村环境基础设施还比较薄弱，特别是偏远山区的污染防治缺乏相应的投入保障机制，导致环境治理流于形式。农民参与环境治理的平台缺失，在农村垃圾处理、污水治理等方面，基层组织搞运动式应付以完成任务，不少地方的农民甚至把维护环境卫生视为政府和国家的事情。环境卫生本来是农民自己应该做好的事情，但没有充分调动农民参与积极性，导致成本高、难以持续推进。

（四）文化建设中农民主体性不够，因地制宜传承提升乡土文化不力

乡村文化建设的主体是农民，只有农民广泛参与并发挥主体作用，文化建设才能真正落地。有些地方在推动文化建设过程中，把城市文明强行注入农民传统文化之中，没有因地制宜结合传统文化进行传承与创新，因而给乡村文化建设带来了一些负面的影响。调研发现，一些地方的文化设施建设没有结合农民需求，而是按照城市项目设计思路，修建的文化设施要么选址不合理，农民使用不方便；要么文化设施与农民需求脱节，导致文化设施闲置，甚至纯粹沦为一种摆设。对文化活动引导不够，对地方的传统文化挖掘不深，改造不合理，成为地方传统文化的简单翻版，或地方传统文化的强制现代化，导致文化建设的民众基础薄弱，民众对文化的认同度不高。

如何传承提升乡村传统文化？一些地方一搞乡风文明就只搞移风易俗，对乡村民俗习惯进行简单的一刀切改造。如规定红白喜事只能上几个菜，菜的品种是什么，参加的人是哪些范围等。乡村民俗习惯是几百年甚至几千年来形成的具有广泛群众基础的地方习俗，是不同地方风土人情的展示，是农民对生命价值和情感的表达。办不办、怎么办应该是农民自己的事情，引导农民不大操大办、不铺张浪费就行，没必要强制农民一刀切、标准化，把历史悠久的乡村传统文化当作政绩工程进行改造，既破坏了传统文化活动的丰富内涵，也限制了农民文化创新的自主性。

（五）农民首创精神发挥不够，基层治理自主性不高

习近平总书记指出，乡村振兴的顶层设计，各地要制定符合自身实际的实施方案，科学把握乡村的差异性，因村制宜，发挥亿万农民的主体作用和首创精神，善于总结基层的实践创造①。当下乡村基层治理不仅仅是构建秩序，更重要的是要激发农民的首创精神，使之成为乡村振兴的新动能。调研发现，有些地方忽视通过加强党的领导来实现农民的主体地位和尊重农民的首创精神。一是没有处理好坚持党的领导和尊重农民首创精神的关系。党的领导在乡村基层是治理制度的规范和政治思想意识的引领，而不是对乡村经济社会具体事情一刀切的本本主义。一些地方以党的领导为借口，只强调长官意志的顶层设计，缺乏群众路线的问计于民，就形成了政府主体、农民客体的工作局面，导致农民处于服从与被支配的地位，逐渐丧失了自主能力和首创精神。二是没有处理好坚持党的领导和实现农民当家作主的关系。党的领导的真谛是实现广大农民群众在乡村社会当家作主，而不是替农民当家作主。一些地方以党的领导为借口，绕过村民自治的制度搞一言堂，使农民合法的政治权利得不到保障，严重伤害了农民的感情，影响了乡村社会的民主秩序，损害了国家法律的公信力和党的政治公信力。三是乡镇政府对村民委员会的行政干预较多。村庄社会由村民依法进行民主自治，村民委员会由村民选举、向村民负责，乡镇政府对村民委员会只有工作指导权。调研发现，一些乡镇政府把村民委员会变成下属机构，转移过多的行政责任，村民委员会围着乡镇各项任务转，不对村民负责而向乡镇负责，导致不少地方的村民自治流于形式。

（六）乡村振兴工作体制机制有待完善，绩效考评体系有待健全

乡村振兴作为一项复杂的系统工程，必须做好有序推进的顶层设计，理

① 习近平：《习近平主持中共中央政治局第八次集体学习并讲话》，中国政府网，http：//www.gov.cn/xinwen/2018－09/22/content_5324654.htm，2018年9月22日。

顺领导体制机制，明确目标任务，否则就会导致乡村振兴工作举步维艰。调研发现，乡村振兴工作体制机制还有待完善，绩效评价体系还没有健全。首先，乡村振兴局与农业农村部门职能交叉重叠。两部门之间如何分工协作、推进乡村振兴，省、市、县都还有待进一步明确。尽管省委明确了省乡村振兴局在省农业农村厅的领导下开展相关具体工作，但是省乡村振兴局是级别相同的单位，省农业农村厅如何领导它，省乡村振兴局究竟开展哪些"相关"和"具体"的工作也没有明确，而市、县两级乡村振兴局更加茫然。其次，各级乡村振兴局工作机制尚未形成。乡村振兴局尽管成立了，但其自身的部门主要职责、内设机构和人员编制等还没有定好，从省到市州到县，乡村振兴局的"三定"尚未完成，因而影响了乡村振兴局的正常运转。当前，队伍明显不强，人员数量明显不足。如岳阳市11个市县区，市乡村振兴局只有11个编制，有时接电话都忙不过来；澧县近百万人口，乡村振兴局总计19个人，但只有13个人有编制。特别是作为乡村振兴实战场所和主战场的乡镇，负责乡村振兴具体工作的人员没有编制，在晋级和提拔时因没有正式身份而不能提拔晋级，导致他们工作积极性受影响。再次，乡村振兴的统筹协调工作机制有待完善。当前省市县都成立了乡村振兴领导小组，办公室设在省乡村振兴局。但是根据《中国共产党农村工作条例》，省里还有省委农村工作领导小组，办公室设在省农业农村厅。目前这两个领导小组都有抓乡村振兴的职能，两个领导小组中成员大多数也是重复的，今后这两个机构如何统筹协调、分工合作？需要提前做好顶层设计，完善相应的工作协调机制，推进领导小组各部门的乡村振兴工作协调发展。最后，乡村振兴的考核机制还没有建立。当前，省、市、县都没有建立科学可操作的乡村振兴绩效考核机制，乡村振兴的考核是指挥棒，乡村振兴考核什么、如何考核亟待明确。同时，乡村振兴工作队怎么考核、由谁来考核也需要进一步明确。工作队是组织部门下派的，如果由组织部门考核，但组织部门不熟悉乡村振兴业务；如果工作队由业务部门考核，业务部门又没有人事考核权，考核工作存在很多不顺畅的地方。

三 开创湖湘特色乡村振兴新局面的基本对策

湖南全面开启乡村振兴新征程取得了显著成效，然而在取得成效的同时，也存在区域农产品同质化竞争、农民增收压力较大、地方财政增加投入潜力有限、农业防灾减灾风险较多、乡村振兴工作体制机制待完善等困难和问题。这些困难和问题既有老难题，也有新挑战。进入新发展阶段，需要紧紧围绕"优先发展农业农村，全面推进乡村振兴"的总体要求，落实新发展理念，深入推进农业供给侧结构性改革，大力发展精细农业，积极推动巩固拓展脱贫攻坚成果同乡村振兴有效衔接，加快农业农村现代化，努力开创湖湘特色乡村振兴新局面。

（一）建立区域农产品正面清单与负面清单，全面优化产业结构与产业布局

湖南作为鱼米之乡，主要农产品生产不是问题，保障国家粮食安全和重要农产品供给，核心是提高农民和新型农业经营主体生产的积极性。从农业的高质高效发展要求来看，湖南大宗农产品过剩、优质农产品大规模同质化生产的问题一直没有解决。新时代湖南构建农业发展新格局，必须立足地域资源优势，按照省委省政府提出的打造九大千亿产业的总目标，以提高农业发展质量和效益为导向，大力发展精细农业，优化资源配置，推动农业供给结构转型升级，使得农产品供给结构能适应消费结构变迁，破解湖南农业供给侧结构性矛盾，形成地域特色鲜明、区域分工合理、高质高效发展的精细农业生产布局。农业与工业不同，每种农产品生产对自然环境有其独特的要求，同一品种在不同的自然环境下种植会形成不同品质的农产品。农业这一独特的属性要求立足于区域资源优势，形成差异化农业发展格局。从湖南的农业布局来看，尽管全省划分了"环洞庭湖""大湘西""长株潭""大湘南"四大农业区域板块，但没有进行细化，对农业生产的引导性不强，有待进一步完善相应机制。

1. 建立"正面清单""负面清单"的约束机制

进一步细化湖南省农业生产区域分工，优化农业生产力空间布局，以"一县一特、一特一片"生产格局作为公共财政支持区域农业生产的依据，提出每个县应该重点发展的农产品品种，提高农产品品质，打造竞争力强的品牌，上级财政支持资金重点向县域特色农业倾斜，将具有高品质与市场竞争力的区域品牌作为完善乡村产业发展规划的重点与政府资金项目落地的依据，以优化区域农产品品种结构为基础优化区域农业产业结构。

2. 突出优质高效，优化农业产业结构

以提高优质农产品供给为导向，优化调整农业结构，使农业供给结构能有效适应消费结构变迁。一是统筹调整粮食生产、经济作物和饲料作物结构。按照"稳定粮食生产、优化经济作物和扩充饲料作物"的总体要求，不断优化粮经饲结构。二是推进畜禽养殖和水产养殖协调发展。根据消费结构变迁趋势，加快养殖业转型升级，稳定生猪养殖，扩大牛羊养殖规模，提高水产养殖品质，科学划定养殖区域范围，推进养殖业标准化、规模化发展。三是提质地方特色农业。因地制宜确定本地特色农业生产品种，按照产业集群化和专业化发展要求，引导要素向特色农业集聚，形成"一乡一品""一村一品"的农业生产格局，把地方土特产和小品种做成带动农民增收的大产业。[1]

3. 坚持优势与特色导向，优化农业区域布局

每个区域都有其独特的自然资源禀赋，要立足区域自然资源禀赋、农业发展基础和市场需求，以优势和特色为导向优化农业区域空间布局，避免区域农业生产同质化竞争，以适应消费结构变迁。结合不同经济区域的不同特点，未来一段时期应着力构建"一圈二区一带"农业功能区划战略格局。"一圈"即长株潭城郊都市高端农业圈，"二区"即洞庭湖平湖规模高产农业区和湘中南丘岗外向高效农业区，"一带"即环湘（武陵—雪峰—南岭—罗霄—幕阜）山地绿色高值农业带。

---

[1] 陈锡文、陈文胜：《以精细农业为取向　推进湖南农业发展现代转型》，《湖南日报》2019年12月24日。

（二）构建政府主导、农民主体、社会主力的有效衔接新机制，形成乡村振兴多元要素合力

进入了全面推进乡村振兴的新发展阶段，贯彻新发展理念就必须把"以人民为中心"的理念落实到乡村振兴实践中来，调动农民参与乡村振兴的积极性，避免出现乡村振兴"政府干、群众看"的不良现象。要实施政府主导、农民主体和社会主力的改革赋能新机制，实现"党的引领力、政府的推动力、市场的原动力、农民的创造力、社会的协同力"协同推进乡村振兴。①

1. 正确处理政府和市场的关系

最关键的是找准有为政府与有效市场的黄金结合点，优化制度供给、政策供给、服务供给，有效发挥市场需求的导向作用和政府政策、制度供给的推动作用，推动资源优化配置，以破解资源要素错配与市场扭曲问题，推动高质量发展。一是把经营行为和生产行为"放"给市场。主要是减少产业选择的直接介入，从引导与激活要素上着力，在要素集聚平台打造、科技创新推广、品牌创建、标准化监管等层面优化制度供给、政策供给、服务供给，推动有效市场的形成与完善，为乡村撬动和引进外部资源提供支撑。二是建立规范乡村产业发展的正面清单与负面清单。要突出在解决同质竞争与低端产品供大于求的两大难题上下功夫，按供给侧结构性改革的要求，立足区位优势、资源禀赋与市场需求，形成各区域产业布局的正面清单与负面清单，错位发展具有鲜明地域特色的优质产品，避免质量效益和竞争力偏低的低端产业、低端产品继续扩大生产，以此推动发展方式实现从生产导向向市场导向的根本性转变，实现乡村产业数量、质量、价值量"三量齐升"，形成从行政推动为主逐步走向政府引导下市场驱动为主的新发展格局。

2. 推进涉农资金县级统筹整合制度常态化

统筹整合涉农资金，完善"三农"财政投入体制机制是一项系统工程，

---

① 陈文胜：《构建农业农村现代化新格局》，《新湘评论》2021年第5期。

涉及部门和上下级间权责划分，难度较大，需统一谋划、顶层设计。一是把推进县级涉农资金统筹整合制度常态化，作为推进脱贫攻坚与乡村振兴相衔接的关键之举。建议中央从涉农资金统筹整合和财权事权下放方面进一步出台相关政策措施，完善涉农财政投入体制机制的顶层设计，加大资金统筹整合力度，增强省及以下各级的自主性，以提高涉农资金的使用效率，加快补齐"三农"领域短板。二是把推进农业发展规划由自上而下向自下而上转变，作为破解财政支农供需不匹配的长效之举。为提高财政资金使用效率，将"三农"投入的规划项目，由各地因地制宜上报，再根据申报审批。三是进一步加大对"三农"的投入力度。湖南是农业大省，从财力状况看总体上是财政弱省，收支矛盾较突出，特别是部分市县财政状况较差，对"三农"的投入需要中央财政加大支持力度。

3. 充分保障农民的主体地位

乡村振兴农民主体作用体现在四个方面：建设主体、经营管理主体、利益主体、合作主体。尊重农民主体地位，其本质是为了保障农民利益，以农民福祉为一切工作的落脚点。一是以农民为主体，就要求政府有所为、有所不为。凡是在农民主体能有效发挥作用的地方，政府应尽可能地少介入或不介入。二是加强对农民的宣传教育和培训，提高农民主体的素质和能力。培育新型职业农民、农村致富带头人、种养大户、家庭农场等新型农业经营主体，提高农民发挥主体作用的素质和能力。

4. 动员社会力量参与乡村振兴

认真总结社会力量助力脱贫攻坚的有效经验，并不断完善、精准施策，搭建社会力量助力乡村振兴的平台，加强对社会力量参与乡村振兴的政策保障和激励，拓宽社会力量参与渠道。一是搭建平台，实现项目"精准配置"。建立"乡村振兴项目对接平台"，由各村提供各自个性化"帮扶需求菜单"，通过互联网实现乡村振兴资源供求双方的精准对接联系，从而实现乡村振兴项目配置的精准化和信息化。二是加大社会力量参与乡村振兴的政策激励力度。加快制定出台社会力量参与乡村振兴的激励政策，在贷款贴息、税收减免、用地保障、人才认定等方面加大社会力量参与乡村振兴的政

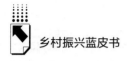
策激励力度，让社会力量参与乡村振兴成为一种社会荣誉。三是提升社会力量参与乡村振兴的实践能力。加大对参与乡村振兴社会力量的培训力度，让社会力量了解乡村、认识乡村，使得乡村需求和社会力量供给实现完美对接，提高社会力量参与乡村振兴的实践能力，不断改善社会力量参与乡村振兴的实践效果。

（三）构建减污治污长效机制，推进乡村"两型"发展

推进乡村"两型"发展是湖南乡村振兴、美丽乡村建设的必然要求，也是构建农业农村现代化新格局必须确立的新目标。推进乡村"两型"发展需要在巩固"两型社会"建设成果的基础上，进一步闯出湖南的新路子，进一步彰显湖南新担当、展现湖南新作为、谱写湖南新篇章。①

1. 推进乡村垃圾减量化

垃圾处置要彻底，分类减量是前提。农村生活垃圾分类是垃圾处置的基础性工作，也是整治农村脏乱差、改善农村人居环境的有力举措。一是探索源头上减少乡村垃圾。对一次性塑料包装、农膜等无法降解环境污染产品的进村入户予以从重从严控制，确保乡村环境污染从源头上得到根治。二是调动农民垃圾分类的积极性。按照垃圾分类处理"减量化、资源化、无害化"的目标要求，探索建立垃圾分类积分兑换管理制度，开设"可回收垃圾兑换超市"，村民可使用积分在农村淘宝上购买商品，激发村民对垃圾分类工作的积极性、主动性，推进乡村生活垃圾减量化、资源化、无害化处理，促进美丽乡村建设。

2. 打好农村污水处理组合拳

乡村美不美，重点先看水。农村生活污水治理是农村人居环境综合整治，以及污染防治攻坚的一项重要工作。一是补齐乡村污水处理管网短板。连通"血管"，不再让乡村污水处理设施"各自为战"，尤其是针对农村集中居住点加强建设，变"留白"为"补白"。二是努力拓宽资金筹集渠道。

---

① 陈文胜：《构建农业农村现代化新格局》，《新湘评论》2021年第5期。

采取"政府补一点，集体出一点，村民筹一点，外出乡贤、企业捐一点"等筹资方式，为农村生活污水处理工作长效运行提供有力的财力保障。三是引进技术，推进政府购买服务，促进环保企业专业化运营、常态化运营。

3. 打好农业面源污染防治攻坚战

提高农产品品质必须改善农业生产环境，必须抓好农业面源污染治理工作。一是改变传统的面源污染治理思路。从源头上减少污染物排放，推进污染物排放减量化，控制污染物增量。联合科技、环保、工商等部门共同监管农业生产投入品的生产、销售、使用、技术指导以及畜禽和水产养殖管理。二是精准治理农业面源污染存量。科学分析各地农业面源污染存量的来源和种类，运用信息技术掌握存量农业面源污染物空间分布，根据农业面源污染物种类及其空间分布情况，提出科学的治理方案。三是加强农业面源污染治理监测与评价。围绕"一控两减三基本"目标，加强农业面源污染防治攻坚战实施效果的监测与评价。

4. 持续推进乡村绿化美化

乡村绿化美化是改善农村人居环境的一项重要内容。一是充分调动农民的积极性。农民是乡村绿化美化的受益者，积极向农民传播美丽乡村建设村庄绿化美化的重要意义，引导农民在自家房前屋后进行绿化美化，同时积极引导农民参与村庄公共空间绿化美化，增强村民绿化美化责任意识。二是因地制宜选择绿化美化方式。每个村庄地形地貌、风俗习惯等自然和人文条件存在差异，要在尊重农民意愿和风俗习惯的基础上，因地制宜地推进乡村绿化美化，绿化美化品种选择结合当地自然条件、农业生产特色，不宜引进一些不适合当地种植的"洋品种"，避免造成水土不服，影响绿化美化效果。

（四）全面推进文明乡村创建活动，引导形成乡风文明新风尚

乡村振兴，既要塑形，也要铸魂。乡村是否振兴，要看乡风好不好，乡风文明是乡村振兴战略的"魂"。[①] 进入新发展阶段，要以文明创建作为乡

---

① 张华伟：《乡风文明：乡村振兴之"魂"》，《学习时报》2018年9月14日。

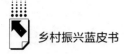

风文明建设的"助推器",不断丰富乡村文明创建内涵,使之成为实施乡村振兴战略的有机组成部分。

1. 深化乡风民风建设

村级党组织可以积极探索开展乡风民风评议活动,每年评选出"五好家庭"和"五好个人",引导广大农民群众由"要我文明"向"我要文明"转变。根据社会发展变化,不断完善村规民约,在村里组建村民红白理事会、道德评议会、禁毒禁赌会等民间自治组织,强化这些民间自治组织对村民的教化约束作用,树立文明新风。探索制定乡风文明建设评价体系,设立乡风文明榜,形成德业相劝、过失相规、守望相助、患难相恤的社会风尚。

2. 完善农村公共文化体系

不断优化农村公共文化服务供给是培育良好乡风、涵养乡土情怀的重要抓手。一是加大农村公共文化建设力度。加大公共财政在农村公共文化领域的投入,支持村民积极参与"三农"题材文艺创作生产,引导文艺工作者深入乡村体验乡村文化,不断创作推出反映新时代农民生产生活尤其是乡村振兴实践的优秀文艺作品,充分展示新时代农民的精神面貌。培育挖掘乡土文化本土人才,有条件的村级组织可以设立相应的专项资助资金培育乡土文化本土人才。开展文化结对帮扶,引导所在村的乡贤投身乡村文化建设。二是加强公共文化设施建设。发挥县级公共文化机构辐射作用,推进基层综合性文化服务中心建设,实现乡村两级公共文化服务全覆盖,提升服务效能。三是注重发挥信息技术对改善乡村公共文化服务的支撑功能。以大数据、云计算、人工智能、移动互联网等现代信息技术畅通各种自上而下、由城至乡的公共文化输送渠道,运用新媒体手段激活乡村图书馆、文化书屋、村史馆、乡村记忆馆等资源,为农民提供个性化、订单式文化服务。

3. 因地制宜制定切实可行的奖励激励机制,让作出表率的文明家庭和文明村民受到应有的激励

持续深化各类文明创建活动,不断探索创新各类文明创建的体制机制,使社会主义核心价值观的大主题在乡村文明创建与评议的小活动中落地生根。通过"点""面"结合，在动态管理和奖惩激励方面下功夫，探索实施"乡村道德银行""文明积分"等奖励制度，激励广大农民群众积极参与各类文明创建，让文明户、文明村民成为乡村众人羡慕的对象。

（五）发挥基层党组织的核心引领作用，建立农民广泛参与的治理机制

习近平总书记在十九大报告中强调，健全人民当家作主制度体系，发展社会主义民主政治。因此，保障和支持农民在乡村社会当家作主，确保公共产品与公共服务的供给服从农民需要、交由农民决定，使"江山就是人民，人民就是江山"直接体现到农村基层政治生活和社会生活之中，全面解放农村生产力中的人这个最具有决定性的力量和最活跃的因素[1]，不仅是乡村治理现代化的本质和核心，也是乡村治理现代化的出发点和落脚点，更是中国共产党以人民为中心的根本政治立场所决定的。

增强基层党组织在乡村治理中的政治领导力、思想引领力、群众组织力、社会号召力。突出政治功能，加强农村党支部标准化、规范化建设，着力解决村支部弱化虚化边缘化问题，实施农村基层党组织带头人整体优化提升工程，开展党员联系农户、党员户挂牌活动。

健全基层党组织领导农民广泛参与的乡村治理机制。坚持创新发展新时代"枫桥经验"，深化拓展"四议两公开"工作法，创造性地贯彻落实好党的群众路线，丰富村民议事协商形式，保障村里事情由村民说了算，激发村民参与乡村治理的热情。

以党组织为核心建立乡村基层组织的合力机制。加强党的农村基层组织对乡村各类组织的统一领导，健全党组织领导的自治、法治、德治相结合的乡村治理体系，完善"四议两公开"决策机制、村民自治机制、民主监督

---

[1] 陈文胜：《从党的百年农村工作史中汲取推进乡村振兴的智慧力量》，《新湘评论》2021年第14期。

机制，形成以党组织为领导核心的多元共治格局。探索多种路径，使基层党组织有效融入乡村治理格局中。通过推进乡村法治建设，提升乡村德治水平，建设平安乡村，提升乡村治理智能化水平，使党的农村基层组织在不断加强自身建设的同时，主动引领和推动乡村社会发展，实现党的领导与乡村治理的有机统一。

构建党领导下村民自治的保障和实现机制。不断加强农村群众性自治组织建设，健全村党组织领导充满活力的村民自治机制，依托村民代表会议、村民议事会、村民理事会等各种群众组织，构建民事民议、民事民办、民事民管的多层次基层协商治理新格局。处理好国家法规、地方性规范与村规民约三者之间的关系，提高村规民约的针对性和实用性，在法律法规的框架内，结合群众的意愿形成约束和规范全体村民行为的新机制，充分发挥其在乡村治理中的积极作用。

（六）全面健全乡村振兴的工作体制机制，形成上下贯通一抓到底的工作队伍

随着战略重点由解决绝对贫困问题为主的"攻坚体制"逐步向实现乡村振兴为主的"长效机制"转变，全面推进乡村振兴成为全党全社会的共同行动，迫切需要建立一套有序推进的工作机制。

1. 建立各级乡村振兴工作的协调机制

按照中央统筹、省负总责、市县乡抓落实的管理体制，充分发挥各级党委总揽全局、协调各方的作用，五级书记一起抓乡村振兴，为全面推进乡村振兴提供坚强政治保证。一是理顺各级各部门乡村振兴的工作职责。建立完善各级书记抓乡村振兴的有效工作体系，明确每一级书记抓乡村振兴的重点任务，对每一级书记抓什么、怎么抓、抓到什么程度都有明确的要求，以此相应建立乡村振兴责任体系、政策体系、投入体系、动员体系、监督体系、考核体系，压紧压实各方责任，确保乡村振兴各项政策举措落到实处。二是健全各级乡村振兴局的工作机制。要尽快做好各级乡村振兴局的"三定"工作，根据实际需要优先解决各级乡村振兴局的人员配备、机构设置与职责

设定问题，明确职责和任务；要加快各级乡村振兴局由扶贫攻坚到乡村振兴的职能衔接与转型，无论在思想认识上还是在工作机制上，都要避免由长期形成的脱贫攻坚工作惯性思维而导致与乡村振兴工作的现实脱节；要强化乡镇的乡村振兴工作机构，将其全面纳入"三定"方案中，确保有正式机构和编制，形成有人做事、能做好事的工作局面。

2. 建立健全乡村振兴工作的考核机制

一是要建立分类的考核机制。要根据不同发展水平和不同发展类型，分类进行考核，避免一刀切。二是建立规定性项目与自选项目相结合的考核办法。乡村振兴考核要鼓励各地推进工作创新，既要有规定性的工作内容，又要有体现因地制宜的自选项目。如被考核单位可以根据本单位的发展规划在年初提出每年的目标任务，考核时可以考核其目标任务的完成率。三是推进责任考核。对单位的考核要进行单位和责任人双考核，以充分突出责任主体，并强化责任到领导干部。四是规范驻村工作队的考核管理。明确组织部门主要牵头负责驻村人员的选派，由工作业务部门负责考核管理。

3. 规范各类乡村振兴示范村的申报创建

乡村振兴示范村的申报创建，必须着眼于发挥对推进乡村振兴的引导作用，全方位调动基层组织和农民参与的积极性，以激活乡村的内生动力。因此，要改变扶贫攻坚决战中自上而下那种政府包办包揽的推动模式，建立自下而上的申报与激励机制，先申报创建，再根据创建标准与工作进展进行相应的支持。其中要特别注重农民的参与度，把申报时农民的参与率、考核评估时农民的满意度作为重要的评价指标。

参考文献

习近平：《习近平谈治国理政》（第三卷），外文出版社，2020。
习近平：《决胜全面建成小康社会　夺取新时代中国特色社会主义伟大胜利——在中国共产党第十九次全国代表大会上的报告》，人民出版社，2017。
许达哲：《全面推进乡村振兴加快农业农村现代化》，《新湘评论》2021年第7期。

毛伟明：《2021年湖南省政府工作报告》，湖南省人民政府门户网站，2021年2月5日。

乌兰：《奋力开创全省"三农"发展新局面新气象》，《新湘评论》2021年第7期。

乌兰：《探索乡村振兴湖南路径建设湖湘特色美丽乡村》，《新湘评论》2019年第3期。

陈锡文、陈文胜：《以精细农业为取向　推进湖南农业发展现代转型》，《湖南日报》2019年12月24日。

陈文胜：《大国村庄的进路》，湖南师范大学出版社，2020。

陈文胜：《论中国农业供给侧结构性改革的着力点——以区域地标品牌为战略调整农业结构》，《农村经济》2016年第11期。

陈文胜：《构建农业农村现代化新格局》，《新湘评论》2021年第5期。

陈文胜：《从党的百年农村工作史中汲取推进乡村振兴的智慧力量》，《新湘评论》2021年第14期。

奉清清：《进入向乡村振兴全面推进的新发展阶段——访省委农村工作领导小组三农工作专家组组长、湖南师范大学中国乡村振兴研究院院长陈文胜》，《湖南日报》2021年2月23日，第8版。

刘晓：《以县域内城乡融合为基点　推动乡村振兴开创新局》，《湖南日报》2021年4月22日，第11版。

蒋慎之、龙方：《聚力"三个坚持"做好湖南粮食生产"大文章"》，《湖南日报》2021年2月18日，第6版。

姜新生：《聚力乡村文化建设　推进乡村文化振兴》，《湖南日报》2021年7月21日，第5版。

奉永成：《全面建成小康社会——湖南答卷　壮丽画卷》，《湖南日报》2021年7月2日，第8版。

区域篇
Regional Reports

B.2

岳阳市2021年乡村振兴研究报告

刘健挺　陈灿煌　刘清泉*

摘　要： 2020年以来，岳阳市委、市政府把乡村振兴作为新时代"三农"工作的核心，强化基础保障，培育产业发展动能，突出生态宜居，做好有机衔接，有力地夯实了乡村振兴的基础。与此同时，岳阳市乡村振兴仍然存在要素短板，主要体现为人才支撑不足、土地资源活力不足、资金保障力度不足。据此提出，利用市场配置充分调动、激发各项要素功用，加大育才引进力度，发挥土地溢出效应，强化资金资本支持，利用市场配置现代农业生产要素，有效推动资金、科技、人才、政策等要素向乡村流动，探索一条符合岳阳实际的乡村振兴之路。

* 刘健挺，博士，湖南理工学院经管学院副教授，岳阳市经济学会秘书长，主要研究方向为农村经济、农村金融；陈灿煌，硕士，湖南理工学院经管学院教授，主要研究方向为农村经济、农村扶贫；刘清泉，博士，湖南理工学院经管学院副教授，主要研究方向为农村人力资源管理。

关键词： 岳阳市　乡村振兴　农业生产要素

　　实施乡村振兴战略，是党的十九大作出的重大决策部署，是新时代"三农"工作的总抓手。岳阳地处长江与洞庭湖交汇处，地理优越、物产富饶，是传统鱼米之乡、农业大市。近年来，岳阳市坚持以习近平新时代中国特色社会主义思想为指引，认真贯彻中央和湖南省委、省政府决策部署，以坚持农业农村优先发展、坚持农民主体地位、坚持全面振兴、坚持强基固本为原则，扎实推进乡村振兴战略，着眼于发挥优势、补齐短板，结合实际创造性开展工作，积极探索一条具有岳阳特色的乡村振兴之路，有力推动了农村"外在形象"和"内在实力"的同步提升。

一　凝聚合力，乡村振兴全面推进的基础不断夯实

　　岳阳市委、市政府加快推进实施乡村振兴战略，全面推动产业全面升级、农村全面进步、农民全面发展，取得了可喜成绩。2020 年全市农牧渔业产值 793.47 亿元，同比增长 4%；农村居民可支配收入 18186 元，同比增长 7.7%，① 乡村振兴全面推进的基础不断夯实。

（一）坚持党管农村，强化乡村振兴基础保障

　　全面推进乡村振兴，关键在党。习近平总书记在中央农村工作会议上强调，实施乡村振兴战略，必须加强和改善党对"三农"工作的领导，提高新时代党领导农村工作能力和水平。因此，坚持党管农村是实施乡村振兴战略的根本保证。

　　1. 完善机制，强化组织保障

　　岳阳市成立了市委书记任第一组长，市长、市委专职副书记任组长的中

---

　　① 岳阳市统计局：《岳阳市 2020 年国民经济和社会发展统计公报》，打印稿。

共岳阳市委实施乡村振兴战略领导小组，高位推动乡村振兴工作。领导小组制定了《岳阳市贯彻落实〈中国共产党农村工作条例〉实施办法》，在组织领导体系、落实主要任务、建立考核机制等方面进一步明确细化，压紧压实了五级书记抓乡村振兴的主体责任。市委牵头组织《中国共产党农村工作条例》贯彻落实情况专题调研，对部分县市区重视程度不够、贯彻不到位的情况进行了督查督办。同时稳步推进乡村振兴战略绩效考核工作，成立了市委副书记任组长，市纪委监委、农业农村、水利等部门单位负责人为成员的乡村振兴战略实绩考核领导小组，印发了《2020年岳阳市实施乡村振兴战略实绩考核方案》和《2020年岳阳市实施乡村振兴战略实绩考核评分细则》，将中央一号文件明确的重点任务纳入了绩效考核的重要内容，从组织领导、工作机制、考核重点等方面加以强化和保证，力求目标任务落细落地落实。

2. 出台新政，强化人才保障

岳阳市每两年开展一次乡村振兴带头人、扎根基层优秀人才的评选工作，在对入选者均给予1万元资助的基础上又强力推出"巴陵人才新政20条"，明确提出实施乡村人才振兴计划，深化科技特派员制度，充分发挥科技专家服务团作用，助力脱贫攻坚、乡村振兴，另外，拿出157个计划，从服务基层人员中定向招录乡镇（街道）公务员，极大提升了本土人才加入乡村振兴队伍的兴趣和信心。持续组织实施新型职业农民培育工程，2020年培训新型职业农民2100人（经营管理型方面主要培育新型农业经营主体带头人1750人、农业经理人50人，专业生产型和技能服务型方面培训300人）。通过培训，农民整体综合素质、经营效益、社会服务能力、示范带动效应明显提升。①

3. 多方支持，强化资金保障

一是筹建农业发展集团有限公司。2021年5月20日，岳阳市农业农村发展集团有限公司揭牌成立，作为市级国有独资企业，定位为市管国有商业类竞争性农业农村领域建设运营主体，注册资本20亿元。组建市农业农村

---

① 岳阳市农业农村局：《全市农业农村重点工作情况汇报》，打印稿。

发展集团有限公司，是市委市政府为贯彻落实中央、省委省政府关于全面推进乡村振兴的指示，加快农业农村现代化，创建长江经济带绿色发展示范区所作出的重大决定。二是统筹涉农资金。2020年，市本级统筹整合了7100万元用于乡村振兴工作，其中960万元用于支持岳阳茶叶产业发展和农业产业优势企业扶持，1770万元用于精准扶贫，2000万元用于规范集中建房和分散按图建房奖励补助，2190万元于禁捕退捕工作，180万元重点支持供销系统每年4万吨淡季化肥储备。三是加强金融服务。制定了《岳阳市银行业金融机构支持地方经济发展考核奖励暂行办法》，以考核推动银行信贷产品不断丰富，重点推出供应链融资业务，目前发放近2亿元，授信总额超过30亿元，未来两年可望倍速增长。①

（二）着力产业先行，培育乡村振兴发展动能

乡村振兴，产业先行。市委、市政府把产业发展作为全市重要工作，全力开展新兴优势产业链建设，着力发展粮食、油料、蔬菜、水产、畜禽、茶叶、竹木7大农业百亿产业，岳阳市委农村工作领导小组出台《岳阳市深入实施"六大强农"行动、打造七大优势特色百亿产业工作方案》，以产业发展推动乡村振兴。

1. 以保证需求为重点，稳定农业生产

克服自然灾害、非洲猪瘟等不利因素，农业生产做到了稳量、提质、增效。全力推进粮食"两稳"。市政府出台了"粮十条"，将715万亩粮食生产面积任务逐级分解落实到县市、到乡镇、到村、到组、到地块。全市共统筹农业资金1.70亿元发展粮食生产，有力保障了粮食生产工作顺利推进。据统计，2020年全市完成粮食生产面积711.24万亩，同比增加23.30万亩，粮食总产293.15万吨，同比增加0.36万吨。全力恢复生猪产能。据统计，11月底，全市生猪存栏278.39万头，完成省农业农村厅分配的240万头存栏任务。2020年9月到11月中旬，全市新建改扩建年存栏母猪500头或存

---

① 岳阳市农业农村局：《全市农业农村重点工作情况汇报》，打印稿。

栏肉猪4000头以上的规模猪场达到92家，其中有19家已建成投产，还有3~4家即将竣工投产；全部建成后将新增能繁母猪16.91万头、生猪出栏356万头。2020年全市新建改扩建生猪规模养殖场111家，可存栏母猪16.21万头，存栏肉猪103.7万头。①

2. 以龙头企业为主导，加快品牌建设

大力培育龙头企业，截至目前，岳阳市级以上农业产业化龙头企业285家，其中，国家农业产业化重点龙头企业6家，省级龙头企业61家，市级龙头企业218家。农业产业化龙头企业中产值过50亿元的企业1家、产值过20亿元的企业2家、产值过10亿元的企业4家、千亿产业标杆龙头企业4家，全省农业特色产业30强中岳阳5家。2020年，华文食品股份有限公司在深圳证券交易所成功上市，成为岳阳市第11家上市企业。以龙头企业为主导，加快品牌建设，全市用于农业品牌建设的资金达1.7亿元、引进工商资本9.6亿元、市本级投入专项资金2400万元，用于岳阳黄茶品牌打造、农产品品牌营销促销、帮扶重点品牌企业举办节会和推介会。岳阳黄茶、岳阳王鸽、汨罗粽子广告走进高铁站、高铁车厢、高速路口、飞机场；2020年中国中部（湖南）农博会，组织了"华容稻"专场推介会，岳阳市获得优秀组织奖，"长康"等6个产品获农博会产品金奖。2020年华容芥菜和君山银针获评湖南省首批"一县一特"农产品优秀品牌。"长康"被评为2020年中国农产品百强标志性品牌；全市农产品品牌企业在省外新增连锁店（专营店）14家；新增上市品牌企业挂牌7家。龙头企业、知名品牌的发展推动农业经济不断发展，截至2020年底，全市规模工业农产品加工业产值1654.8亿元，同比增长10.9%。②

3. 以融合发展为举措，做强特色产业

立足生态优先、绿色发展，根据资源优势和生态禀赋、市场导向、奖补激励，以一、二、三产业融合发展为方式，建设一批产业强、环境美、品牌

---

① 岳阳市扶贫开发办公室：《2020年岳阳市脱贫攻坚工作总结》，打印稿。

② 中共岳阳市委、岳阳市人民政府：《2020年实施乡村振兴战略进展情况汇报》，打印稿。

响，生产生活生态融合的特色小镇，打造乡村振兴产业引擎，激发乡村振兴内生动力。截至 2020 年底，岳阳成功授牌 10 个以上农业产业化特色小镇，其中平江县加义康养小镇获评全国农业产业强镇，临湘市羊楼司竹器小镇获评农业农村部 2020 年度全国乡村特色产业 10 亿元镇，湘阴县鹤龙湖蟹虾小镇获评 2020 年省级特色农业小镇。全力开展市级农业特色产业园认定创建工作，两年累计认定市级农业特色产业园 75 个，超省定任务 10 个。市级财政安排 600 万元，按 100 万元的标准，支持岳阳市田园牧歌有限公司等 6 个特色产业园开展市级农业园区创建活动。全面完成 2019 年 9 个省级特色产业园、3 个示范片、1 个集聚区创建任务，并通过了市级组织的验收。评选出 25 家农民合作社为市级示范社，每个安排创建资金 6 万元；新认定 30 个家庭农场，每个安排资金 1 万元。①

（三）突出生态宜居，擦亮乡村振兴亮丽底色

正确处理农业农村发展与生态环境保护的关系，持续推动构建人与自然和谐共生新格局。近几年，在市委、市政府组织的"我看岳阳新变化"活动中，市民纷纷为全市人居环境整治工作点赞。

1. 升级乡村人居环境

以干干净净迎小康为目标，制定出台了《岳阳市 2020 年打造农村人居环境整治升级版工作方案》，重点推进"厕所改造"向"厕所革命"升级、"垃圾治理"向"垃圾分类"升级、"治理污水"向"守护碧水"升级、"规范拆建"向"美丽乡村"升级、"人居环境"向"人民健康"升级五大提质升级行动，取得了良好成果。农村生活垃圾治理展现崭新态势。按照"户分类、村收集、镇转运、县处理"的模式开展农村垃圾治理，农村生活垃圾无害化处理率达 100%，100% 的行政村生活垃圾得到有效处理，一类县市区垃圾分类减量和资源化利用覆盖率 100%，其他县市 80% 以上。厕所粪污治理保质增量提速。自 2019 年以来，建成 20.7 万户农村户厕、162 座

---

① 中共岳阳市委、岳阳市人民政府：《2020 年实施乡村振兴战略进展情况汇报》，打印稿。

农村公厕，无害化卫生厕所普及率同比提高20%。云溪区探索出的"首厕合格制"被国务院检查组认定为农村改厕典型经验。农村生活污水治理得到有效管控。全市一类县市区农村生活污水治理率比2019年提高10%以上，其他县市区农村生活污水乱排乱放得到有效管控。农业生产废弃物资源化利用率不断攀升新高。以农用有机肥和农村能源为主攻方向，开展畜禽粪污和农作物秸秆资源化利用，促进农业绿色生态发展。华容县大力实现畜禽粪污资源化利用整县推进项目，投资1.15亿元改造养殖场户278户，改造养殖散户556户，建设消纳基地50户。村容村貌提升掀开新的篇章。全市所有行政村均开展了以"三清一改"为主要内容的村庄清洁行动，共清理农村垃圾163万吨，清理农村沟渠池塘308927处，整治畜禽养殖污染户1.30万户，2020年12月底完成自然村通水泥（沥青路）建设610.10公里，完成率109%，11月底完成提质改造209.98公里，完成率102%，均提前超额完成年度目标任务，村庄绿化覆盖率达到46.70%，50个农村人居环境整治示范村都建设了1条以上独具风情的"绿色走廊"。[1]

2. 全面落实禁捕退捕

禁捕退捕启动以来，全市共出动执法人员80933人次，出动执法车辆14143辆次，出动执法船艇9874艘次，清理违规网具14882张顶，查办违法违规案件138件，查获涉案人员153人，司法移送案件48件，司法移送人员74人。市场监管部门开展市场监管联合执法315次，检查各类市场主体21350家，立案查处违法行为案件17起，其中有两个案件被国家市场监督管理总局评为典型案例。截至目前，岳阳市长江、洞庭湖、黄盖湖、湘江、资江、沅江、汨罗江、华容河、藕池河、新墙河共2200平方千米水域已全面禁捕，禁捕水域涉及9个水生生物保护区，禁捕退捕工作任务涉及12个县市区，共整治"三无"船舶6422艘，退捕渔船7116艘，已全部回收处置，4415本捕捞许可证已全部回收，网具已全部销毁处置。[2]

---

[1] 中共岳阳市委、岳阳市人民政府：《2020年实施乡村振兴战略进展情况汇报》，打印稿。

[2] 中共岳阳市委农村工作领导小组：《岳阳市农村人居环境整治三年行动（2018～2020年）工作自查报告》，打印稿。

3. 持续强化污染防治

以农用有机肥和农村能源为主攻方向，开展畜禽粪污和农作物秸秆资源化利用，促进农业绿色生态发展。全市规模养殖场畜禽粪污全部经雨污分离沟进入粪水收集池干湿分离，粪污资源化利用率达到85%。其中岳阳县粪污利用和病死畜禽处理模式得到农业农村部的充分肯定，作为"岳阳模式"在全国推广；平江县规模养殖场粪污处理设备装备配套率达100%，畜禽粪污综合利用率达90%以上。培育扶持6家农作物秸秆综合利用企业回收综合利用秸秆，农作物秸秆综合利用率达88%，秸秆露天焚烧基本绝迹，其中汨罗市2020年新建秸秆加工生产企业一个，实现年深加工秸秆3500吨。[①]

（四）做好有机衔接，提升乡村振兴实施水平

岳阳市注重乡村振兴成果的转换，在任务完成和目标提升中做好有机衔接。

1. 乡村振兴与脱贫攻坚有机衔接

2020年，岳阳市脱贫攻坚任务已经全面完成，同时将其作为乡村振兴的起点，实现脱贫攻坚与乡村振兴有机衔接。一是搞好规划编制。积极配合省扶贫开发办公室开展湖南省"十四五"时期巩固脱贫成果规划编制调研，全面梳理省办要求的"1个规划2项改革"事项。二是实施产业升级。打造了平江酱干和高山有机茶、华容芥菜、长乐甜酒、临湘浮标、湘阴螃蟹、君山小龙虾等特色产业，做大做强峰岭菁华、长康实业、九狮寨高山茶业等扶贫龙头企业，带动5.9万户贫困户稳定脱贫。全市7701个农民专业合作社吸纳4.2万户贫困户直接参与生产经营、1.3万户贫困户以入股经营的方式参与分红。三是稳定干部队伍。扎实推进党建促脱贫攻坚，强化贫困村党支部政治功能，提升组织力，推动脱贫攻坚力量向乡村振兴力量转化，打造一支永不走的工作队。目前，全市共派出驻村工作队1141支、工作队员2549

---

① 中共岳阳市委、岳阳市人民政府：《2020年实施乡村振兴战略进展情况汇报》，打印稿。

人，其中市派驻村工作队 76 支、队员 236 名。对新任队员和扶贫干部，进行了全覆盖集中轮训。四是加强医疗保障。全市建档立卡贫困人口参保率100%、慢病签约服务率 100%，全面实行"先诊疗后付费"和"一站式"结算，县域内平均报销比例达 86.63%。五是强化基础设施。累计发放扶贫小额信贷 15.76 亿元，惠及 3.83 万户建档立卡贫困户；贫困村电网改造和水泥（沥青）路通达率 100%，4G 和光纤通达率 100%。①

2. 规划编制与任务完成有机衔接

截至 2020 年底，全市已经完成全国农业现代化规划 29 个指标中的 24个指标，完成率达 83%，完成全省农业现代化规划 24 个指标中的 19 个指标，完成率达 79%。从指标分析来看，岳阳市农业产业在主要农产品产出水平、农业结构、质量效益、科技装备水平、农村全面建成小康社会水平等方面完成情况良好，农业现代化水平有了进一步提升。从重大项目来看，岳阳申报的 4 个"全国规划"重大项目和 11 个"全省规划"重大项目均实施顺利，项目建成效果良好，同时积累了宝贵的经验。② 从全省范围来看，岳阳市在水产品产量上多年排名第一，在粮食、油料、棉花、生猪、农民纯收入、农业生产总值、农产品加工等多个指标上名列前茅，全市农业产业现代化水平位居全省前列，成为湖南省农业现代化发展的中坚力量。根据市政府的安排，编制《岳阳市农业农村经济发展"十四五"规划》并列入全市 22个专项规划，前期经过对农业农村工作"三重一大"的调研，形成了 26 个专题调研报告，并着手编制工作，目前该规划初稿已完成，正在广泛征求意见建议。说规划全面分析了岳阳市"十三五"期间农业农村经济发展成效、现状和存在的短板问题，确立了"十四五"时期农业农村经济发展指导思想、基本原则、总体目标、主要任务、重点项目和发展措施。紧紧围绕岳阳市乡村振兴战略，重点突出岳阳市长江经济带绿色发展、农业七大百亿产业

---

① 中共岳阳市委农村工作领导小组：《岳阳市农村人居环境整治三年行动（2018～2020 年）工作自查报告》，打印稿。

② 中共岳阳市委农村工作领导小组：《岳阳市农村人居环境整治三年行动（2018～2020 年）工作自查报告》，打印稿。

打造、大美湖区优质农产品基地建设、农业产业化特色小镇、农村人居环境整治、农业生态环境治理和守护一江碧水、农村基础设施改善和农业产业高质量发展。其中规划"十四五"期间共实施农业农村经济发展项目 199 个，总投资 600 亿元。

3. 文明提升与乡村治理有机衔接

乡风文明是乡村治理的成效体现，乡村治理是乡风文明的实现途径，岳阳市通过充分发挥群众理事会的作用、开展文明创建活动、提升乡村教育水平，将文明提升与乡村治理有效衔接，成效明显。经统计，2020 年春节期间全市累计取消或延期婚事 4203 起，从快从简办理丧事 1588 起，制止、劝导或主动放弃不办其他喜庆事项 5126 起，改善了乡村风气，同时有效防止了因人群聚集造成的交叉感染。2020 年新创建全国文明村镇 4 个，新申报省级文明村镇 19 个，拟创建市级文明村镇 111 个，预计年底验收工作完成后全市县级以上文明村可达 813 个，占比 59.17%，县级以上文明乡镇可达 79 个，占比 74.53%，实现了全国"十三五"规划要求的双 50% 目标。2020 年全市小规模学校共建设 149 所，农村寄宿制学校建设项目共 151 个，农村公办幼儿园共建设 31 所，促进了城乡基础教育均衡发展。[①]

二 剖析问题，乡村振兴的要素短板凸显

岳阳市强力推进乡村振兴战略，取得了突出成效，但与中央要求相比、与沿海先进省市相比仍有较大差距。要促进"三农"发展、推动全面乡村振兴，关键在于利用市场配置现代农业生产要素，有效推动资金、科技、人才、政策等要素向乡村流动。岳阳市乡村振兴仍然存在以下几个要素短板。

（一）人才支撑不足问题日久月深

乡村振兴最首要的是人才的振兴。人力资本是农村经济社会发展的主要

---

① 中共岳阳市委、岳阳市人民政府：《2020 年实施乡村振兴战略进展情况汇报》，打印稿。

动力源泉。习近平总书记指出，推动乡村人才振兴，要把人力资本开发放在首要位置，强化乡村振兴人才支撑。在岳阳市乡村振兴中，人才支撑不足是最为突出的问题。

1. 人才总量不足和专业结构失衡并存

据统计，目前全市人才总量为32万人，仅占全省人才总量的6%，每万人中的人才为582人，农业农村人才在每万人中不足100人。① 同时，专业人才结构失衡，目前普通高中毕业生大多不愿意报考农学类专业，从农学类专业院校毕业的大学生大部分没有从事农业农村工作。市农业农村局近十年遴选、选调、选任的工作人员中，毕业于农学类专业的人数不到30%。

2. 人才观念不强与基层教育薄弱并存

出于历史原因，各级各部门对农村人才工作的重视与"三农"工作的地位不匹配。调研组发现，截至目前，岳阳相关职能部门关于农村人才的概念没有定论，相关单位负责人对区域农村人才的现状说不清、道不明。目前，岳阳还无法实现城乡教育一体化，从事农业生产和乡村事务管理者仍以高中文化为主，小学初中文化程度仍然占农民的绝大多数。

3. 农业人才引进难和专业人才留住难并存

近年来，农业农村部门一直是机构改革的重点，职能不断强化，编制却一再缩减，满编甚至超编现象长期存在，导致农业农村部门想引进人才却没有空余编制，只能"望才兴叹"。另外，农业农村部门引进来的人才，或者是农业农村部门自身通过岗位锻炼培养出来的人才，容易流失且较为严重。特别是有一技之长的专业技术人才，很少愿意也很难留在农业农村领域工作。

（二）土地资源活力不足难题久拖未决

土地资源是乡村振兴最基本的载体和最有效的平台，也是乡村最具潜力的内生力量。土地不仅是亿万农民的安身立命之本，更是释放中国乡村进一

---

① 岳阳市政协调研课题组：《强化农业生产要素，激发乡村振兴动能》，打印稿。

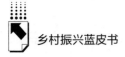

步发展能量的钥匙。但由于机制不健全，土地难以成为得天独厚的资源优势，农民难以从现有的土地制度中获益，严重阻碍了乡村振兴的进程。

1. 土地细碎化经营突出

2017年底，全国多种形式的适度规模经营比例仅40%，农地细碎化经营是普遍现象，岳阳也不例外。据2019年统计，以平原为主的华容县分散经营的小农户，占经营主体总数的91%，耕种面积占总耕地面积的52%；以山地为主的平江县，其分散经营的小农户占经营主体的94%，耕种面积占总耕地面积69%。小农户经营占比过大，土地细碎化，与现代农业规模化集约化要求不相适应。①

2. 土地流转方式受限

目前，岳阳市土地流转形式单一，多以土地出租为主，土地互换、转包、入股、合作等形式较少。据统计，2019年全市流转耕地216.6万亩，占承包耕地总面积的52.3%，90%以上是土地出租形式。农村土地出租普遍存在亲戚朋友流转的多，专业大户流转的少；口头协商多，文字协议少，经营风险造成履约不到位、毁约现象时有发生。特别是此轮乡村改革，乡镇经管站撤销，没有专人负责土地流转政策指导，对加快土地流转影响较大。

3. 土地产出效益不高

2018～2019年抽样调查，岳阳市农户承包水稻生产，正常年景亩均收益在200～300元，华容、君山等季节蔬菜区每亩的收入在2600元左右，实行"稻虾"轮作的小龙虾养殖每亩收入在2700元左右，但受疫情影响收入波动幅度很大。江浙沿海地区，城乡一体发展的推动下，农村"三产融合"发展已基本实现，亩均效益都在万元以上。

（三）资金保障力度不足困境亟待突破

在乡村振兴的时代考卷上，融资不畅、资金投入不足和资金投入保障机

---

① 岳阳市政协调研课题组：《强化农业生产要素，激发乡村振兴动能》，打印稿。

制缺失已经成为主要制约因素，解决不好就无法绘就乡村振兴这一最美好的蓝图。因此，这是一道必答题，也是一道难答题。

1. 涉农资金种类多额度小

据统计，2019年全市的中央、省、市财政支农资金累计达83.65亿元，其中市级8.70亿元。涉农支出在全市财政支出中占比15.42%，[①] 排第一位，但市级以上涉农资金多达数十项，每项数额不等，碎片化明显。调研组发现，各县市区分管农业的政府负责人基本上都不能清晰地讲清辖区年度农业资金具体数额和资金来源渠道，涉农资金碎片化的程度可见一斑。

2. 涉农项目"资"出多门

岳阳市参与"涉农"项目管理的部门有财政、发改、农业、交通、水利、自规、供销、卫健、住建、科技（科协）、商粮、文旅等部门。各相关部门的涉农资金在资金投向、实施要求、管理方式等方面不尽相同，因一些涉农项目"资"出多门，造成不少相近或相同涉农项目多部门实施，监管难度加大。另外，涉农资金投向农民补贴、基础设施建设、社会事业和专项支出较多，支持产业扶持发展较少，资金效益不高。

3. 社会资本下乡道阻且长

近年来，社会资本投资"三农"的意愿增强，特别是一些乡友创业积累了部分资金后，在市场投资和"三农"情怀感召下，回乡创业、投资"三农"的案例不少。但部分投资主体反映当前社会资本下乡存在创业项目不好选、用地不好拿、资金不好筹、人才不好聘等困难，投资与预期产出对比差距较大。全市涉农社会投资在固定资产投资比例中占比小，且继续呈现一定幅度下滑趋势。

三 强化支撑，多措并举推进乡村振兴新征程

充分调动、激发各项农业生产要素功用，探索一条符合岳阳实际的乡村

---

① 岳阳市统计局：《岳阳市2019年国民经济和社会发展统计公报》，打印稿。

振兴之路，必须始终坚持以习近平新时代中国特色社会主义思想为指导，认真贯彻落实好近年来中央一号文件精神，弥补农业生产中的短板和弱项，在生产要素供给和激活上精准施策、强力推进、久久为功，努力实现岳阳农业现代化和农村高质量发展。

（一）突出关键要素，加大育才引进力度

在生产力诸要素中，人是起决定作用的要素，而人才又是最具决定性的力量和最活跃的因素，在全面推进乡村振兴中必须发挥人才在诸要素中的核心作用。

1. 围绕重点对象，注重本土人才培养

人才是乡村振兴的第一资源。人兴则业兴，乡村振兴要顺利推进，人是关键因素。重点围绕新型农业经营主体如家庭农场主、合作社负责人，以及有创业计划的劳动者如外出务工人员、大学毕业生、退伍返乡军人等分类开展培训。合理规定村干部的劳动报酬，建立健全村干部待遇与绩效考核挂钩的机制；在村集体经济组织兼职的村干部，要根据其管理组织的生产经营情况适当给予绩效奖励。对于表现好、有头脑、会经营的农民，要有计划有目的培养成农村实用人才，加大乡村技术骨干培养力度，注意在乡村技术人才中选拔培养支村"两委"干部。

2. 实施推荐评审，加大专业人才培育力度

建议各县市区建立"个人申报、社会评审、业内认可"的方法，实行"村推荐、镇评审、县认定"，定期选拔农村实用人才，实行表彰、奖励，让"土专家""田秀才"更有尊严、有地位、得实惠。借鉴外地相关经验，出台农技人员通过提供增值服务取得合理报酬的指导性文件，确保基层农技人员能够全身心投入农技推广服务。加大对本乡本土大学毕业生返乡创业、返乡就业的财政支持力度，激发他们投身乡村振兴事业的热情。

3. 完善培训制度，培育新型职业农民

加快推进新型职业农民培育工程，支持新型职业农民通过弹性学制参加中高等农业职业教育。推行公益性农民培训制度，对新型农业经营主体带头

人有计划开展轮训，加大力度培养现代青年农场主、农村实用人才带头人，培训一批农村青年创业致富"领头雁"，构建以湖南理工学院、岳阳职业技术学院、岳阳广播电视大学等市内涉农高等院校或专业为主体，市农科院、农民专业合作社、专业技术协会、龙头企业提供实训基地的教育培训体系，建立"分阶段、重实作、共参与"的培训模式。

（二）抓住改革契机，发挥土地溢出效应

回顾历史，改革开放后推进的农村土地改革，爆发了中国前所未有的发展活力。在全面推进乡村振兴中，需要以深化改革为动力，使农村资源土地成为释放中国乡村进一步发展能量的钥匙。

1. 推广"四证"成果，加大土地流转力度

全面推广屈原管理区土地"四证"管理改革成果，破除土地流转壁垒，推动农村土地升值。通过确权赋能，使土地及土地上各种要素的权属清晰，以保障农民的核心利益。进一步发挥镇村组织优势，引导农民依法、自愿、有偿、有序将土地向家庭农场、合作社、农业产业化经营组织等"新农民"流转集中，促进农业生产区域化、规模化和集约化。特别是要将少数村级组织留有的集体土地，通过流转、抵押来增加集体经济收入。抓住新一轮土地发包承包契机，按照尊重历史、兼顾现实、程序规范、群众认可的原则，对村民土地承包经营权或股权适当调整，解决现实中的不公平和不稳定隐患。

2. 鼓励深度交叉融合，提高土地产出效益

以建设大美湖区优质农产品基地为目标，依托华容、君山蔬菜现有规模，推动蔬菜精深种植、加工、仓储、物流、营销体系，打造30万亩蔬菜基地，努力成为粤港澳大湾区"菜篮子"的有力供给地。要合理调整生产布局和种养结构，抓好食品加工产业链条建设，发展"粮变粉、豆变芽、菜变肴、果变汁"等加工产品，打造农产品品牌，把产业链增值收益更多留给农民。鼓励县乡跨界配置现代产业要素，推进不同区域的农业资源要素深度交叉融合，加快形成一批"农业＋"多业态发展的地域农业特色产业，加大农产品加工流通带动力度，引导发展中央厨房、直供直销、会员农业等

业态；加快拓展农业功能，推进农业与文化、旅游、教育、康养、服务等现代产业高位嫁接、交叉重组、渗透融合，形成功能综合的创意农业、亲子体验、功能农业等丰富业态。

3. 落实为先，利用好最新土地政策

坚决落实 2021 年中央一号文件"将农业种植养殖配建的各类辅助设施用地纳入农用地管理，允许农业设施用地使用耕地"政策。在符合国上空间规划前提下，结合各地的实际，在农民自愿的基础上推进村庄整治、土地整理，把节余的农村集体建设用地优先用于发展乡村产业项目。深化集体建设用地改革，推动集体经营性建设用地进入市场交易，拓宽农民资产增收有效渠道。"空心房"整治复垦复绿后，减少集体建设用地指标出让总量，为乡村持续发展留足建设用地资源。对政策允许的农业生产经营配套设施用地，严格按照农用地管理，简化手续，不占或少占集体建设用地资源。

（三）着力市场运作，强化资金资本支持

毋庸置疑，全面推进乡村振兴必然需要政府在财政投入和资源配置上的优先安排。但如何投入，习近平总书记在党的十八届三中全会上强调，核心是处理好政府和市场的关系，使市场在资源配置中起决定性作用，才能从根本上破解当前不少农村基层工作存在的"千斤拨四两"发展难题。

1. 发挥千亿产业优势，提升资本市场融资能力

发挥食品加工千亿产业优势，支持农业龙头企业引进股权投资，鼓励企业改制、挂牌、上市，协调加快九鼎科技、长康实业等企业上市进程。建立涉农企业直接债务融资项目库，支持符合条件的农业龙头企业通过债务融资工具融资。建立龙头企业并购重组信息库，引导金融机构支持龙头企业并购重组，有效整合上下游产业链，实现做大做强。

2. 撬动市场力量，充分发挥头部企业作用

根据外地经验和岳阳市本级财政现实状况，岳阳要由"农业大市"走向"农业强市"，必须有效整合农业资源和资金项目，最大限度撬动市场力量。要全面发挥岳阳市农业农村发展集团有限责任公司在"三农"发展中

的主力军、生力军、先行军作用，完善现代企业管理制度，开发农业农村资源，建设农业农村基础设施，实施重大建设项目，推动全市农业与二、三产业融合发展，促进岳阳全面乡村振兴。

3. 优化管理模式，大力推进涉农资金整合

政府财政对行业内涉农资金，在打消其他部门顾虑的同时，通过优化管理模式，确保行业内资金"放得下"。比如继续在农业领域强力推进"大专项+任务清单"改革，在涉农资金绩效考评中"用钱必问效、无效必问责"理念融入涉农资金的分配、使用、管理环节。总结资金整合经验，推进涉农资金统筹使用，确保资金"聚得拢"。引导和鼓励县区围绕乡村振兴战略因地制宜，推进多形式的涉农资金整合改革，提升涉农资金集中投放的规模效益，确保整合资金"用得好"。

4. 实施激励政策，加大信用主体评定力度

依托市人民银行企业征信系统，建立规范运作的新型农业经营主体信用评价信息数据库，构建社会信用公用平台，推动金融机构应用新型农业经营主体信用评价机制，激励银行等金融机构不断探索和加大金融创新力度。将信用评级逐级纳入县市区年度综合绩效考评体系，持续推进信用户、信用村、信用乡镇、信用新型经营主体创建评定工作，健全完善守信联合激励和失信联合惩戒机制。

参考文献

陈文胜：《乡村振兴的资本、土地与制度逻辑》，《华中师范大学学报》（人文社会科学版）2019 年第 1 期。

吕庆喆：《促进生产要素变革，提升农业现代化水平》，《经济日报》2020 年 11 月 21 日，第 12 版。

仇童伟、罗必良：《农地产权强度对农业生产要素配置的影响》，《中国人口·资源与环境》2018 年第 1 期。

仇童伟、罗必良：《农业要素市场建设视野的规模经营路径》，《改革》2018 年第

3 期。

李大伟、金瑞庭、胡文锦：《中国和"一带一路"沿线国家相对要素禀赋变化趋势研究》，《中国经贸导刊》（理论版）2018 年第 5 期。

陈文胜：《为乡村振兴提供内在动力（适势求是）》，《人民日报》2019 年 5 月 13 日，第 9 版。

李国祥：《论中国农业发展动能转换》，《中国农村经济》2017 年第 7 期。

杨帅、刘亚慧、温铁军：《加强对农村资源市场化开发利用》，《人民日报》2020 年 12 月 22 日，第 3 版。

刘兴波：《基础设施投资、人力资本积累与农业经济增长探究》，《农民致富之友》2018 年第 19 期。

陈锡文：《论农业供给侧结构性改革》，《中国农业大学学报》（社会科学版）2017 年第 2 期。

B.3
常德市2021年乡村振兴研究报告

陆福兴　李珊珊　汪义力*

摘　要： 常德市乡村振兴的新进展：以典型为引领，乡村振兴以点带面全域展开；以稳产保供为担当，现代农业强劲发展；以"三基"提质为抓手，乡村振兴基础不断夯实；以提升内生动力为目标，农业农村改革稳步推进；以基层党建为引领，乡村治理现代化稳步提升；以民生福祉为核心，脱贫攻坚与乡村振兴有序衔接。但也存在新发展理念有待进一步落到实处、多元投入机制未能建立、基础设施和公共服务短板明显、乡村振兴的部门职能不清、农业生产农村生活社会化服务明显滞后等问题。全面推进常德市乡村振兴需要建立以政府为主导、以农民为主体、以社会为主力的多元投入机制；健全五级书记领导下的各部门工作协同机制；着力基础设施与公共服务的乡村建设行动；构建推进小农户现代化的社会化服务体系；完善评价监督的考核机制与指标体系。

关键词： 常德市　乡村振兴　小农户现代化　考核机制

* 陆福兴，湖南师范大学中国乡村振兴研究院教授，研究方向为农村政策法律、农业安全；李珊珊，湖南师范大学中国乡村振兴研究院、马克思主义学院博士研究生，研究方向为农村土地；汪义力，湖南师范大学中国乡村振兴研究院、马克思主义学院博士研究生，主要研究方向为乡村治理。

常德市地处湖南北部，是长江经济带的重要节点城市、洞庭湖生态经济区的重要组成部分，头枕长江、腰缠沅水、澧水，东靠洞庭湖，西连张家界，是湘西北的政治、经济、文化中心。自秦蜀郡守张若在此筑城，迄今已有2280余年的历史，"左包洞庭之险，右扼五溪之要"，素有"荆楚唇齿""滇黔咽喉"之称，是历代封建统治者开发西南的门户，又是江南闻名遐迩的"鱼米之乡"。

一 乡村振兴取得的新进展

常德市委、市政府坚持把乡村振兴作为"三农"工作的主要抓手，坚持农业农村优先发展原则，扛起国家粮食安全农产品保障供给的政治责任，2021年乡村振兴取得了显著成就。

（一）以典型为引领，乡村振兴以点带面全域展开

近年来，常德市按照"片区示范、百村创建、村村整治、全域推进"的思路，以"同心美丽乡村"创建为契机，持续推进"4+9"乡村振兴示范片建设，以点带面，全域推进乡村振兴。

1. 坚持规划引领城乡融合发展

把乡村振兴规划充分融入区域总体规划体系中，全面优化市域的城乡融合发展空间布局，构建完善城乡一体化发展体系。一是顺利完成村庄规划。认真贯彻落实习近平总书记关于乡村振兴和村庄规划工作的重要指示精神，编制完成了市乡村振兴战略规划（2018～2022年），加快推进"多规合一"实用性村庄规划编制，制定重点村5年发展规划和2年工作方案，实现路网、产业、村庄规划"三规合一"。目前已完成100个镇、1626个村庄的规划编制工作，在全省率先实现村庄规划全覆盖，① 桃源县梨树垭村村庄规划荣获湖南省第一届国土空间规划优秀案例评选一等奖。二是加强村庄风貌引

---

① 常德市自然资源规划局：《乡村振兴工作情况汇报》，打印稿。

导。常德市大力保护传统村落、传统民居和历史文化名村名镇。澧县工农革命军第四军王家厂暴动纪念碑揭碑，该县获评第二批全国革命文物保护利用片区重点县，现有国家级传统村落3个、湖南省历史文化名镇1个、湖南省历史文化名村6个，目前均已完成发展规划的编制，其中3个国家级传统村落的规划已通过省住建厅专家评审并完成了挂牌。①

2. 突出示范带动，扩大辐射作用

全面推进"示范引领、辐射带动"的工作方法，突出乡村振兴工作的创新经验、抓点带面。一是"4+9"示范片区建设深入推进。成功打造桃花源、太阳谷、石门秀坪、鼎城草坪、临澧修梅等示范样板，打造促进乡村产业振兴的示范平台。澧县2020年被评为全省实施乡村振兴战略先进县，黄山头镇获批国家农业产业强镇示范镇，西湖牧业小镇入选全省首批特色产业小镇，澧县成为全国新型城镇化补短板强弱项示范县，成功申报全国"一村一品"示范村2个、省级休闲农业示范村2个。② 二是乡村"三化"建设持续发力。坚持提质与增量相结合、生态保护与产业发展相结合、生态元素与文化元素相结合，统筹推进农村道路、公共绿地、村庄庭院花化、药化、果木化"三化"建设。全市新增城区绿化面积1.1万亩，市民出门300米见绿、500米见园。桃花源唐家山、澧县乔家河被评为中国美丽休闲乡村。③ 创建省级精品乡村7个、省级美丽乡村示范创建村10个。④ 建成市级绿色庭院示范村（秀美村庄示范村）154个、湖南省绿色村庄（森林乡村）1186个，王家厂镇双庆村被评为全国森林乡村，累计建成绿色庭院示范户48万户。⑤

3. 建设美丽乡村，提升人居环境

农村人居环境的改善，直接关系农民的生产和生活，成为乡村振兴的先

---

① 常德市住建局（市人防办）:《乡村振兴工作汇报材料》，打印稿。
② 常德市农业农村局:《2020年工作情况及2021年工作思路》，打印稿。
③ 常德市林业局:《乡村振兴调研座谈会发言材料》，打印稿。
④ 常德市农业农村局:《2020年工作情况及2021年工作思路》，打印稿。
⑤ 常德市林业局:《乡村振兴调研座谈会发言材料》，打印稿。

手棋。一是强力推进农村"空心房"整治三年行动，2019年5月至2020年12月共拆除空心房2.69万栋近500万平方米。[①] 二是强力推进农村厕所革命。全域推进"首厕过关制"，已完成卫生厕所改（新）建任务户厕125577座、公厕121座，超额完成省定任务。[②] 三是强力推进村庄清洁行动。发动农民群众投工101万人次，清理生活垃圾和生产废弃物53.8万吨，配备农村环卫保洁岗位、农村生活垃圾得到处理的行政村比例均达100%，推进地膜和农药包装废弃物回收。[③] 四是强力推进生态优化工程。实施"洞庭清波"专项行动，全面推进长江域禁捕退捕。污水处理设施实现建制镇全覆盖。澧县创建了秸秆禁烧的"澧县模式"，实施网格化管理，建立"秸秆禁烧监控平台"，落实禁烧监管平台火点日报送制度，开展"人防＋技防"，完善五化利用。城头山镇探索出乡村振兴幸福屋场"2＋2＋6"打造模式，即镇村干部以包村包组的形式，以主干线、聚集点为中心，广开屋场会、户主会，发动群众出资20%，乡贤反哺20%，政府配套60%，实现人居环境从"田园化"向"公园化"转变。[④]

（二）以稳产保供为担当，现代农业强劲发展

常德作为传统农业大市，2020年全市实现农业总产值831亿元、增加值496.6亿元，增速均为4.3%，增幅连续三年位居全省同方阵第一。[⑤]

1. 推动农业高质量发展

顺应构建农业农村现代化新发展格局的必然要求，把农业高质量发展作为推进农业供给侧结构性改革的根本任务。一是确保实现粮食"双增"目标。粮食播种面积892万亩，总产376万吨，面积和产量继续位居全省第一。[⑥] 油菜收获面积444.6万亩、总产59.2万吨，均居全省第一，实现产

① 常德市自然资源规划局：《乡村振兴工作情况汇报》，打印稿。
② 常德市农业农村局：《2020年工作情况及2021年工作思路》，打印稿。
③ 常德市农业农村局：《2020年工作情况及2021年工作思路》，打印稿。
④ 城头山镇：《城头山镇"五位一体"推进乡村振兴战略情况汇报》，打印稿。
⑤ 常德市农业农村局：《2020年工作情况及2021年工作思路》，打印稿。
⑥ 周德睿：《在2020年市委经济工作会议上的讲话》，打印稿。

值30.78亿元。① 2020年高标准农田51.66万亩已经基本建成，桃源县高标准农田建设等春耕备耕工作一日内四次获央视报道。② 二是稳步推进生猪产能恢复。2020年全市生猪出栏384.79万头、存栏290.67万头，超额完成省定任务。全市新建、改扩建500头以上的规模猪场226家。③ 常德市成为粤港澳大湾区"菜篮子"重要生产基地。三是推进农产品质量安全建设。全面推进"两证＋追溯"全覆盖，农业标准化生产覆盖率超过80%，监测合格率保持在98%以上，连续18年实现农产品质量安全"零事故"。④ 四是培育区域品牌、地标品牌。"常德红茶""常德甲鱼""汉寿甲鱼""常德米粉"等区域公用品牌获得国家地理标志登记保护或证明商标，"澧县石菖蒲"通过国家农产品地理标志专家评审，完成农产品加工业产值1780亿元。⑤ 14家粮企新授牌使用"常德香米"地理标志，⑥ 品牌创建资金近1.20亿元。⑦ 五是打造特色种植模式。打造鼎城"稻油"、汉寿"稻鳖"、桃源盘塘"稻烟"、安乡"稻虾"、石门及澧县"一晚"等一批"水稻＋"特色种植模式。澧县葡萄标准化种植面积达5.95万亩，其中"阳光玫瑰"3.45万亩，是全国最大的阳光玫瑰种植县，荣获中国阳光玫瑰葡萄标准化生产示范县称号，城头山镇被评为国家产业强镇（葡萄产业）。⑧

2. 促进农业科技创新发展

科技创新是现代农业发展的一种前沿趋势，在实践中无疑是推进农业可持续发展的内在动力，是推进农业现代化的决定性力量。一是推进农业机械化。全市预备农机具超过10万台套，完成早稻集中育秧面积达135.70万亩，专业化集中育秧面积52.82万亩，早稻集中育秧主体达5941个、育秧

① 常德市农业农村局：《2020年工作情况及2021年工作思路》，打印稿。
② 常德市农业农村局：《2021年全市农业农村上半年工作总结及下半年工作思路》，打印稿。
③ 常德市农业农村局：《2020年工作情况及2021年工作思路》，打印稿。
④ 常德市农业农村局：《2020年工作情况及2021年工作思路》，打印稿。
⑤ 周德睿：《在2020年市委经济工作会议上的讲话》，打印稿。
⑥ 常德市农业农村局：《2020年工作情况及2021年工作思路》，打印稿。
⑦ 常德市财政局：《乡村振兴工作有关情况汇报》，打印稿。
⑧ 澧县农业农村局：《2020年工作总结和2021年工作思路情况汇报》，打印稿。

中心达 69 个。① 澧县获全国粮油生产全程机械化示范县称号。二是打好种业翻身仗。实施畜禽遗传改良计划和现代种业提升工程，健全产学研联合育种机制，重点开展石门土鸡、桃源鸡的培育与推广，推进桃源黑猪、汉寿龙阳土猪本土化选育，加快马头山羊、滨湖水牛的专门化品种选育，逐步提高核心种源自给率。三是提升科技支撑水平。通过实施省市县农业科技特派员和科技专家服务团制度，选派了一大批来自湖南农业大学、湖南农业科学院等 10 个高等院校和科研院所的省派科技特派员 23 人深入乡村一线进行重点帮扶，重点支持贫困地区产业技术创新、成果转化推广和科技能力提升。目前有 19 个与农产品加工相关的工程技术研究中心等研发平台，48 个国家级、省级、市级星创天地。2019 年组建全省首个市级"星创天地战略联盟"，2020 年举办各类投资洽谈活动 66 场次，培育科技型企业 150 家，成功孵化企业 64 家，吸纳就业 1.80 万人，带动各类创客增收 3 亿元。自 2013 年创建常德国家农业科技园区后，2020 年安乡县成功创建省级农业园区。四是积极支持科技成果转化。湖南俏佳人化妆品有限公司与湖南文理学院合作，对蜂蜜、蜂花粉和蜂王浆这 3 种主要蜂产品进行深加工和综合利用研究，提高蜂产品的附加值，提升蜂产品加工水平。②

3. 实现现代农业融合发展

全市共有农业加工企业 5886 家（不含烟草），其中规模以上企业 566 家，国家级龙头企业 6 家，省级龙头企业 91 家。全市已注册农民合作社 7231 家、家庭农场 9106 家。③ 成功申报现代农业特色产业园省级示范园 5 个、省级优质农副产品供应基地 2 个，新建优质农产品标准化生产示范基地 30 个，面积达 37 万亩以上。④ 汉寿、安乡、西洞庭建成国家级农村产业融合发展示范园，西湖获评全国农村创业创新典型县（区），安乡县黄山头镇获批国家农业产业强镇示范镇。西湖牧业小镇入选全省首批特色产业小镇，

---

① 常德市农业农村局：《2021 年全市农业农村上半年工作总结及下半年工作思路》，打印稿。
② 常德市科学技术局：《以科技之力助力乡村振兴》，打印稿。
③ 常德市农业农村局：《2020 年工作情况及 2021 年工作思路》，打印稿。
④ 常德市农业农村局：《2020 年工作情况及 2021 年工作思路》，打印稿。

三产融合典型经验被央视《焦点访谈》集中推介。一是培育了农业服务主体。供销合作总社依托市、县两级社办企业和乡、村两级综合服务社，大力开展农资订单业务。同时，开展测土配方、集采集配等服务，通过与史丹利、洋丰、沃博特等农化企业进行集中议价谈判，确保农资货真价廉物美，最大限度保供，有效推进了化肥减量增效、农民节支增收。目前，供销系统的农资供应占到全市市场的30％以上。① 二是壮大了农民专业合作社。澧县成立葡萄产业专业合作社联社，辖35家葡萄专业合作社近7000户种植户，葡萄种植面积超5万亩，年产值超20亿元，着力开展技术服务，共享产业平台，交流行业信息，发布行业标准。澧县成为第一批国家农业可持续发展试验示范区并入选省级农村产业融合发展示范园名单。② 三是创新了农业服务模式。澧县锦绣千村农业合作社建立了农资采购配送、农业生产、农产品购销、资金互助四大服务平台，为周边区县29个乡镇的成员及农户提供粮食生产多个环节的社会化服务，带动农户10万余户，每年为农户节本增收1亿元以上。该模式入选全国农民专业合作社发展典型十大案例，合作社理事长龚佑琼获评全国"十佳农民"。③

（三）以"三基"提质为抓手，乡村振兴基础不断夯实

聚焦关键领域，常德市大力推进乡村的公共基础设施提升、基本公共服务均衡发展以及基本社会保障的完善，着力推进"三基"建设往村覆盖、往户延伸，夯实乡村振兴基础。

1. 完善基础设施，筑牢城乡同步发展基础

完善农村基础设施，主要是补齐乡村发展短板，筑牢城乡同步发展基础，为全市经济社会高质量发展拓展新空间。一是完善农村通组道路建设。截至2020年12月，全市改造农村公路4105公里、危桥699座，自然村通

---

① 常德市供销合作总社：《持续深化供销改革努力推进乡村振兴》，打印稿。
② 王先荣：《澧县葡萄产业专业合作社联社工作汇报》，打印稿。
③ 湖南锦绣千村农业专业合作社：《湖南锦绣千村农业专业合作社农业社会化服务情况汇报》，打印稿。

硬化路实现"组组通"。^① 临澧成为"四好农村路"全国示范县。以临澧县为试点，全面推进农村公路管养体制改革，制定出台《常德市农村公路管养体制改革实施方案》，全面推行县乡村三级"路长制"，继续推广群众性养护体系，不断提高农村公路管理养护的质量。二是完善农村饮水安全建设。"十三五"期间，常德市新建、改扩建农村饮水安全工程493处，基本实现了城乡饮水安全"全覆盖"，截止到2020年底，全市自来水普及率达到93.95%。^② 三是完善农村电网建设。提前一年完成新一轮农村电网改造升级工程，澧县复兴镇打造了"全省农村建房样板"。光纤宽带、4G网络实现镇村全覆盖。四是完善农村金融服务设施建设。依托常德智慧党建平台，整合原有的助农取款服务点，在各行政村设立普惠金融服务站，明确专人值守，实现由单一的取款功能向转账、缴费、信用卡还款等综合金融服务升级。五是完善农村物流体系建设。充分利用现有场站，加快县、乡、村三级物流体系建设，完善乡村末端配送网络。全市乡村电商服务站点覆盖率达90%以上，^③ 汉寿、石门、临澧获评全国电商进农村综合示范县。

2. 完善基本公共服务，提升城乡共享发展水平

在共享发展的新理念引领下，增强基本公共服务在乡村的供给，全面提高基本公共服务在城乡之间的同步性，让广大农民在乡村振兴中有更多的获得感。一是应学尽学。全市5所芙蓉学校已基本建成，累计完成投资4.65亿元，完成率为102%；鼎城区草坪镇芙蓉学校于2020年9月投入使用，澧县芙蓉学校、汉寿县太子庙镇芙蓉学校、石门县蒙泉镇芙蓉学校和太平镇芙蓉学校进入最后的扫尾工程，已经具备开学条件。截至目前，全市已经累计完成投资2.30亿元，完成率为60%；其中开工项目113个，开工率为87%；主体完工项目39个，完工率为30%；已经建成教师周转房552套、塑胶运动场29个，改造学生食堂1.26万多平方米。2021年5月19日，省

---

① 邹文辉：《2021年常德市政府工作报告》，打印稿。
② 常德市水利局：《关于乡村振兴工作情况的汇报》，打印稿。
③ 常德市农业农村局：《2020年工作情况及2021年工作思路》，打印稿。

教育厅下达了编制乡镇标准化寄宿制学校建设项目规划的任务，按照"缺什么、补什么""建一所、成一所"的原则，已经基本完成建设规划的编制工作。[①] 二是应治尽治。全市1525家行政村卫生室完成标准化建设，达标率99.48%；1442家行政村卫生室完成公有产权建设，达标率94.10%；行政村卫生室采取常驻、派驻的方式全部配备合格医生，落实行政村卫生室6000元/年运行经费的财政补助政策，保障村卫生室正常运行。[②] 三是应培尽培。"三注重三结合"农民职业培训案例作为全国50个农民教育培训发展典型案例被推广。把退捕渔民纳入职业技能提升行动免费培训范围，开展与其相适应的月嫂、养老护理员、保安等职业（工种）专业免费职业技能培训，做到"应培尽培"，变渔民为市民。截至2021年6月，全市累计开展退捕渔民免费技能提升培训484人，已发放培训补贴56.78万元。[③] 采取部分政府购买服务的方式，开展全免费纯公益的巾帼讲堂下乡40场、就业技能下乡40场、儿童职业体验下乡20场，共计开展"乡村振兴巾彩绽放"三下乡百场公益活动。[④]

3. 完善基本社会保障，强化安全发展网络

把农村基本社会保障作为与广大农民幸福安康息息相关的民生工程，发挥实现城乡平等、促进城乡一体化发展的重要作用。一是抓好兜底保障。全力保障困难群众基本生活，截至2021年5月，全市农村低保对象74792人、农村特困人员37668人。累计发放社会救助资金3.39亿元，其中城乡低保金2.11亿元、特困人员基本生活费1.08亿元、特困人员照料护理费2044万元。坚持原"脱贫攻坚建档立卡"贫困户已纳入兜底保障的五年保障政策不变。二是抓好临时困难等其他社会救助。2020年累计救助28173人次，发放临时救助3005万元。截至6月，全市累计下拨各类困难群众补助资金80052.33万元。三是不断提高各类保障对象基本生活标准。2021年实现城

① 常德市市教育局：《2021年乡村振兴教育工作情况汇报》，打印稿。
② 常德市卫生健康委员会：《关于乡村振兴工作情况汇报》，打印稿。
③ 常德市人力资源和社会保障局：《帮扶退捕渔民转产就业工作情况汇报》，打印稿。
④ 常德市妇联：《在乡村振兴调研座谈会上的发言》，打印稿。

乡一体的区县低保保障标准提高到 625 元/月，农村保障标准为 400 元/月；城乡月人均救助水平分别达到 391 元和 246 元；城乡特困人员基本生活标准分别提高到 8892 元/年和 6240 元/年；特困供养护理补贴按照全护理 6000 元/年、半护理 3000 元/年执行。四是抓好特困供养对象救助工作。截至 2021 年 5 月，农村特困供养对象 37668 人，生活不能自理特困人员 6366 人，生活不能自理集中供养特困人员 3772 人，全市生活不能自理特困人员集中供养率达 59%。加强委托照料服务监管。全面开展委托照料服务，重点做好失能半失能特困人员日常看护、生活照料等服务。[1]

（四）以提升内生动力为目标，农业农村改革稳步推进

近年来，常德市不断深化农村土地、集体产权、资金投入等体制机制改革，充分激发农村发展内生动力。

1. 土地管理改革，激活土地要素

立足于激活乡村要素资源，使之成为乡村振兴的内在动力，从土地这个关键要素入手推进改革，建立高质量发展的长效机制。一是加快土地流转。建立土地所有权、承包权、经营权"三权"分置机制，全市流转耕地面积 378.20 万亩，增加 195.80 万亩；占耕地总面积的 55.89%，增幅 19.39%。经营权抵押贷款试点成效显著，发放贷款 830 笔，金额达 5.07 亿元。常德市获评"全国农村承包地确权登记颁证工作典型地区"，农村土地纠纷调解仲裁考评连续 4 年位列全省第一。[2] 澧县农村承包地确权登记颁证工作被评为全国先进。二是完善土地管理服务。依托全市供销系统的 46 家土地托管服务公司，以及 132 个乡镇土地托管服务中心，以土地托管服务为重点，大力实行环节托管、半托管、全托管服务，服务农民 60 万户以上，预计年度实现农业社会化服务面积 450 万亩次。[3] 组建联审联批办公室，提供建房审批"一站式"服务，探索县乡村三级巡查制度。桃花源汤家山农宅改革创

---

① 常德市民政局：《关于乡村振兴工作开展情况汇报》，打印稿。
② 常德市农业农村局：《2020 年工作情况及 2021 年工作思路》，打印稿。
③ 常德市供销合作总社：《持续深化供销改革努力推进乡村振兴》，打印稿。

造了常德经验，着力将汉寿洲口、武陵芦荻山、澧县复兴等示范乡镇打造为全省样板工程。

2. 产权制度改革，增加资产效益

全市共有集体资产88.08亿元、集体土地2388.08万亩，确认集体经济组织成员473万人，建立农村集体经济组织2109个。[①] 汉寿县率先成立了农村集体产权交易中心，截至2021年，该县共有14个乡镇（街道）49个村（社区）的集体资源资产在农村集体产权交易平台挂牌，挂牌面积15326亩，挂牌笔数539笔，成交面积12415.92亩，成交380笔，成交金额1334.80万元。[②] 平台的规范运营有效促进了农村集体产权的加速增值，优化了农村资源配置，壮大了村级集体经济。农村宅基地和集体建设用地房地一体确权登记工作经验、土地"5321"执法模式被全省推介。澧县在金罗镇进行农村不动产首次登记、推进不动产权籍一体调查试点的基础上，向全县铺开农村宅基地和集体建设用地房地一体确权登记工作，从2020年3月22日至6月24日，全县已完成外业权籍调查11.50万宗，居全市第一、在全省领先。[③]

3. 资金投入创新，提升发展能力

主要从乡村振兴的投入模式和财政引导机制方面，提高创新能力。一是创新政府引导社会资金投入模式。建立了前资助、后补助和绩效奖励相结合的补助模式，探索运用财政科技资金引导社会资金投入农业科技企业、科技项目。自2016年实施市级科技重大项目以来，共有湖南德人牧业科技有限公司等7家农业科技型企业得到支持，项目资金达1810万元，主要围绕农产品加工技术升级、精深加工产品研制、农产品加工副产物利用等，开展主要农产品精深加工关键技术、植物功能性食品的创制、农产品发酵工程关键技术研究及产业化。[④] 二是创新财政引导机制。强化土地报批、征地拆迁、

①　常德市农业农村局：《2020年工作情况及2021年工作思路》，打印稿。

②　杨晟、陈光华、夏亮：《我市推广农村集体产权交易"汉寿模式"》，常德市人民政府网站，https://www.changde.gov.cn/cdzx/qxdt/content_828687，2021年4月29日。

③　田继舫、李劲松：《澧县扎实推进农房一体确权登记工作》，常德市人民政府网站，https://www.changde.gov.cn/cdzx/qxdt/content_753950，2020年6月30日。

④　常德市科学技术局：《以科技之力助力乡村振兴》，打印稿。

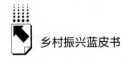

土地出让工作，近三年每年完成土地净收益超 60 亿元，确保每年用于农业农村的资金稳步提升、足额保障。① 2020 年全市一般公共预算农林水事务支出 97.02 亿元，比 2018 年增长 23.79%；占一般公共预算支出的比重为 15.80%，比 2018 年提高了 1.5 个百分点。2018～2020 年市财政农口专项资金累计投入 7.54 亿元，为顺利实施乡村振兴战略提供了有力保障。②

（五）以基层党建为引领，乡村治理现代化水平稳步提升

充分发挥农村基层党组织领导作用，持续抓党建促振兴，全面构建以人为本、便捷高效的乡村现代治理体系，不断推进乡村治理能力的现代化，澧县詹家岗村被评为全国乡村治理示范村，澧县牌楼村被推荐为"全国第八批民主法治示范村"。

1. 抓党建，优化乡村治理队伍

着力发挥党建在乡村治理中的引领、服务和保障功能，实现党的组织全方位嵌入基层治理体系，把党的领导优势转化为乡村治理优势。一是抓牢村级这个关键点。全市 2262 个村（居）均成立了村民议事会，所有建制村都建立了统一规格的村务公开栏。③ 实施村级"带头人"队伍整体优化提升工程，举办全市乡村振兴驻村帮扶工作业务培训会，增强乡村干部履职能力。注重选拔优秀人员进村级干部队伍，特别是选优配强村（社区）党组织书记。二是抓活基层干部这个主力军。结合乡镇党委换届，为全市每个乡镇（街道）专职专岗配备 1 名专职副书记、1 名组织委员、2 名左右组织干事，全市招聘党建联络员 2262 名，着力解决村（社区）干部队伍后备力量不足的问题。近两年通过比选共选拔 248 人进入乡镇（街道）领导班子，面向服务基层项目人员定向招聘乡镇（街道）事业单位工作人员 280 名。全市整体推进"导师帮带制"工作，共确定 1719 名帮带导师、4231 名帮带对象。三是抓好实用人才这个新动能。共选派省市县三级科技特派员 330 名。

① 常德市自然资源规划局：《乡村振兴工作情况汇报》，打印稿。
② 常德市财政局：《乡村振兴工作有关情况汇报》，打印稿。
③ 常德市民政局：《关于乡村振兴工作开展情况汇报》，打印稿。

持续实施"123"村级后备人才、农民大学生培养和新型职业农民培训计划,为乡村振兴培养了一批"田教授""农专家""土秀才"。支持人才在乡村建功,对新建国家级、省级科技创新平台的农业领军人才,一次性给予200万元、100万元专项补贴。①

2. 管理职能下沉,提供高效便利服务

深化"放管服"改革,把管理职能向农村基层下沉,变被动服务为主动服务。一是阵地全面升级。以村级党群服务中心建设和智慧党建平台建设为契机,采取财政扶建、部门帮建和社会助建等方式,全市累计投入资金19.8亿元,建设或改造村(社区)服务场所,以及完善乡镇便民服务中心,实现乡村两级办公议事、便民惠民阵地提质升级。二是待遇全面提标。目前乡镇、村、社区基本运转经费分别达到120万元、25万元、50万元,村、社区干部年均报酬分别提高到3.9万元、6万元。2019年以来全市171个村申请成为集体经济扶持村,产业发展得到强力保障。三是服务全面换挡。大力推动基层公共服务(一门式)全覆盖工作,将与群众密切相关的身份证办理等65项审批权限下放至乡村,下大力减环节、减证明、减时限,群众办事基本实现就近办、网上办、指尖办,将特困人员认定、救助供养金给付、残疾人"两项补贴"等7项民政业务下沉到乡村"一门式"受理平台,实现群众办事不出村。②

3. 治乡村陋习,树文明新风

全市2262个村(居)实现了村规民约修订全覆盖、备案审核全覆盖,乡村面貌和精神风貌更新更好。③一是加强常态宣传教育。全市各大媒体开设专栏,结合移风易俗创作《新礼尚往来》《不要彩礼的好丈母娘》等深受群众喜爱的文艺作品。开展"文明家庭""新乡贤"等评选活动,"口罩哥"郝进等一批农村先进典型荣登中国好人榜、湖南好人榜。二是抓好农村殡葬改革。对违建硬化大墓、活人墓依法进行进一步整治,共整治了5起,21起正

① 中共常德市委组织部:《抓党建促乡村振兴工作情况汇报》,打印稿。
② 中共常德市委组织部:《抓党建促乡村振兴工作情况汇报》,打印稿。
③ 常德市文明办:《乡村振兴调研座谈会发言材料》,打印稿。

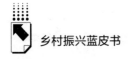

在整治中。累计投入 3 亿元用于县、乡、村三级殡葬设施建设。① 三是发挥社会组织作用，革新民风民俗。各乡镇、村（居）成立红白理事会、村民议事会、道德评议会等 3000 余个城乡社区社会组织，② 发动党员、村民代表带头签订移风易俗承诺书。仅 2020 年疫情防控期间，劝阻赈酒 11000 余起，引导丧事简办 1062 起。③ 石门县夹山镇家庭文明档案带动了民风、社风、作风好转，推动乡村治理更加有效。澧县深入开展文明节俭操办婚丧喜庆事宜专项整治，成为全国婚俗改革试验区。澧县九旺村村规民约入选全省首届"十佳"村规民约，临澧县高桥村等村的村规民约在"湘'约'我的村"第二季优秀村规民约（居民公约）系列展播中展示。城头山镇国富村被评为"第六届全国文明村镇"。

（六）以民生福祉为核心，脱贫攻坚与乡村振兴有序衔接

2019 年底常德市 396 个贫困村全部出列，2020 年底 44.3 万贫困人口全部脱贫，从"石门样本"到"常德实践"，走出了一条从脱贫攻坚向全面小康与全域乡村振兴迈进的成功实践之路。

1. 易地搬迁营造从脱贫攻坚到乡村振兴的变革环境

从开始启动易地扶贫搬迁，常德市就出台了易地搬迁群众十项保障措施，重点排查整改搬迁入住、设施配套、拆旧复垦、后续帮扶、稳定脱贫等问题，经过易地搬迁"挪穷窝""斩穷根"，按照"搬得出、留得下、能就业、有保障"的要求，开展一户一人就业行动，对安置点全部实行小区管理。全市累计投入资金 20.5 亿元，累计搬迁群众 10910 户 36037 人，建设集中安置点 137 个，旧房拆除复垦率、基础设施与公共服务覆盖率、后续帮扶措施覆盖率、脱贫率、群众满意度均达 100%。④ 对于搬迁贫困户原有的宅基地建设用地，利用市域或县域范围内的增减挂钩指标流转交易，在土地

---

① 常德市民政局：《关于乡村振兴工作开展情况汇报》，打印稿。
② 常德市民政局：《关于乡村振兴工作开展情况汇报》，打印稿。
③ 常德市文明办：《乡村振兴调研座谈会发言材料》，打印稿。
④ 常德市发展和改革委员会：《在省调研乡村振兴工作座谈会上的发言》，打印稿。

级差收益的基础上，为搬迁群众创造更高的收益。全市实现每户有土地流转收益的安置点达 54 个，已为搬迁户创造收益 150 万元。目前，全市 9627 户有房户已全部完成拆旧复垦，拆旧复垦率达 100%。此外，搬迁户原承包的耕地、草场、山林交由专业大户、农民合作社、龙头企业等统一经营，建立租赁联结、股份联结、订单联结等多种联结机制。① 桃源县、石门县等 6 个典型案例入选全国"十三五"时期易地扶贫搬迁先进典型，并获国家发展改革委通报表扬。

2. "三大重点"解决从脱贫攻坚到乡村振兴的后顾之忧

提高政治站位，以产业、就业、消费为健全长效机制的三大重点，推进巩固拓展脱贫攻坚成果与乡村振兴有效衔接。一是就业扶。建立贫困劳动力、贫困人口就业台账，实行"双台账"管理。组织开展技能培训、扶贫招聘、开发公益性岗位等，对返乡回流暂未就业人员实施"一人一策"就业帮扶，实现 13.2 万贫困人口务工就业，建成扶贫车间 191 家，吸纳贫困劳动力就业 1861 人，人均月工资超过 2000 元。② 澧县在全省率先建成了县级公共就业服务云平台——澧州好工作 App，极大促进了本土就业能力。西湖获评全国农村创业创新典型县（区）。二是产业扶。推广"村集体 + 新型经营主体 + 贫困户"的产业扶贫"常德模式"，澧县因产业扶贫被省政府推荐为"全国脱贫攻坚先进集体"。2020 年，安排产业扶贫财政专项资金 2.5 亿元，实施产业扶贫项目 1218 个，争取省级重点产业扶贫资金 3660 万元。③ 通过土地流转、劳务务工、订单收购、生产托管、技术培训、按股分红等有效措施，全市 187 家龙头企业、1544 家合作社、310 个家庭农场参与产业扶贫，带动贫困群众近 30 万人，年人均增收 1000 元以上。④ 三是消费扶。举办各种形式的优质农产品产销对接会，对接"扶贫 832 平台"，构建市、

---

① 李寒露、莫婷、王礼：《换一方水土富一方人——常德市易地扶贫搬迁工作纪实》，《湖南日报》2020 年 7 月 2 日，第 10 版。

② 常德市乡村振兴局：《2020 年工作情况汇报》，打印稿。

③ 常德市农业农村局：《2020 年工作情况及 2021 年工作思路》，打印稿。

④ 常德市乡村振兴局：《2020 年工作情况汇报》，打印稿。

县、乡、村四级电商运营服务体系，积极推动"供销 e 家·智慧民生""农筹惠"等农产品电商平台建设，建成省级电商扶贫小店 4334 家，[1] 全市投放消费扶贫专柜 2000 多个，建立线上线下消费扶贫专馆 24 个，开设消费扶贫专区 14 个，全市扶贫产品销售额突破 10 亿元，扶贫产品销售额达 10.62 亿元。[2]

3. "一算五帮"，筑牢从脱贫攻坚到乡村振兴的民生底线

组织乡村两级干部、驻村工作队和结对帮扶责任人实施"一户一策"，开展"一算五帮"，即算收入、帮就业、帮销售、帮转产、帮救助、帮兜底，确保不出现一个收入不达标的贫困户，不出现一批收入急剧下滑的贫困人口。通过算可靠的预期收入，提供就业信息和渠道；采取预订产品、提供种苗、回购包销的"保姆式"帮扶措施，帮助发展短平快种养项目增收；帮助禁食退养、禁捕退捕贫困户解决转产转业等现实困难；对因重大意外事故等导致刚性支出过大、造成基本生活困难的贫困户，提供动员社会力量济困、帮助申请临时救助、落实低保政策等帮助；对人均纯收入低于 6000 元、无劳力或弱劳力的贫困户，尽快帮助落实低保政策，通过扩面提标，确保收入达标。同时，建立完善防返贫防致贫监测和帮扶工作机制，对边缘户、受疫情灾情影响户、退养禁捕转产转业户等开展全程监测和针对性帮扶，确保所有贫困户脱贫、所有非贫困户不致贫。

二　全面推进乡村振兴中存在的问题

常德市正处在巩固脱贫攻坚成果和全面推进乡村振兴有效衔接的新阶段，市委、市政府把实施乡村振兴战略作为新形势下做好"三农"工作的总抓手，扎实推进农业农村现代化，各项工作初见成效，但全面推进工作中仍然存在一些迫切需要解决的问题。

---

① 常德市农业农村局：《2020 年工作情况及 2021 年工作思路》，打印稿。
② 常德市乡村振兴局：《2020 年工作情况汇报》，打印稿。

（一）新发展理念有待进一步落到实处

从脱贫攻坚到乡村振兴需要衔接和转型，需要用新发展理念推进乡村振兴。创新、协调、绿色、开放、共享高质量发展的新发展理念，要求结合全省"三高四新"的战略落到实处。推进乡村振兴战略，必须坚持以新发展理念为引领，把新发展理念落到实处。

1. 乡村振兴观念更新不快

乡村振兴需要"三农"工作的重心及时转变，即战略重点由解决绝对贫困问题为主的"攻坚体制"向实现乡村振兴为主的"长效机制"转变。但是，目前一部分领导干部和民众习惯了脱贫攻坚的工作体制，喜欢用搞突击、搞运动的方式抓工作，没有树立可持续长期发展的乡村振兴理念，思想观念仍然停留在脱贫攻坚的"攻坚体制"之上，导致部分民众对于乡村振兴还存在脱贫攻坚"等、靠、要"的消极思想，乡村振兴的主体积极性还没有充分调动起来。

2. 城乡要素协同互动不畅

新发展理念要求城乡协同发展，实施乡村振兴城乡融合发展战略，实现乡村振兴发展的体制机制创新。乡村振兴不能乡村单方面振兴，必须与新型城镇化互助互进才能形成社会发展的新动力，这需要建立和完善城乡协同发展的新体制机制。调研发现，全市在人才、土地、资金等要素上城乡协同的瓶颈没有突破，发展要素在城乡间双向流动不顺畅，乡村振兴的人才、土地、资金等要素明显不足，不平衡不协调的态势很明显，制约了乡村振兴的快速发展，还有待进一步深化贯彻落实新发展理念，突破乡村振兴瓶颈。

3. 农业农村创新发展不快

创新发展是乡村振兴走出困境的前提，也是我国当前经济社会走出困境的主要路径之一。调研发现，常德市农业科技创新主体较少、农村科技供给水平比较低是阻碍创新发展的主要原因。特别是原始创新能力不强、农业科研基础薄弱、农业科技人才队伍缺乏，是导致农业产业发展不均，农产品加工业大而不强、精深加工水平普遍较低的原因。当前，全市部分农业企业、

科研院所、高校、社会组织等创新主体的功能定位还不明确，返乡农民工、大学生村官、乡土人才、科技示范户等创新人才培训还不系统，创新成果转化与应用的效果不明显，农业农村整体创新发展的态势还有待强化。

（二）多元投入机制未能建立

实施乡村振兴战略需要真金白银，"钱从哪里来"是乡村振兴必须解决的问题。新形势下，如何以协调推进乡村振兴和新型城镇化战略为抓手，建立乡村振兴的多元投入机制，加快形成政府优先保障、金融重点倾斜、社会积极参与、农民自主探索的多元投入格局是全面推进乡村振兴不得不思考和解决的重要问题，也是当前常德市乡村振兴亟待破解的现实难题。

1. 政府投入的主导作用没有体现

2020 年，常德市一般公共预算农林水事务支出 97.02 亿元，比 2018 年增长 23.97%，占一般公共预算支出的 15.80%，比 2018 年提高了 1.50 个百分点。① 在涉农贷款、担保、保险等金融服务方面也作了积极探索，推进支持"一县一特""一行一品"试点工作。但总的来看，常德市的公共财政投入和庞大的乡村振兴需求相比，存在较大的不足。特别是政府公共财政在"整合""撬动""开源"等方面的主导作用没有充分发挥出来，政府投入引导乏力问题还有待解决。

2. 农村集体投入主体没有形成合力

当前，农村集体经济发展并未与政府、社会投入紧密结合，建立协同机制，形成投入合力。全市通过改革共登记确定农村集体资产 92.21 亿元、集体土地 2414.53 万亩，集体资产的体量不小。但是，当前大部分集体资产只是一个数字，没有盘活、不能使用。要完善机制，用"三变"的做法转变集体资产，发展集体经济，形成集体经济与政府惠农资金、企业和农民的资金共同参与乡村振兴、形成投入合力，为乡村振兴的投入做出应有的贡献。

---

① 常德市财政局：《乡村振兴有关情况汇报》，打印稿。

3. 社会资本投入主力还明显不足

由于乡村产业投资回报率不高，又周期长、收益小、风险大，社会资本投入普遍意愿不强。一是涉农企业投入规模小、盈利能力弱、抗风险能力弱、企业财务自身的问题使得社会资本这支重要力量在乡村振兴中的参与机制还不健全。如金健米业主营收入57亿元，利润0.21亿元；大湖股份主营收入9.37亿元，利润0.04亿元；佳沃股份主营收入45.25亿元，利润为7.13亿元，自身实力不足。二是农业产业基金规模小。常德市产业基金共设立10只子基金，尽管总规模达到了40.41亿元，但其中常德现代农业产业投资基金1亿元，显然投入实力不足。三是农业领域不是资本市场青睐的领域。常德市是农业大市，农业生产占了乡村振兴产业兴旺的大头，农业生产风险大、效益低，是社会投资谨慎进入的产业，因而社会投资的瓶颈破解还比较艰难。四是农业企业市值小，吸引资本的能力不强。如金健米业市值60亿元、大湖股份市值27亿元、湘佳股份市值48亿元、佳沃股份市值18亿元，在资本市场的影响力不大，外部资本进入企业助推发展的热情不高。

（三）基础设施和公共服务短板明显

农业农村基础设施和公共服务是完成乡村振兴总体任务的强力支撑。调研发现，常德市的农村基础设施和公共服务数量、质量远低于城镇，农村地区的基础设施和公共服务既有总量不足的问题，也有质量不高的问题。

1. 基础设施满足发展需求还任重道远

农村公路规划和建设规模明显不足，养护能力和水平不高，养护投入资金缺口大，机械化作业严重滞后，出现公路"带病上岗"现象，形成恶性循环，公路损坏加速加重。"十四五"期间，常德市规划农村公路建设3446公里，其中，乡镇通三级公里385公里，旅游资源产业路2658公里，合并村连通路403公里。然而，常德市作为农业大市，农副产品丰富，乡村旅游业潜力较大，"十四五"期间的农村公路建设与实际需求6400公里相比差距较大。[①]

---

① 常德市交通运输局：《支持保障乡村振兴情况汇报》，打印稿。

除路网外，其他水、电、通信等基础设施的老化也很严重，建设与维护维修任务繁重。

2. 公共服务制约农民美好生活进程

公共服务是公民福利的直接表现，是人民实现美好生活需求的支撑。常德市的农村教育、医疗、养老、就业等基本民生公共服务还存在诸多短板。尤其是在农村医疗服务方面：一是基层医务人员工资待遇低，专业人才引不进、留不住；二是农村医务工作者老龄化严重，全市农村医生3658名，45岁以下的仅810名，面临无人接班的局面；三是基层医疗信息化建设严重滞后，未建立有效的信息共享机制，"信息孤岛"现象突出，信息化短板对医疗供给能力的提升制约明显。此外，城乡公共服务不平衡问题仍较突出，教育、医疗、卫生、文化等公共服务设施条件方面，要实现城乡公共服务的均衡发展还任重道远。

（四）乡村振兴的部门职能不清

乡村振兴属于一项系统工程，是人力、物力、财力的有机结合，是人才、资源、战略的有效统一，需要全部门协同、全方位推动。因此，在实际工作中，首先要厘清部门责任。

1. 乡村振兴职能部门职责不清

乡村振兴必须把谁主导、谁负责、谁执行、谁配合的问题梳理清楚，各职能部门到底如何发挥自身优势和作用助力乡村振兴，又由谁来统筹各部门推进乡村振兴工作，这些问题解决与否决定了乡村振兴能否顺利推进。调研发现，全市各地乡村振兴局尽管已经挂牌成立，但是市、县乡村振兴局"三定"方案尚未出台，相关工作还处于过渡阶段。

2. 乡村振兴相关部门职责不明

在实际工作过程中，还存在部门之间职责关系不明确、责任边界不明晰的情况，财政、发改、住建、环保、农林、教育、人社、卫健、交通等部门推动乡村振兴的政策措施有待进一步协调落实，条块项目和资金需要进一步整合；部门与部门、市级部门与区县及区县部门之间的工作权限还未理顺，导致出现权责交叉、边界不清、观望推诿等问题，这是当前必须予以高度重视且亟待解决的关键性问题。

（五）农业生产农村生活社会化服务明显滞后

现代农业的发展，离不开规模化、专业化、标准化、集约化的社会化服务。当前，农户数量多、土地户均规模小仍然是农业生产无法回避的现实。推进农业生产、农村生活社会化服务，不仅可以节约农业生产成本，还可以增强农业的竞争力，是促进传统农业向现代农业转变的重要推进力量。从调研情况来看，农业社会化服务极大地带动了农民增收，促进了小农户与现代农业的有机衔接，在某种程度上，发展农业社会化服务已经成为推进乡村振兴的重大动力。但是，尽管常德市农业社会化服务发展走在全省前列，但依然存在农业生产农村生活社会化服务明显滞后的问题，特别是农村生活社会化服务短缺尤为突出。

1. 社会化服务龙头企业不足

目前，常德市共有农业加工企业 5886 家（不含烟草），其中国家级龙头企业 6 家，省级龙头企业 91 家、市级龙头企业 265 家。[1] 但是社会化服务的龙头企业不多，服务能力不强，服务欠规范，大部分服务组织整体规模不大，抵御市场风险和自然风险能力较弱，带动农民增收能力不强。此外，已注册农民合作社 7231 家、家庭农场 9106 家，它们也提供社会化服务，尽管数量众多，但规模不大，服务能力不强，大多是提供农业生产社会化服务，提供农业的加工、销售服务的较少，特别是提供农民生活社会化服务的合作社或企业更是短缺。

2. 不能满足农户的现实需要

从服务范围看，服务农户的总体比例不是很高，服务内容也不能满足农户的最基本要求。从产业类型看，从事简单社会化服务的多，同质化比较明显，农业生产关键且薄弱环节的服务覆盖面不广。如产前培训、产中跟踪、

---

[1] 常德市农业农村局：《2020 年工作情况及 2021 年工作思路》，打印稿。

产后加工等服务较少，粪类收集、有机肥加工等方面服务欠缺，农民迫切需要的土壤墒情、虫情监测等方面的社会化服务依然受制于技术装备和能力，能够提供全方位服务的企业很少，不能满足农民对社会化服务的全方位需求。

3. 管理水平还需进一步提升

从调研的情况看，大部分社会化服务组织还处于初级发展阶段，规章制度还不完善、管理机制还不严谨，专业管理人才还很缺乏、自身培训能力还很低效等，亟待提升自身的管理水平。因而，常德市发展农业生产农村生活社会化服务还有较大的提升空间。

三 全面推进乡村振兴的对策建议

全面推进乡村振兴是常德市实现两个一百年奋斗目标、全面实现现代化的重要任务，是省委、省政府践行"三高四新"的基本内容。需要完善体制机制、开展一系列行之有效的乡村建设行动、完善服务体系、开展监督评估，督促全面乡村振兴加快实现。

（一）建立以政府为主导、以农民为主体、以社会为主力的多元投入机制

乡村振兴的关键保障之一是加大建设投入，其中政府投入为主导，农民投入为主体，社会投入为主力，社会资本必须按市场原则投入，实现市场在资源配置中起决定性作用和更好发挥政府作用的有机结合，构建利益共享机制。一是发挥政府财政投入的主导作用。发挥财政资金的杠杆作用，在基础设施建设、基本公共服务以及基本社会保障方面为各类主体投资创业提供公共支撑，推进政府投入与产业发展的协同联动，着力解决政府投入与乡村产业发展脱节的问题，避免因政绩驱动而搞形象工程导致低效与浪费的问题，推动资源配置由市场机制不全与政府职能错位并存，向有效市场与有为政府协同联动转变。二是发挥农民土地要素投入的主体作用。农民资金短缺是一个客观现实，作为财富之母的土地是农民集体最根本的要素投入。围绕坚持

农民主体地位，推进土地确权颁证以明晰产权，使农民首先成为土地的主人再成为平等的市场主体，从而赋予农民财产权利，推进乡村资产的资本化经营。通过以土地入股的方式发展集体经济，建立政府、企业、农民"谁投资谁受益"的利益分配与共享机制，实现"农民受益、企业发展、政府满意"的利益分配多元共享。三是发挥社会资本投入的主力作用。畅通社会资本下乡渠道，建立多元化、低成本、全覆盖的投融资平台，以破解资金短缺与投融资渠道单一的问题。推进乡村规划与区域城乡发展规划进行融合对接，实现民生规划、生态规划、产业规划、社会发展规划、土地利用规划的"多规合一"，制定怎么引入企业、引入什么样的企业、怎么得到政府支持的顶层设计，给社会资本投入"定心丸"。构建服务平台，主导各类产业项目实施，为社会资本下乡开山铺路，降低成本与投资风险，提供有力依托。制定的产业规划，对产业前期发展提供相应的培训和支持，推动产业集聚发展，拉长产业链条，并推进各类产业链条不断完善，优化社会资本的生存环境；同时搭建众创众筹的乡村创客平台，吸引有创意、有专业的创业型企业和创业者入驻，形成了资本和人才洼地。[1]

（二）健全五级书记领导下的各部门工作协同机制

坚持五级书记一起抓乡村振兴工作的原则，完善各级党委、政府、职能部门和相关部门之间的统筹协调关系，进一步明确各责任主体乡村振兴的权利、责任、义务，形成五级书记领导下各尽其责的乡村振兴统筹协调机制。

1. 完善市、县、乡书记抓乡村振兴的职责

市县乡村各级书记一起抓乡村振兴工作，是常德市全面推进乡村振兴的坚强政治保证。要按照中央统筹、省负总责、市县乡抓落实的管理体制，充分发挥市县乡各级党委总揽全局、协调各方的作用，形成完善的市、县、乡、村各级书记抓乡村振兴的有效抓手，理顺各级书记之间乡村振兴的职责，明确每一级书记抓乡村振兴的重点任务，对每一级书记抓什么、怎么

---

[1] 陈文胜：《浔龙河村乡村振兴的多元投入机制创新实践》，《中国乡村发现》2020 年第 1 期。

抓、抓到什么程度都有明确的要求。建立乡村振兴动员体系、政策体系、投入体系、责任体系、监督体系、考核体系，压紧压实各方责任，完善乡村振兴的推进保障，确保乡村振兴有序推进。

2. 尽早健全乡村振兴局的工作机制

首先，尽快做好市县乡村振兴局的"三定"工作，根据需要，完善乡村振兴局的人员配备、机构设置与职责设定，明确各自职责和任务。其次，完善乡村振兴局的运行机制，特别是要发挥乡村振兴领导小组办公室的协调统筹作用，协调部门职责，防止乡村振兴职能部门之间"打架"。最后，完善乡镇乡村振兴的机构。乡镇是乡村振兴落地的单位，承接各种乡村振兴的任务，要保证乡镇乡村振兴机构有人做事，能做好事，要么新成立乡镇的乡村振兴站所，配足人员；要么合并原有的相关站所或中心成立新的乡村振兴机构，并把乡镇乡村振兴机构纳入"三定"方案，确保有正式编制。

（三）着力基础设施与公共服务的乡村建设行动

着力推进乡村基础社会建设，建设与乡村产业和农民生活需求相吻合的基础设施与公共服务体系。调研发现，全市许多地方在"十三五"时期因受地理条件和农村公路建设政策限制，仍有不少窄路加宽和不满足25户100人条件的自然村通硬化路的强烈需求，其他异界基础设施和公共服务的短板还需要补足。因此，要加强基础设施建设统筹，完善基础设施和公共服务的投入保障。

1. 加大基础设施的投入

确保乡村生产生活的基础设施配套；加强乡村基础设施的养护和维修，确保基础设施的完好度；加强乡村基础设施的提质发展，为产业振兴保驾护航。同时，加大乡村公共服务供给，全面提质乡村公共服务的设施，改善服务条件，加强服务的信息化建设，实现乡村公共服务的信息化，确保公共服务适应农民的生活需求，为农民的生活安全与便捷提供保障。

2. 强化农村基础设施的维护

在"十四五"期间，要加强全市基础设施和公共服务设施的维护，维护好全市的乡村旅游路、资源路、产业路，完善农村公路安防设施；维护农村公路危桥。交通运输部门多措并进，利用行业优势，强化工作调度，强化监督考核，积极探索推动公路建设与经济社会其他行业共融共进、协调发展。完善道路管养，加快推进《湖南省深化农村公路管理养护体制改革实施方案》落地，以临澧县为试点，全面推进农村公路管养体制度改革，制定出台《常德市农村公路管理养护体制改革实施方案》，全面推行县乡村三级"路长制"，继续推广群众性养护体系，不断提高农村基础设施管理养护的质量，保证农村基础设施的完好可用。

3. 加快农村物流体系建设

以建设现代物流枢为目标，完善乡村末端配送网络，充分利用现有场站，加快县、乡、村三级物流体系建设。"十四五"时期，完成规划县级交通物流项目12个，建设一批县级配送中心、乡镇（街道）配送站、村级（社区）配送网点，到2025年城区配送网点覆盖率达到95%以上、村级配送网点覆盖率达到80%以上。

4. 推进公共服务城乡一体化

深化城乡客运改革，借鉴推广临澧县工作经验，按照"集约经营、统筹规划、乡村全通、价格惠民"基本思路，启动全市城乡客运一体化三年行动，支持澧县、津市市、安乡县、西湖管理区、西洞庭管理区争创全省城乡客运一体化示范县（市、区），力争三年内实现全市城乡客运一体化。在城乡教育、医疗、卫生、保险、供水等方面，要加快县域城乡一体化建设行动，着力提升乡村公共服务的城乡一体化水平。

（四）构建推进小农户现代化的社会化服务体系

以澧县锦绣千村农业专业合作社和葡萄合作社为示范，支持农村供销合作社专注于服务，强化合作社对农业生产、加工、销售、储运的社会化服务，加快提升农民生活的社会服务水平，为农业农村提供全方位的专业指导和社会化服务。

1. 建好"三大平台"，强化服务支撑

打造现代人才、资金融通、信息化管理三大服务平台。其一，教育培训平台的创建。合作社对接省农广校，开展田间课堂、专业技能、创新创业、经营管理等多种形式的培训，培养新型经营主体。其二，资金互助平台的创新。合作社开展内部资金互助业务，为社员提供农业生产性经营借款，缓解社员借款难、借款慢的问题。其三，智慧管理平台的开发。合作社与软件公司联合开发了"农业智慧管理系统"，对合作社的社务、财务、资金互助、生产性服务、供销服务等业务实行信息化管理，有效解决管理不便问题。通过一系列措施，使水稻种植形成新优势、呈现新业态。

2. 提升社会化服务质量与能力

加大力度培育社会化服务的新型主体，扶持小农户和家庭农场购买社会化服务，把小农生产引入现代农业发展轨道。加大力度支持各类专业化、市场化的社会化服务组织发展，培养系统化、全程化的农业生产生活社会化服务组织，帮助小农户节本增效。引导发展多样化的社会化服务联合与合作，带动小农户组织化发展。推进区域公用品牌打造，开展农超对接、农社对接，帮助小农户对接市场。引导小农户发展各种精细和高效农业，提高农产品档次和附加值，拓展小农户的增收空间。加大农业保险对小农户的覆盖面，加快生产设施条件改善，提升小农户的抗风险能力。

3. 提高专项服务水平

利用各类合作社的优势，推进农业产业的规模化，深化产业链打造，提供产业的特色专项社会化服务，推进一、二、三产业融合发展。选择一批外向度较高的地方特色品牌进行重点培育、重点宣传，大力支持区域公用品牌创建，对获得"三品一标"的品牌给予政策和项目倾斜，用社会化服务引导地方特色产业加快提升发展水平。

（五）完善评价监督的考核机制与指标体系

评价监督与考核是乡村振兴重要的制度建设。要结合常德市乡村振兴的特点，从重点领域突破，建设乡村振兴的指标体系和考核机制。

1. 要建立分类考核机制

乡村振兴考核要根据不同乡村的类型设置不同的考核指标，要分类进行考核，结合本市乡村振兴的实际，根据乡村振兴的实际因地制宜进行分类，按照不同类别制定考核标准，对乡村振兴实行公平公正的考核，使乡村振兴的考核既体现科学性也有可操作性。

2. 完善统一性与自主性结合的考核标准

乡村振兴考核要鼓励各地改革创新，把上级政府的规定工作和乡村自己的自选工作结合起来，在考核中充分体现乡村振兴的基层创新与基层智慧。乡村振兴考核既要有规定的标准，更要体现地方特色。如对每一级的考核，被考核单位可以根据本单位的发展规划在年初提出每年的目标任务，考核时可以考核其目标任务的完成率。对单位的考核要进行单位和责任人双考核，以充分突出责任主体和将责任落实到领导干部身上。

3. 强化驻村工作队的考核管理

对驻村工作队的考核实行人事考核与业务考核分离原则，明确市县两级组织部门主要牵头负责驻村人员的选派、年度考核、奖惩落实；工作队其他日常事务和有关业务的考核由市县的乡村振兴局牵头负责。

4. 完善自下而上的示范村申报考核制度

示范村是推进乡村振兴的抓手，申报考核是关键。一是乡村振兴中各类示范村的申报要坚持充分调动基层群众和干部的参与积极性，乡村振兴示范村的申报要与精准扶贫区别而来，要改变脱贫攻坚中政府操办和政府包揽推动模式，形成自下而上的示范村申报评比机制，坚持基层群众先示范，评比合格再奖补的自下而上机制。二是示范村的考核要注重基层群众的满意度，要有示范村群众和外部群众的满意度指标，同时要考核其示范作用的发挥程度。

参考文献

习近平：《在全国脱贫攻坚总结表彰大会上的讲话》，《人民日报》2021年2月26

日第 2 版。

陈文胜:《农业大国的中国特色社会主义现代化之路》,《求索》2019 年第 4 期。

陈文胜:《脱贫攻坚与乡村振兴有效衔接的实现途径》,《贵州社会科学》2020 年第 1 期。

陈文胜:《实施乡村振兴战略 走城乡融合发展之路》,《求是》2018 年第 6 期。

丁建军、金宁波、贾武、易肖肖、王永明:《武陵山片区城镇化的农户生计响应及影响因素研究——基于 3 个典型乡镇 355 户农户调查数据的分析》,《地理研究》2019 年第 8 期。

马华:《村治实验:中国农村基层民主的发展样态及逻辑》,《中国社会科学》2018 年第 5 期。

《中共中央国务院关于实施乡村振兴战略的意见》,《光明日报》2018 年 2 月 5 日,第 1 版。

陆福兴:《高质量巩固拓展脱贫攻坚成果,推进乡村振兴》,《团结》2021 年第 1 期。

宋才发:《传统文化是乡村振兴的根脉和基石》,《青海民族研究》2020 年第 4 期。

陈文胜、王文强主编《湖南乡村振兴报告 (2019~2020)》,社会科学文献出版社,2020。

B.4
益阳市2021年乡村振兴研究报告

汤放华 孙倩 汤勇 任国平 郭韵齐*

摘　要：　2020年益阳全面启动实施乡村振兴战略，围绕推进乡村产业兴旺、生态宜居、乡风文明、治理有效、生活富裕等取得了一系列成效，为后续深入实施乡村振兴奠定了较好的基础。但也存在诸如产业总体发展较粗放、乡村振兴主体地位不明显、乡村振兴基础条件薄弱、行政部门协同推动乡村振兴的机制还未有效形成等问题。为此提出推动乡村振兴加速发展"五个对接"的建议：坚持以县为单位推进区域优势特色资源与技术、资本的对接，做强做优做特产业，稳定"产业兴旺"主弦，强化产业发展对农业、农村和农民的支撑作用；坚持新型乡村人才与成长平台的对接，强化育人用人环境建设、乡风文明建设，保证返乡创业、回乡创业的社会资本有产业平台，保证本区域的新农人有就业平台，保证基层领导干部有干事平台；坚持小农生产与现代农业的对接，遵循自愿原则，推动宅基地、集体建设用地及其他生产用地的综合整治，推进"资源变资产""资金变股金""农民变股东"；坚持乡村振兴与新型城镇化的对接，进一步理顺城乡关系，

---

* 汤放华，博士，二级教授，博士生导师，湖南城市学院党委副书记、校长，中国城市规划学会理事，中国城市规划学会城乡治理与政策研究专业委员会副主任，湖南省城乡规划学会理事长，主要研究方向为城乡规划、区域经济；孙倩，博士，教授，硕士生导师，湖南城市学院管理学院院长，主要研究方向为空间经济、房地产经济与管理；汤勇，博士，教授，硕士生导师，湖南城市学院发展规划与学科建设处副处长，主要研究方向为乡村治理、农村经济；任国平，博士，副教授，湖南城市学院管理学院副院长，主要研究方向为土地资源管理；郭韵齐，博士，湖南城市学院管理学院副教授，主要研究方向为乡村治理、城市治理。

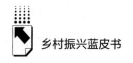
推动城乡融合发展，强化公共服务均等，加大乡村振兴的转移支付力度，合理转移劳动力；坚持基层行政管理与群众自治的对接，全面落实农村基层党组织建设的各项要求，深化村民自治实践，推动乡村社会充满活力、安定有序。

关键词： 益阳市　乡村振兴　城乡融合　农村改革

2020 年，益阳市全面推进乡村振兴战略，重点推动"五大战略"，并组建了以书记、市长双牵头的乡村振兴领导小组，构建了完善的"1 + 7 + 9"的乡村振兴规划体系，建立了责任落实和保障建设机制，突出"产业兴旺、生态宜居、乡风文明、治理有效、生活富裕"总目标，且取得了全省实施乡村振兴战略先进市州称号等骄人的成绩。

一　乡村振兴建设主要成效

2020 年是益阳脱贫攻坚决胜年，益阳市围绕乡村振兴"产业兴旺、生态宜居、乡风文明、治理有效、生活富裕"方针，在产业、资源、环境、人才、改革等方面狠抓落实，坚持走精准、特色、可持续的发展路子，扎实推进脱贫攻坚与乡村振兴有效衔接。

（一）产业兴旺新动能不断涌现

益阳市紧紧抓住产业兴旺这个乡村振兴的关键基础，坚持农业农村优先发展，不断拓展产业基础，实施产业特色化、品牌化战略，推动产业融合发展，加大科技赋能力度，取得了一系列成效。

1. 拓展产业基础，乡村产业形成整体布局

作为"鱼米之乡"的益阳，拥有较好的自然条件。在布局乡村产业时，以自然条件为依托，拓展产业基础。如南县持续培植壮大稻虾、蔬菜、龟鳖

等产业,"南县稻虾米"获批国家地理标志证明商标;安化县梨坪村因地制宜建起茶叶加工厂,采取"公司 + 农户"模式,引进洞庭幺妹菜食品科技有限公司、安化县农加友特产有限公司,帮助当地群众发展蔬菜种植业,逐渐形成了梨坪村产业园①。

2. 强化产业特色,乡村产业区域优势明显

持续推进现代农业"131 千亿级产业"工程,发展壮大"一县一特"农业优势特色产业,重点推进茶叶、稻虾、水产、蔬菜、米面、笋竹、畜禽和休闲食品等 8 大优势特色产业集群建设。2020 年全市农林牧渔业总产值达 594.94 亿元,同比增长 4.20%,增速居全省第五位。其中,本市的安化县被冠以中国产业百强县第一,该县成立了全省第二家国家级现代农业产业园。全市的稻虾生态种植面积高达 110 万亩,亩产值高于 2000 余元。南县获得"中国生态小龙虾之乡"的称号②。

3. 打造产业品牌,乡村产业市场能力激增

益阳市积极执行加快推进农产品品牌建设实施方案,经过多年的努力,全市注册国家地理标志证明商标 22 项,获批国家地理标志保护产品 3 个、农业农村部农产品地理标志登记产品 10 个。同时,重点推动发展区域公用品牌和企业品牌,如"安化黑茶""南县小龙虾""南洲稻虾米""桃江竹笋""沅江芦笋""克明面业""渔家姑娘"。安化县的"安化黑茶"和南县的"南县小龙虾"等产品首次进入中南海,两地荣获中国特色农产品优势区称号③。全省唯一获得中欧互认地理标志保护产品的"安化黑茶",其品牌价值高达 639.9 亿元④。

4. 推动产业融合,乡村产业辐射效应显现

截至 2020 年,益阳市共计建成国家级、省级和市县级工业园区 100 余

---

① 周云峰等:《扶贫造就产业园 山村今昔大不同》,中国益阳门户网,2020 年 11 月 17 日。

② 中共益阳市委农村工作领导小组办公室:《益阳市实施乡村振兴战略工作情况汇报》,打印稿。

③ 谭绍军等:《我市形成农产品品牌强农大格局》,中国益阳门户网,2021 年 3 月 23 日。

④ 中共益阳市委农村工作领导小组办公室:《益阳市实施乡村振兴战略工作情况汇报》,打印稿。

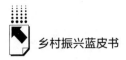

处。其中，国家级现代农业产业园 1 处、省级现代农业产业园 2 处、现代农业核心示范区 7 处、现代农业特色产业园省级示范园 43 处、市级示范园 20 处、县级示范园 37 处①。市级以上农产品加工龙头企业发展迅猛。2020 年全市拥有 319 家市级以上农产品加工龙头企业。其中，国家级农产品加工龙头企业 4 家和省级农产品加工龙头企业 70 家。农产品加工产值创新高。到 2020 年，全市实现农产品加工产值 1410 亿元，休闲农业经营收入 28 亿元。国家农业产业强镇形象凸显。赫山区兰溪镇、桃江县大栗港镇、资阳区新桥河镇 3 个乡镇成为国家农业产业强镇②。

5. 加大科技赋能力度，乡村产业转型升级动力强劲

全市加大与省内外高校和科研院所的合作力度，重点攻克农业发展难题。市级层面通过与高科技研究所搭建益阳智慧农业大数据平台，以 5G 智慧小镇建设稳步推进益阳市智慧农业快速发展；以生态农业智慧乡村互联网大会和新型智慧城市峰会的形式扩大益阳市智慧农业在全国的影响力。县域层面，安化县、南县与湖南省农业科学院、湖南农业大学等科研院校开展稻虾米品种选优、黑茶提质升级等技术的联合攻关，通过组建院士工作站、国家级农业科技园区和省级重点实验室等形式，使县域农业科技贡献率高达 61%。南县通过农业数字化国家试点项目，以数字化平台搭建助推农业产业实现网络化、智能化、绿色化，实现智慧农业发展的"智高点"。③

（二）生态宜居新气象初步彰显

益阳大力推进乡村生态建设，以巩固和改善水环境质量为核心，系统推进水污染、工业污染、生活污染防治，全面提升人居环境，强化绿色生产，各类环境质量有效改善。

---

① 益阳日报记者刘吉：《我市产业扶贫工作取得阶段性成效》，中国益阳门户网，2020 年 11 月 27 日。
② 中共益阳市委农村工作领导小组办公室：《益阳市实施乡村振兴战略工作情况汇报》，打印稿。
③ 中共益阳市委农村工作领导小组办公室：《益阳市实施乡村振兴战略工作情况汇报》，打印稿。

1. 统筹推进、科学谋划，人居环境整治整体初见实效

强力推进农村人居环境整治，大力开展以生活垃圾治理、生活污水治理、农村厕所治理、农业面源污染治理、村容村貌提升、乡风文明提质"六大行动"为内容的"百村示范、千村整洁"行动[①]。

近年来，益阳市累计无害化改造176511户农村户厕和139座公厕，高质高效完成上级任务。其中，大通湖区的"三格式化粪池＋小微湿地"改厕经验和美丽庭院整治"六个一"（建设一个规整菜园、一个集中圈养畜禽的栏舍、一个堆放生产生活资料的杂屋、一条排水沟、一个三格式化粪池、一个沤肥凼）模式得以在全国推介[②]。全市畜禽养殖粪污处理设施升级改造2318处，行政村（社区）垃圾无害化处理率达99.4%，省、市、县"三级同创"美丽乡村示范村260个[③]。

2. 明晰标准、强化过程，绿色生产落实落细

益阳市通过标准化生产形式落实绿色生产全过程管理。全市制定和修订农业生产标准27项，制定技术操作规范161项，有效使用绿色食品标志468项，共建国家、省级绿色食品基地12处[④]。建立了《地理标志产品 南县小龙虾》地方标准，2020年11月正式实施行业标准——《南县稻虾米团体标准》。深入推进化肥农药零增长行动，开展有机肥替代化肥试点，集成推广病虫害绿色防控技术模式，促进农业节本增效。将临湖临江退养工作作为突出环境问题整改，全面落实临湖区域的生猪退养及精养鱼池退养工作，各项退养工作全面达标。

3. 强化监督、压实责任，禁捕退捕工作有序开展

全市全面落实长江禁渔令及其主体责任、对重点水域开展禁捕和"四清

---

① 曹灿等：《"数"说城市建设》，中国益阳门户网，2020年12月14日。

② 中共益阳市委农村工作领导小组办公室：《益阳市实施乡村振兴战略工作情况汇报》，打印稿。

③ 王娜等：《我市"百村示范、千村整洁"行动助力乡村振兴》，中国益阳门户网，2021年4月13日。

④ 中共益阳市委农村工作领导小组办公室：《益阳市实施乡村振兴战略工作情况汇报》，打印稿。

四无"目标任务,对符合退捕渔民要求的渔民实施转产就业和养老保险覆盖工程。大力推进智慧渔政建设,搭建了"1+2+N"的智慧渔政监管体系,即一个一体化智能管理云平台,市、县两级渔政指挥调度中心,N个子系统(可视化视频监控子系统、智能预警子系统、指挥调度子系统、日常巡查执法管理子系统、网络举报子系统、数据分析子系统等),实现对禁捕水域全方位、多视角、无盲区、全天候监管。2020年,通过建设257个监测点、采用第三代智慧渔政管理云平台软件等形式累计投资4320多万元,在全省名列前茅。

(三)乡风文明建设达到新高度

益阳以培育文明乡风为重点,唱响"建移风易俗联席会完善制度、评文明户树立先进引领带动、建平台建创新载体凝聚共识、文明结对帮扶壮大队伍"的乡风文明建设"四部曲",多途径推进乡风文明建设。

1. 积极推进新时代文明实践中心建设,强化乡风阵地

指导加强新时代文明实践载体建设和品牌建设,结合群众实际需求积极培育文明实践品牌,建成新时代文明实践中心、所、站各7个、93个、1373个,建成实践基地26个、志愿服务队1359支。赫山区积极推进"5+2"功能室建设,成为全国新时代文明实践中心建设试点区(县)①。打造了"赫赫有鸣""板凳会""花鼓新唱""古镇新说"等品牌,支持初始化探索,推进好人工作室组建工作,文明实践接地气有活力。益阳初始化坚持抓好乡风文明与文化体育建设,购置各类设备,成立村级志愿服务队、鼓乐队、合唱队、太极拳队等群众组织,印发文明手册,一户一册,开展"刹人情歪风,勤俭办婚丧喜庆事宜"等专项整治行动,大力培育和践行社会主义核心价值观,倡导文明健康、积极向上的生活理念。

2. 大力实施乡风文明基地建设,彰显乡风示范

着力强化文明村镇在乡风文明中的基础作用,加强动态管理,推动文明

---

① 中共益阳市委农村工作领导小组办公室:《益阳市实施乡村振兴战略工作情况汇报》,打印稿。

村镇数量、质量双达标。全市共有县级及以上文明乡镇72个，县级及以上文明村646个，2021年还将评选市级文明村22个、文明镇14个①。这些文明基地在践行社会主义核心价值观、营造良好风貌、担当使命等方面发挥了重要作用，岘湖口镇在所有重要区域节点都有"抬头既望、驻足可观、美观大气"的公益宣传精品景观，引领村民自觉规范行为、树立良好乡风。沙头镇制定《2020年沙头镇精神文明建设实施方案》，成立了理论宣讲、平安创建、科教科普等7支志愿服务队，志愿者注册人数2770人，在推动乡风文明、疫情防控等重大事件中发挥了重要作用。

3. 全面加大文明新风尚宣传推广，引导乡风入户

结合党史学习教育，组织开展"四季同行 雷锋家乡学雷锋""我为群众办实事 万名党员进社区"等主题活动，全市出动党员干部志愿者、社会志愿者分别达5万余人次、20万余人次，解决各类微小问题4000余个，认领微心愿9600个，奉献、友爱、互助、进步的文明新风尚理念深入人心②。近年来，全市将移风易俗作为改革的重点，对红白喜事的奢侈浪费之风进行遏制。目前，全市以移风易俗为重要内容的村（居）规民约覆盖率达100%，建立村级红白理事会1425个，大操大办等不正之风得到有效遏制③。加大文明新风尚宣传推广力度，2020年全市评选"新时代益阳好少年"24名，推荐"新时代湖南好少年"1名。开展"益村一约 乡约振兴——益阳市2021年'寻找最美村规发约'"活动，从近百篇已切实发挥作用的村规民约中，择优向省里推荐17篇④。通过全面加强文明新风尚宣传推广措施，引导了乡风入户。

（四）乡村治理形成新机制

益阳市坚持从实际出发，坚持人民群众在法治乡村建设中的主体地位，

① 中共益阳市委农村工作领导小组办公室：《益阳市实施乡村振兴战略工作情况汇报》，打印稿。
② 中国共产党益阳市委宣传部：《以乡风文明助力乡村振兴》，打印稿。
③ 中共益阳市委农村工作领导小组办公室：《益阳市实施乡村振兴战略工作情况汇报》，打印稿。
④ 中国共产党益阳市委宣传部：《以乡风文明助力乡村振兴》，打印稿。

以共建、共治、共享为格局，充分发挥政治、自治、法治、德治、智治作用，因地制宜探索出一条具有益阳特色的乡村法治之路。

1. 以党建为引领，加强农村基层党组织建设

深入贯彻落实《中国共产党农村基层组织工作条例》，出台《关于充分发挥党建引领作用助推乡村振兴的十五条措施》等文件，扎实推进基层党组织"五化"建设，健全村组织领导机制。选准、培养和管理好村级"两委"班子，村（社区）党组织书记、主任"一肩挑"实现全覆盖，培养和造就了一支优秀的农村基层党组织"带头人队伍"。2018年以来，全市359个软弱涣散村党组织全部整顿到位，存在涉黑涉恶、受过刑事处罚、"村霸"情形的村（社区）干部全部清除出队伍①。全面强化干部素质建设，村"两委"成员平均年龄43.80岁，其中大专以上学历3785人，占比42.04%。新一届乡镇党委委员中，大学本科及以上学历543人，占比74.89%；35岁以下年轻干部278人，占比38.35%，其中162名乡镇党政正职平均年龄40岁，大学本科及以上学历144人，占比88.89%；35岁以下34人，占比20.99%②。农村基层党组织建设得到了进一步加强。

2. 搭建民主协商平台，完善村级治理机制

健全完善村级议事监督的内容和办法，落实"四议两公开"要求，优化"益村"平台"四化一体"板块，推动议事决策和监督线上线下结合运行，进一步发挥"四位一体"治理机制在村级民主管理中的作用，确保村级事务阳光运行，民主决策和监督水平不断提升。全市通过构建"纵向到底、横向到边"的基层治理体系，依托小区党支部和党群服务站全面覆盖1036个居民小区③，极大限度地释放了基层党组织的活力，高效率地解决了积压的民生问题。由此可见，通过搭建民主协商平台，完善了村级治理机制。

① 中共益阳市委农村工作领导小组办公室：《益阳市实施乡村振兴战略工作情况汇报》，打印稿。
② 中共益阳市委组织部：《在全市乡村振兴座谈会上的发言》，打印稿。
③ 《益阳日报》记者卢静、通讯员吴铠：《益阳：夯实基层基础 筑牢战斗堡垒》，中国益阳门户网，2020年11月5日。

3. 做实群防群治，推进平安乡村建设

益阳市通过"雪亮工程"与"智慧益阳"规划进行整体融合，以此提高基层治理水平，达到强化社会治理的目的。采取"政府补贴、群众自建、联网共享"模式，以社会面探头形式和整合监控点位基本实现全市"全域覆盖、全网可享、全时可用、全程可控"，实现"一村一辅警"全覆盖，县、乡、村三级综治中心建成率达100%，市县两级公安机关与同级综治中心全部实现视频监控信息互联互通。扎实推进农村扫黑除恶专项行动，打掉涉恶犯罪集团、恶势力团伙72个，在全省最早实现"逃犯清零"[①]。通过做实群防群治工作，推进了平安乡村建设。

（五）农民收入持续增长

益阳市大力发展现代农业，通过农村土地流转、扩大农民就业、加快发展村级集体经济等，有效促进农民增收。2020年，全市农村居民年收入首次突破1.8万元，达到18818元，比上年增长8.8%，超过全省平均水平2233元。

1. 落实十大行动，全面打赢脱贫攻坚战

益阳市把脱贫攻坚摆在突出位置，市委书记、市长经常深入一线专题调研，开展"三走访三签字"活动，全市形成了市、县、乡、村四级党组织书记抓扶贫、全党动员促攻坚的工作格局。全市深入实施"十大脱贫攻坚行动"，全面完成"六个一批""六大建设"任务，在脱贫攻坚中坚持以人为本、精准施策、尽锐出战、合力攻坚，成绩斐然。截至2020年底，全市297个贫困县和38.8万贫困人口全部顺利脱贫，安化县成功摘除贫困县的帽子[②]。2013～2020年，全市贫困人口的年均纯收入从1662元提高至10901元。

---

① 中共益阳市委农村工作领导小组办公室：《益阳市实施乡村振兴战略工作情况汇报》，打印稿。

② 中共益阳市委农村工作领导小组办公室：《益阳市实施乡村振兴战略工作情况汇报》，打印稿。

2. 深化农村改革，农民收入渠道进一步拓展

持续深化农村土地制度改革，全面推进"三权分置"改革，农村土地承包经营权确权登记颁证全面完成。扎实推进农村集体产权制度改革试点工作，全面完成清产核资、集体成员身份确认和村级集体经济组织建立等任务。益阳市耕地流转面积达292.36万亩，其中转包88.87万亩、转让16.30万亩、互换15.94万亩、出租126.51万亩、股份合作16.57万亩，其他流转形式28.17万亩，耕地流转面积占承包耕地总面积的71%。小农户与现代农业衔接提速增速，全市社会化服务组织、农民合作社和家庭农场分别发展到5038个、7488家和20473家，带动50.60%的小农户发展①，农民收入渠道由此进一步拓展。

3. 实施人才培养多项计划，培养和稳定一批乡村振兴人才

实施现代青年农场主、农村实用人才带头人、新型农业经营主体带头人轮训计划，重点围绕安化黑茶、南县稻虾等支柱产业，每年新培育新型职业农民3000名左右②。创新乡村人才培育引进使用机制，成功组织"院士专家益阳行""汇智聚力　建设益阳"恳谈会等引智活动，柔性引进高端人才。积极做好"三支一扶"，大力引进高校毕业生充实到乡镇支农、支教、支医和扶贫一线。为解决基层农技服务"最后一公里"问题，提高队伍政治素养和业务能力，市农业农村局制定了基层农技人员三年培训计划，从2019年起，每年集中培训100人，通过培训授课、课后跟踪、动态交流、关注成长③，真正把培训成果转化为基层农技人员想干事的动力、会干事的能力、干成事的实力，使学员们在学习中提升格局，在实践中增长才干。通过以上多项人才培养计划，培养和稳定了一批乡村振兴人才。

4. 优化农村公共服务，助力农民增收增效

加强农村公共卫生体系建设，镇村两级医卫机构实现全覆盖，行政村卫

---

① 中共益阳市委农村工作领导小组办公室：《益阳市实施乡村振兴战略工作情况汇报》，打印稿。

② 中共益阳市委农村工作领导小组办公室：《益阳市实施乡村振兴战略工作情况汇报》，打印稿。

③ 夏训武等：《培育农技人才　助力乡村振兴》，中国益阳门户网，2020年12月10日。

生室标准化建设达标率94.7%。加大对边远地区薄弱学校的投入与支持力度，建成义务教育标准化学校238所，建成农村幼儿园254所，九年义务教育巩固率达98%以上，有效促进城乡义务教育均衡发展。加强农村养老服务和留守儿童关爱服务，全市120所敬老院符合《养老机构服务质量基本规范》达标率100%，行政村儿童之家实现全覆盖①。通过以上措施助力农民增收增效。

二　当前乡村振兴面临的突出问题

益阳市推进乡村振兴战略以来，围绕产业、生态、乡风、治理及农民增收等，因地制宜，探索了大量适应当地发展的好路子，开展了大量富有成效的工作，开创了农业大市乡村振兴的新局面。但受益阳基础条件薄弱、自然和人文环境复杂等因素影响，当前益阳全面推进乡村振兴还面临一系列问题。

（一）产业总体发展较为粗放，支撑能力有限

益阳市较长时间受制于工业发展基础薄弱影响，产业发展整体思路较落后，产业平台支撑力度不强，区域内有较大影响力的产业特别是涉农产业数量、质量等均处在低位运行，突出表现在以下几个方面。

1.特色产业发掘培育缺少市场精准认证，主观性、盲目性发展较为普遍

部分乡村特色产业的规模化、产业化、商品化程度不高，如南县稻虾米受生产条件影响，连片大规模培育的基础条件还受到较大约束，完整的产业化链条还没有形成。大量产业的竞争优势和品牌优势尚未形成，就目前情况看，益阳市有影响力的品牌较少，本地具备较大成长价值的特色养殖、深加工等未进行有效产业化改造，布局较零散，部分区域发展盲目性较为严重，

---

① 中共益阳市委农村工作领导小组办公室：《益阳市实施乡村振兴战略工作情况汇报》，打印稿。

产业运营成本高，附加值较低。受产业规模、产业竞争力等影响，目前全市还缺少能够支撑长效增收的特色效益产业，农户生产的农产品销售渠道不够稳定。

2. 产业发展缺少整体谋划，政府指导能力和服务能力跟进不足

基于城乡统筹、城乡一体化等发展思路，为实现乡村振兴，益阳市不同职能部门牵头编制了一系列旨在促进产业发展的规划，但缺少整体谋划。一是部分部门没有很好地分析新产业、新业态与传统产业发展结合的正确路径，不能很好地把握产业发展趋势，对市场、技术、资金等的把控与调动能力不足。二是各部门之间的衔接不充分，主要在于诸多规划之间缺乏衔接机制、相关政策保障不到位，以及由此导致的规划"落地难"等问题。在规划落实上，部分规划并没有充分发挥引领作用。同时，由于乡村振兴覆盖面广、涉及的部门多，现有的乡村振兴协调机构职能更多偏向于事后的调度，对前瞻性的工作缺少统一规划，造成了一些重复投资或资源浪费的现象。

3. 社会资本引入不足、投资热情不高，产业资源集聚度不高

农业作为最为传统的产业，投入大、生产周期长，影响的风险因素多、投资回报相对较低。尤其是涉农中小微企业，受本身经营规模和市场定位影响，抗风险能力不强，大部分中小微企业的资产集中投入在生产资料上，难以提供高价值的抵押物，再加之部分企业的财务管理不规范，导致社会资本的投资热情不高。目前资金来源以财政投入和整合涉农项目资金投入为主，社会资本、工商和金融资本"下乡"难，产业发展因缺乏资金支持而动力不足，产业资源集聚度不高。

（二）乡村振兴主体地位未能有效显现，内生动力不足

作为传统的农业大市，益阳长期以小农经营作为主要农业经营模式，在面临小农生产与现代农业发展对接时，一方面新型农业经营主体培育难度较大，另一方面作为传统小农，自身实现身份转化也需要一段时间，致使农民作为乡村振兴主体的地位还没有充分显现，主要表在以下几个方面。

1. 区域内有重大影响力的农业经营主体数量不多，质量不高，发展不均衡

规模小、产业链短、竞争力弱和带动力小构成全市新型农业经营主体的主要特征。新型农业经营主体的管理素质不高，特别是懂技术、会管理、善经营、能营销的复合型人才缺少造成其管理机制不规范，如规章制度不健全、组织结构不合理、产权不明晰、利益分配不完善、一言堂等。加之，新型农业经营主体在创业早期对资金需求量大，规模扩展快，盈利能力不强；而金融机构对新型农业经营主体的贷款比较谨慎，致使新型农业经营主体存在农业融资难的问题。这导致农业经营主体质量不高，发展不均衡。

2. 专业服务乡村振兴的培育机构和高质量的就业平台少，乡村振兴技术和管理人才成长慢

益阳是传统的劳务输出大省，人才缺失是推进乡村振兴的最大制约因素。当前大量青壮年劳动力进城务工，乡村人口的年龄结构、性别结构出现严重失衡，乡村地区普遍存在"老龄化""空心化"现象。而农村"懂农业、爱农村"的新型职业农民少之又少，农村基层干部队伍中，大部分村支两委的村干部平均年龄偏大、学历偏低，年轻后备干部严重不足，专业人才引进困难，已经成为乡村振兴的一块短板。近年来，通过深入落实省委"1+5"文件，乡镇（街道）、村（社区）的人才队伍短缺问题有了改观，但乡村两级人才问题不足、质量不优、结构不合理的问题仍然没有从根本上解决，与现实乡村全面振兴、提高基层治理现代化水平、更好满足人民群众对美好生活的需要仍不相适应。

3. 普通农户自身资源供给能力弱，融入现代农业发展轨道的途径少，结合深度不够

农民可支配的资源较少，可抵押资源不足造成农民贷款难，缺乏有效的资金支持，发展受到资金限制。在遇到突发事件或较大自然灾害时，农民抵抗风险的能力低，既有资源难以确保农民生活生产的稳定性和可持续性。目前，涉农资金投入不充分、不均衡，稳定增长机制尚不健全。土地、林地承包经营权直接抵押贷款没有渠道，缺乏后续流动资金，大部分合作社、农户反映小额贷款额度偏低、期限偏短，有的甚至暗设门槛，难以满足农业产业

发展项目的需求。资源利用不充分，存在耕地撂荒、农房闲置、林地微利流转问题，山水林田湖等自然资源条件虽好，却难以实现其价值。

4.部分农户"等、靠、要"思想一定程度存在，自身思想觉悟有待提高

在全面脱贫攻坚后，部分领导干部对乡村振兴与脱贫攻坚关系的认识还不到位，没有做到将脱贫攻坚与实施乡村振兴战略项目统筹安排，推进乡村振兴战略中出现"上热下冷"，全社会参与支持乡村振兴的氛围也需进一步营造。大部分农民接受科学技术的能力弱，没有创新发展和争先致富的想法与思路。在个别地区，贫困户与非贫困户之间产生隔阂、原有村组内部的利益平衡被打破、互助共济的传统受到冲击，乡村内部集体动员、集体行动能力有所削弱，"自我造血"能力不足。部分农户在一定程度上存在"等、靠、要"思想，仍然停留在跟着干、拉着跑的阶段，自身思想觉悟有待进一步提高。

（三）乡村振兴基础条件较薄弱，公共服务投入难以跟进

益阳属于非发达市，长期以来从事农业生产特别是传统农业效益低、成本高、风险大、周期长，同时部分农村基础设施和公共服务水平仍比较低，偏远地区还很不完善，与农业农村发展需求还不尽匹配。

1.农村自然禀赋受节令影响大，产业化改造前期成本高

受历史因素影响，益阳农业有大量使用化肥、农药的传统，土地出现了酸化和板结现象，导致土壤肥力下降，部分区域存在一定程度污染，农产品产量提升和质量提升瓶颈较大。从各地农情看，农业生产科技投入不足，对自然灾害预报与防控、市场跟踪、产业链打造等缺少相应的基础设施和人员配置，"靠天吃饭"的生产理念还普遍存在，难以适应现代农业的产业化改造要求。另外，目前各地主要还是传统的一家一户单打独斗的生产布局，没有形成规模化。以种植为例，小农户地块不连片、不规则，种植产品不一致等问题，导致许多社会化服务难以对零散的普通小农户开展，客观条件的限制使小农户无法参与到农业生产社会化服务中，这些都加大了农业产业化的前期改造成本。

2. 农村创业基础设施不足，社会资本运作成本普遍较高

目前农村产业的运作，主要是将农村地区作为生产基地、加工基地及物流集散地。但从目前情况看，益阳市各类农村地区的基础设施主要为小农生产而配置，大部分农村地区缺少高标准的公路、高功率的变电站及排灌设施，农村地区自身供给基础设施能力较低，政府层面的资金也普遍紧张，致使许多农村地区即使具备产品的生产能力，也由于过高的运输成本而受到限制。另外，社会资本在运作过程中，出现项目不好选、用地不好拿、资金不好筹、人才不好聘等问题，社会资本运作成本普遍较高。

3. 农村教育、医疗等基础设施普遍薄弱，人才外流严重

大部分农村地区财政资金较为紧张，基础设施建设耗资庞大，部分政府部门尚未设立专项资金支持农村基础设施建设，导致农村地区教育、医疗、道路建设等基础设施普遍薄弱，农村人才严重外流。在农村常住人口中，以老年人、妇女、未成年人为主，年轻一代尤其是高学历群体流失严重，农村实用技术人才、各级农业农村部门专业技术人员中业务骨干偏少，青黄不接现象较重；"三支一扶"人员和公开招聘乡镇事业单位工作人员由于乡镇条件较为艰苦流失严重，乡村振兴失去主力军。截至2020年底，全市农村劳动力资源153.45万人。转移就业总人数达124.25万人，占总劳动力资源的80.97%（省外就业人数达80.97万人），且多为青壮男性劳动力，农村"空心化"现象严重①。

4. 农村传统熟人社会人情关系复杂，市场、法治意识等有待增强

农民的法治意识不强，当遇到问题时不知道用法律来维护自身的合法权益，往往是和自己的家族成员聚集在一起闹事，凭借人多势众来维护权益。农业产业化经营主体的法治观念和合作意识不强，村民自治制度不完善，农民参与村庄事务的决策权和管理权被忽视，农民的愿望和真实诉求较难得到正确对待和充分保证。农村熟人社会的复杂人情关系，导致农村地区市场意识和法治意识较弱。

---

① 益阳市人力资源和社会保障局：《乡村振兴工作座谈会发言材料》，打印稿。

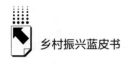

（四）工作机制不健全，行政部门协同推动合力还未有效形成

当前正处在巩固拓展脱贫攻坚成果同乡村振兴有效衔接的探索性阶段。乡村振兴是一项系统工程，涉及部门多、人员广，受制于传统的行政架构和专业职能，各责任部门要正确理解和实施相应职权以协同推进乡村振兴还需要一段时间，就目前而言，主要存在以下问题。

1. 各级乡村振兴部门间管理关系还较模糊

从目前行政管理架构看，乡村振兴涉及多个部门，但彼此之间管理关系较模糊，而专门的乡村振兴协调机构（如乡村振兴局）本身又与农业农村局关系不清晰，致使在各级部门运行中，每个层级的部门都能以乡村振兴的名义选择自己的示范村镇，也能从各自的业务出发实施相关项目，致使许多项目没有精准对接需求，而乡村振兴协调机构也多是事后调度，导致投资分散、成效不明显。

2. 同级行政部门间的协调关系还未厘清

从调研情况看，目前同级行政部门中有 20 余个明确承担了乡村振兴任务，且各项任务环环相扣，大部分情况下需要同级部门按照任务清单，有计划、有节点地推进才能推进乡村振兴系统建设，但在实际执行时，受诸如资金、人员、建设理念、实施条件等影响，总会有一些部门无法按照预定进度或目标开展工作，因而经常造成整个规划与实际脱节，产生"四不像"项目。另外，同级行政部门不同机构间为了各自短期政绩和组织权威，忽视公众的真正需求，甚至为了避免不必要的"麻烦"，不时发生有意推诿或主观视而不见的情形。部门各自追逐重要而有限的乡村振兴资源，导致部门间互相竞争、互相排斥，形成一系列各自为政、部门主义等碎片化问题。

3. 乡村振兴部门本身的权责还未明确

最近成立的各级乡村振兴局还没有形成明确的权责，其工作大部分延续了脱贫攻坚的思路，在系统性推进乡村振兴方面，对于自身到底是要从决策机构还是从协调机构出发不明确；在推进重点任务上，对于自己是责任部门还是协调部门也不明确，乡村振兴部门还处在收集各部门建设材料、上报关键数据等低层次服务阶段。

三　做好"五个对接"，推动乡村振兴加速发展

在脱贫攻坚取得全面胜利后，益阳市全面实施乡村振兴战略的深度、广度、难度都不亚于脱贫攻坚。要进一步巩固拓展脱贫攻坚成果，做好其同乡村振兴的有效衔接，就必须加强顶层设计，做好"五个对接"，以更有力的举措、汇聚更强大的力量推进乡村振兴加速发展。

（一）坚持以县为单位推进区域优势特色资源与技术、资本的对接，做强做优做特产业，稳定"产业兴旺"主弦，强化产业发展对农业、农村和农民的支撑作用

产业兴旺是乡村振兴的基础和保障。以县为单位培育产业集群，是实现乡村振兴、破解"三农"发展困局的有力抓手，是将乡村振兴相关目标任务（如提高农民收入，提高就业率，带动一、二、三产业融合发展，农民的就地城镇化，产城融合发展，建设特色小镇和田园综合体等）串起来、提起来的重要突破口。[①] 益阳市应进一步完善"四跟四走""四带四推"产业发展工作机制，重点加快推进"5710"平台建设。一是推进"五大平台"建设，即加快国家现代农业示范区建设，加快全省现代农业改革试验市建设，加快国家农业科技园建设，加快国家现代农业产业园建设，加快"两点一片"建设（省级乡村振兴示范县赫山区、全省乡村振兴重点帮扶县安化县、低碳绿色化发展片大通湖流域）。二是大力发展特色农业、特色产业，巩固提升安化黑茶、南县稻虾、赫山兰溪米业、桃江笋竹、资阳休闲熟食、沅江芦笋芦菇、大通湖蟹等"一县一特"质效，通过产业合理布局实

---

① 李二玲、邓晴晴、何伟纯：《基于产业集群发展的中部传统平原农区乡村振兴模式与实现路径》，《经济地理》2019 年第 12 期。

现区域经济与产业全面衔接。三是继续推进特色小镇等示范镇建设，在区域内布局一批"试验田""样板镇"，着力推动物质文明、精神文明、生态文明一体化提升，形成可复制可推广的经验。四是积极培育乡村新型经营主体，促进农户的企业化、机构化转变，推动农户企业化在企业化经营农户、准企业农户和农村企业三个层面上跃迁，增加本地生产企业，提升组织厚度，推动形成一批"一村一品""一乡一业"规划专业村。① 要简化这一过程中每一个环节的审批手续，提供技术指导，促进其成长。在此过程中，要促进多主体之间的合作、协调与沟通，从而增强乡村的自我管理、自我服务功能，提高乡村的自治能力，形成有效的乡村治理体系。

（二）坚持新型乡村人才与成长平台的对接，强化育人用人环境建设、乡风文明建设，保证返乡创业、回乡创业的社会资本有产业平台，保证本区域的新农人有就业平台，保证基层领导干部有干事平台

一是积极聚拢返乡入乡人员，扎牢产业平台。益阳是劳务输出大省，目前有大量的外地务工就业创业人员有强烈的返乡意愿并积蓄了一定的返乡创业实力。对此，需要大量加强对本市籍外出人口的调查，通过各类商会、协会等向益阳籍人员宣传益阳市产业发展现状和近期规划，用事实展示益阳乡村振兴中蕴含的创业机会，同时，全市各级政府及社会组织应该保持积极鼓励、示范和引导态度，将各项创业优惠政策用活、用好，要将各项支持农民工等人员返乡创业的政策有效地落到实处，坚定返乡创业者信心，使创业政策不仅能真正"落地"、为创业者提供支持，还能激励更多的返乡创业者干事创业。二是主动依靠农村专业技术人员，推动新农人高质量就业。要全力发掘本区域内农村农业专业技术人员存量，通过情感认同、专业认同、待遇认同等方式让专业技术人员在各自领域发挥专长，让其在产业发展过程中充分体现主人翁地位，适时推动专业技术人员的职称体系和人才工程建设，适

---

① 中共益阳市委农村工作领导小组办公室：《益阳市实施乡村振兴战略工作情况汇报》，打印稿。

当推动部分产业专业入股。三是减少约束基层领导干部干事创业热情的条框,让他们适当加重担、挑大梁。要对思想品质高、业务素质强的基层领导干部充分信任,要让其能在更多的场合发挥主观能动性,要让真正勇挑重担、思维开阔、成效突出的领导干部有发挥的空间,要进一步拓展干部的晋升通道,让他们能在基层稳得住、做得实、过得好。

(三)坚持乡村振兴与新型城镇化的对接,进一步理顺城乡关系,推动城乡融合发展,强化公共服务均等,加大乡村振兴的转移支付力度,合理转移劳动力

以城乡规划为依托,构建统一规划机制,逐级理顺各级政府间的权责利,实现政府间联动和城乡融合发展,注重城乡空间的协调、关联和权衡。以交通干线为串联,实现城乡的路网互联互通、促进城乡要素流动的顺畅性和流通性;并通过完善的道路网络促进三产的高效融合。以人口管理制度为抓手,以户籍制度改革为依托,促进农业人口的市民化转移;通过开放的城市落户制度,实现就业率提升。以提高中小城市的承载力和吸引力为出发点,通过完善本区域产业(包括农业产业)布局、加大财政转移支付力度、提质城市基础设施建设、改进公共服务等增加中小城市就业机会,增进城乡间人员、资金、产业、技术等有序交流。建立人才下乡激励机制,制定财政、金融、社保政策,吸引各类人才回乡建设,建立城乡人才合作交流机制,鼓励城镇教科文卫组织的工作人员定期服务乡村,强化基层人才到城镇学习机制,完善农村人才引入及留用机制。

(四)坚持基层行政管理与群众自治的对接,全面落实农村基层党组织建设的各项要求,深化村民自治实践,推动乡村社会充满活力、安定有序

一是进一步加强农村党组织建设、进一步发挥好农村党员的先锋模范作用、进一步加强基层组织公信力建设,让农村党组织在乡村振兴中成为核心力量、发挥带动作用,全面提升基层组织公信力。二是进一步深化村民自治

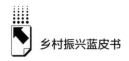

实践，要全面健全党组织领导的村民自治机制，完善村民（代表）会议制度，推进民主选举、民主协商、民主决策、民主管理、民主监督等工作，帮助村民选出合适的当家人，对那些不在村干部、乱作为干部和不作为干部，及时进行教育、引导甚至是撤换。三是注重提高农村基层组织公信力，要全面提升基层组织的思想素质和业务素质，密切其与农民的沟通联系，充分发挥群众在乡村振兴中的主体作用，加强组织服务能力建设，让农民切实感受到关怀、关心、关切。四是推动构建自治、德治、法治相结合的乡村治理体系，要推进基层治理信息公开制度建设，加强法治农村、平安农村、和谐农村建设，要提升乡村德治水平，注重道德教化，注重发挥新乡贤作用，引导广大农民自我管理、自我约束、自我提高，推动形成乡村善治的道德激励约束机制。

参考文献

蒲俊、张发平、陈于后：《实施乡村振兴战略面临的问题及对策》，《攀枝花学院学报》2019 年第 4 期。

黄晨：《浅谈乡村产业面临的问题和发展建议》，《河北农业》2019 年 1 月第 1 期。

孙昌菊：《实施乡村振兴战略中面临的问题及其解决路径》，《农家参谋》2021 年第 7 期。

吴建民、丁疆辉、刘文红：《改革开放以来中国"三农"发展成就与存在的问题》，《地理与地理信息科学》2019 年第 6 期。

李二玲、邓晴晴、何伟纯：《基于产业集群发展的中部传统平原农区乡村振兴模式与实现路径》，《经济地理》2019 年第 12 期。

张俊、陈佩瑶：《乡村振兴战略实施中内生主体力量培育的路径探析——基于韩国新村运动的启示》，《世界农业》2018 年第 4 期。

方方、何仁伟、李立娜：《京津冀地区乡村振兴地域模式研究——基于乡村非农就业与农民增收的空间效应》，《地理研究》2019 年第 3 期。

李小建：《中国中部农区发展研究》，《地理学报》2020 年第 2 期。

刘彦随：《中国新时代城乡融合与乡村振兴》，《地理学报》2018 年第 4 期。

B.5
湘阴县2021年乡村振兴研究报告

李珺 曹倩 朱烨*

摘 要： 进入新发展阶段，"三农"工作的重心转向全面推进乡村振兴。湘阴县始终坚持把农业农村摆在优先发展的战略地位，不仅实现了建成全面小康的发展目标，还以进入新发展阶段、贯彻新发展理念的变革逻辑为取向，打造支撑县域经济的特色产业体系，凸显高质量跨越式发展优势，在构建农业农村现代化新发展格局上闯出了一条湘阴特色的发展之路。但在乡村振兴中也存在发展中的新问题。解决问题的对策：坚持城乡一体统筹，全面构建高质量发展的全域格局；坚持规划引领，优化生产、生活、生态空间布局；坚持建链延链强链，加快形成现代化发展的产业体系；坚持传承与创新，大力培育湖区文化特色品牌；坚持农民主体地位，持续增进民生福祉；坚持党的领导，因地制宜完善考核机制。

关键词： 湘阴县 乡村振兴 新发展格局 农业农村现代化

随着绝对贫困问题首次得到历史性解决，进入新发展阶段的"三农"

---

* 李珺，湖南师范大学中国乡村振兴研究院、马克思主义学院博士研究生，主要研究方向为乡村文化；曹倩，湖南师范大学中国乡村振兴研究院、马克思主义学院硕士研究生，主要研究方向为乡村经济；朱烨，湖南师范大学中国乡村振兴研究院、马克思主义学院硕士研究生，主要研究方向为乡村治理。

工作重心转向全面推进乡村振兴。湘阴县地处长沙、岳阳、益阳三市五县中心，居湘资两水尾闾、南洞庭湖滨，是长株潭地区沿湘江、过洞庭湖、经长江出海的必经通道。站在"两个一百年"奋斗目标的历史交汇点上，作为四化两型、长江经济带、长江中游城市群、洞庭湖生态经济区等国家和区域经济发展战略的重要节点和支撑点，湘阴县以进入新发展阶段、贯彻新发展理念的变革逻辑为导向，高质量跨越式发展优势凸显。在湖南实施"三高四新"战略和岳阳建设省域副中心城市进程中，抓住机遇，加快赶超，在构建农村现代化发展新格局中，走出一条具有湘阴特色的发展道路。

一　进入新发展阶段，乡村振兴取得阶段性进展

进入新发展阶段，虽然面对宏观经济下行压力、艰巨繁重发展任务、新冠肺炎疫情冲击等一系列困难和挑战，湘阴县始终坚持以人为本，统筹兼顾、稳打稳扎，把农业农村摆在优先发展的战略地位，不仅实现了建成全面小康社会的发展目标，还构建了支撑县域经济的产业体系，农业特色化更加凸显，在乡村振兴的高质量发展上迈出了坚实步伐。

（一）以顶层设计为突破，厘清乡村振兴的发展思路

实施乡村振兴战略是党和国家的大战略，只有精准把握战略要义，明确思路重点，才能有力有序全面推进乡村振兴落地见效。湘阴是典型的湖区农业大县，抓好"三农"工作、稳住农业基本盘是加快高质量发展的重中之重。湘阴县以顶层设计为突破口，以全面实施乡村振兴战略为总抓手，以整县推进为主要路径，不断夯实乡村振兴基础支撑，通过加强组织领导、规划引领和强化投入保障，紧紧围绕乡村产业、人才、文化、生态、组织"五大振兴"任务，明确乡村振兴发展思路。乡村振兴是以农村经济发展为基础，包括农村文化、治理、民生、生态等在内的乡村发展水平的整体性提升，这是乡村

的全面振兴。① 乡村振兴的各个方面构成一个不可分割的有机整体，应注重协同性、相关性和整体性，不能顾此失彼、只抓其一不顾其他。

1. 加强组织领导

湘阴县建立健全县乡村三级乡村振兴组织领导体制机制，党政一把手亲自抓、亲自管、亲自促，实行全体在职县级领导、乡镇（街道）党政主职和村（社区）书记联点制度，34名县级领导联乡镇抓示范，91个县直部门对口联村抓帮扶，210个工作组（队）近1000名干部驻村蹲点抓指导。② 加强县委农村工作领导小组和工作机构建设，成立由分管县级领导任组长的产业、人才、文化、生态和组织五大振兴工作小组，建立并落实台账，压实工作责任。2021年对标组建了县乡村振兴局，健全乡村振兴考核落实机制，纳入年度综合绩效考评，乡镇党委政府（街道、党工委办事处）村（社区）"两委"每年分别向县乡党委、政府报告实施乡村振兴战略进展情况，单独考核实绩，其结果与奖优罚劣、干部任用挂钩。

2. 坚持规划引领

湘阴县高标准编制乡村振兴战略规划、土地利用总体规划、城乡建设规划、农村土地综合整治规划，村庄规划实现"全覆盖"，充分结合上级相关文件精神，结合县实际情况，出台了《关于加快农业结构调整推动乡村振兴的决定》《全面推进乡村振兴加快农业农村现代化实施方案》等系列文件，科学明确了农业农村工作的路线图和施工图。

3. 强化投入保障

稳步加大财政投入，明显提高乡村运转工作经费、乡村干部和乡村振兴人才待遇。2020年湘阴县农业村（社区）按照规模大小拨付4.4万元至6.5万元不等的办公经费，城镇社区办公经费达30万元，2021年全县农业村（社区）运转经费投入实现翻番。坚持滚动平衡原则，设立年度5000万元

---

① 董峻：《谋划新时代乡村振兴的顶层设计——中央农办主任韩俊解读2018年中央一号文件》，《视界观》2018年第3期。

② 中共湘阴县委、湘阴县人民政府：《湘阴县推进乡村振兴战略情况汇报》（2021年6月24日），打印稿。

乡村振兴基金，逐年提高土地出让收入支持乡村振兴的比例，其中2021年土地出让收益计提用于农业农村的资金占比达30%。进一步完善涉农资金统筹整合长效机制，力争每年不低于1亿元，同时锁定乡村债务存量、杜绝增量，自2021年起县财政注入1000万元以上资金用于化解乡村债务，着力为基层减压降负。[1]

（二）以特色品牌为引领，推动乡村产业的结构优化

乡村振兴，产业兴旺是重点。农产品品牌化和乡村产业特色化是未来农业现代化发展的必然要求。湘阴县通过实施农产品品牌战略，保护地理标志农产品，打造"一镇一特""一村一品"发展新格局，将特色的地域资源优势转化为市场竞争优势，破解了农产品同质竞争和增产不增收困境，从而推进乡村产业的结构全面优化。

1. 积极打造特色品牌

按照"有标采标、无标创标、全程贯标"思路，着力打造品质可信、品牌响亮、品味高雅的"湘阴农品"。目前全县共有"两品一标"农产品100个，创建"农字号"中国驰名商标8个、中国名牌产品1个、省著名商标33个、省名牌产品39个，樟树港辣椒、鹤龙湖大闸蟹、小龙虾、杨林寨蔬菜、三塘藠头、南湖洲干菜、石塘萝卜、福多多猪肉等一大批优质特色农产品畅销全国各地。[2]

2. 稳步推进结构调整

以打造"一镇一特""一村一品"为抓手，以优化品种、模式和质量为重点，科学布局重要农产品保护区、粮食生产功能区、特色农产品优势区和水产品主产区，主推优质稻订单生产、特色水产养殖、稻渔综合种养、特色品牌蔬菜种植四种模式，重点扶持发展樟树港辣椒、蟹虾养殖、高档香米等

① 中共湘阴县委、湘阴县人民政府：《湘阴县推进乡村振兴战略情况汇报》（2021年6月24日），打印稿。

② 中共湘阴县委、湘阴县人民政府：《湘阴县推进乡村振兴战略情况汇报》（2021年6月24日），打印稿。

10 种特色农产品。全县共发展高档优质稻 30.80 万亩，其中订单生产 26.20 万亩、稻田综合种养面积稳定在 10 万亩，辣椒、藠头、食用菌等种植 23.40 万亩，鲈鱼、鳜鱼、全雄黄颡、中科五号鲫鱼等特色水产养殖 4.70 万亩。[①]

3. 大力培育龙头企业

围绕种植、养殖、加工、生产、供销全产业链，按照"龙头企业先行、农民合作社和家庭农场跟进、广大小农户参与"的思路，全力支持农业产业化、新型经营主体和龙头企业发展，不断提高农业规模化、集约化、组织化、社会化水平。目前已完成全县 15.70 万户承包农户、66.85 万亩耕地土地确权颁证，土地流转面积达 40.42 万亩，占承包耕地的 62.27%，共发展农业产业化龙头企业 52 家，其中国家级 1 家、省级 14 家、市级 37 家，拥有出口规模龙头企业 5 家，农民专业合作社 1390 家、农业大户 6450 户，2020 年农产品加工总产值达 155.03 亿元。[②]

4. 加力推进产业融合

以农业特色小镇创建为抓手，聚焦主导产业、品牌培育、企业主体、配套设施和功能完善等重点，完善工作推进机制、投入保障机制，做足"特"字文章，重点打造鹤龙湖"蟹虾小镇"、樟树"辣椒小镇"、三塘"藠头小镇"、杨林寨"时蔬小镇"、东塘六塘"果蔬小镇"、青山岛"湿地生态小镇"。目前全县共发展休闲农业经营主体 428 家、省级乡村旅游区（点）17 家、规模以上休闲观光农庄 39 家，[③] 杨林寨、鹤龙湖、樟树分别获评全国"一村一品"示范乡镇、全省特色农业小镇和岳阳市农业产业化特色小镇。

（三）以"乡村建设"为主线，提升农民的获得感、幸福感

党的十九届五中全会首次提出"实施乡村建设行动"，2021 年的中央一

---

① 中共湘阴县委、湘阴县人民政府：《湘阴县推进乡村振兴战略情况汇报》（2021 年 6 月 24 日），打印稿。

② 中共湘阴县委、湘阴县人民政府：《湘阴县推进乡村振兴战略情况汇报》（2021 年 6 月 24 日），打印稿。

③ 中共湘阴县委、湘阴县人民政府：《湘阴县推进乡村振兴战略情况汇报》（2021 年 6 月 24 日），打印稿。

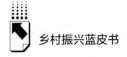

号文件强调把乡村建设摆在社会主义现代化建设的重要位置。湘阴县始终以农村公共基础设施建设为重点，继续推进城乡基本公共服务均等化，让广大农民在乡村振兴中有更多获得感、幸福感，实现农民高品质生活，推进乡村宜居宜业。

1. 加力加速基础补短

湘阴县大力实施水、电、路和通信"四网"提质升级工程，年均投入4亿元以上兴修水利，完成水利工程5710处，建成新泉寺、范家坝、洋沙湖等大型泵站，完成沙田垸柳林江、义合垸、白泥湖垸堤防加固，湘滨、南湖垸堤面硬化工程加快推进，疏浚渠道6460公里，清淤塘坝4716口，除险加固小（二）型水库69座，10万吨湘江水厂建设加快推进，新增解决农村30万人饮水安全问题。成功入选第三批国家节水型城市。新建10千伏以上输电线路58条，完成168个村电网升级，4G网络实现全覆盖，5G基站建设加速推进。完善落实"路长制"，扎实推进"四好农村路"建设，硬化农村道路588.8公里，实施农村安防工程1210公里、"窄加宽"工程210公里，改造危桥76座，开通城乡公交线路20条，投运新能源公交车142台。①

2. 提质提升公共服务

以实施教育强县战略为抓手，力促城乡义务教育优质均衡发展，杨林寨中学、洋沙湖中学、机关幼儿园新园建成招生，改造提质薄弱学校169所，公费定向培养师范生388名，招录教师986人，义务教育巩固率99.7%。全面推进健康乡村建设，建成177个标准化村卫生室，定向培养农村医卫人员182名，血防工作连续四年获评全省先进，获评全国计划生育优质服务县。深入实施文化惠民工程，基层综合文化服务中心实现全覆盖，完成164个广播"村村响"平台迁建，新建全民健身工程85个，组织开展群众性文体活动1200多场次，② 获评全国群众体育先进县。率先在岳阳各县市区启动供

① 中共湘阴县委、湘阴县人民政府：《湘阴县推进乡村振兴战略情况汇报》（2021年6月24日），打印稿。

② 中共湘阴县委、湘阴县人民政府：《湘阴县推进乡村振兴战略情况汇报》（2021年6月24日），打印稿。

销社"三会"制度改革、乡镇"两组织一平台"建设,做实做强县、乡、村三级惠农服务体系,获评全省供销社综合改革示范县。

3. 建立健全电商体系

出台实施《湘阴县大力发展电商产业加快培育经济新增长点实施意见》《湘阴县电商产业发展三年行动计划(2020~2022年)》,2017年起县财政每年安排1000万元专项资金支持农村电商产业发展。全县共建成运营农村电商网点480个,村均达2.6个,注册网店1300多家,培育省级电子商务认定企业11家、省级电子商务示范企业和数字商务企业各1家。2020年农村电商零售交易额达28.2亿元,相较于2016年5.5亿元,年均增长50.48%,获评全国电子支付示范县、全省电子商务进农村示范县。2021年将全力创建全国电子商务进农村综合示范县,力争电商交易额突破100亿元。①

(四)以"三清一改"为关键,着力农村人居的环境整治

习近平总书记指出,要结合实施农村人居环境整治三年行动计划和乡村振兴战略,建设好生态宜居的美丽乡村。② 近年来,湘阴县认真贯彻落实习近平生态文明思想,广泛发动群众、紧紧依靠群众,聚焦"三清一改",着力打造农村人居环境整治升级版,农村面貌更加整洁有序,先后获评全国生态文明建设示范县、全国村庄清洁行动先进县、全省实施乡村振兴战略先进县。

1. 坚持全程监管、系统"治脏"

一是全链建体系。统筹建立农村垃圾"户分类、村收集、镇转运、县处理"的收转运体系,投资3.7亿元建成城乡生活垃圾焚烧发电厂,建设乡镇垃圾中转站19座、村收集点153个,配置收运车691辆、户用分类垃圾桶13.2万套,形成农村垃圾收集、处理工作闭环。二是全程抓管控。全县210个村(社区)爱卫协会积极履职,全域全时加强卫生管控;聘用乡

---

① 中共湘阴县委、湘阴县人民政府:《湘阴县推进乡村振兴战略情况汇报》(2021年6月24日),打印稿。

② 李仪、张治江主编《中国扶贫减困问题研究》,人民出版社,2019,第160页。

村保洁员 2121 名，做到垃圾日清日洁。持续推进无违章乱搭乱建、无非法喷贴广告等环境"十无"治理，农村生产生活井然有序。三是全域减增量。制定农村可回收、不可回收、有毒有害和餐厨垃圾"四分"处理机制，以金龙镇和县级以上示范村（社区）为先导，梯次推进生活垃圾分类处理及资源化利用。目前，全县共建设农村垃圾分拣和资源化收集处理站 190 个，建成"绿色银行" 11 个，发动群众积极实行垃圾分类，分类减量覆盖率达 90%。①

2. 坚持聚焦重点、分类"治水"

一是整治沟渠塘坝清水体。以"四乱"整治为抓手，以水利设施建设为保障，以水沟塘坝、灌溉渠道为重点，清理漂浮物、清淤疏浚、杜绝乱采、乱建、乱堆、乱占现象，确保水流畅通、水面清洁、消除黑臭水体。近三年来，共清淤疏浚沟渠 6738.8 千米、塘坝 4436 口，完成"四乱"整治 307 处，打好了"碧水"攻坚战。二是抓实厕所革命治水源。建立"统一改造标准、统一规划放样、统一培训施工、统一验收奖补"的"四统一"机制，严把改厕选址、材料、队伍、技术、验收"五关"，累计改造无害化厕所 5.35 万户，使用维护率达 95%，有效保障了农村居民用水、饮水和地下水源洁净。三是集中处理污水净水质。加大资金投入，新建集镇污水处理厂 14 个，铺设乡镇污水管道 405 千米；完成 6 个生活污水排放口、13 个重点村整治，从根本上遏制了农村生活污水乱象。②

3. 坚持综合施策、精准"治污"

一是大力防控养殖业污染。立足生猪、水产大县实际，完善养殖业"三区"规划，优化空间布局，狠抓养殖场退出和污染源管理。全县累计关停畜禽养殖场 1120 户，环保改造规模养殖场和专业户 996 家，畜禽粪污资源化利用率达 92%。积极推进精养鱼池改造，推动发展综合种养生态循环

① 中共湘阴县委、湘阴县人民政府：《深入推进"三清一改"建设美丽宜居乡村——全省农村人居环境整治暨厕所革命现场推进会发言材料》（2021 年 6 月 22 日），打印稿。

② 中共湘阴县委、湘阴县人民政府：《深入推进"三清一改"建设美丽宜居乡村——全省农村人居环境整治暨厕所革命现场推进会发言材料》（2021 年 6 月 22 日），打印稿。

农业，共建设稻渔（虾）综合种养基地9.86万亩。二是积极防控种植业污染。持续推进化肥、农药减量增效行动，健全秸秆收集储运体系，采取秸秆还田和肥料化利用、秸秆堆沤腐熟还田等措施，秸秆综合利用率达86%。三是有效防控废弃物污染。建立农业生产废弃物乡镇收集中心15个、村级收集点187个，[①] 有效降低农药废弃物对农业生产、农村生态环境的不利影响，确保农业绿色、健康、可持续发展。

4. 坚持群众主体、源头"治本"

坚持发动群众、组织群众、依靠群众，从根本上解决农村人居环境问题。一是以思想引领增强自主意识。坚持发挥基层党组织核心作用，强化党员、村干部的带头意识，综合发挥人大代表、政协委员和"五老一新"等的表率作用，带领农民群众推进移风易俗、提升健康意识、改进生活方式。常态化推动思想宣教，制作宣传册15万份，广泛开展媒体宣传、入户宣讲、教育培训，促进农村形成人人参与、共建共享的良好氛围。二是以村规民约推动自觉行动。指导全部村（社区）完善了村规民约，将村庄规划、卫生保洁、传统保护等纳入内容。健全村组户三级讲评机制，促进农民落实"门前三包"制度，自觉行动、持续提升洁净水平。通过群众的主体创造，全县共创建省市美丽乡村37个、美丽屋场675个。三是以协会建设促进自我管理。以村（社区）为单位建立爱卫协会、红白理事会等村民理事会机构，健全民议、民筹、民办、民管议事机制。近年来，在协会的组织下，全县村民自觉交纳保洁费7320多万元，[②] 基本实现"自求平衡、资金闭环"。

（五）以"文明创建"为途径，形成文明乡风的新气象

湘阴县以培育和践行社会主义核心价值观为目标，重点开展新时代文明实践中心试点工作，统筹抓好城区和农村两大区域，广泛开展群众性精神文

---

① 中共湘阴县委、湘阴县人民政府：《深入推进"三清一改"建设美丽宜居乡村——全省农村人居环境整治暨厕所革命现场推进会发言材料》（2021年6月22日），打印稿。

② 中共湘阴县委、湘阴县人民政府：《深入推进"三清一改"建设美丽宜居乡村——全省农村人居环境整治暨厕所革命现场推进会发言材料》（2021年6月22日），打印稿。

明创建活动，巩固提升省级文明县城创建成果，积极倡导文明新风，着力破除陈规陋习，整体展现出了崇尚文明、积极向上的精神面貌。

1. 进一步健全完善村规民约

在广泛征求意见、尊重群众意愿的基础上，结合当前扫黑除恶、村庄清洁行动集中攻坚、移风易俗、全域禁炮等中心工作，制定符合实际、能够落地的村规民约。明确允许操办的事项、标准规模，把提倡什么、反对什么、严禁什么固化为制度，让群众主动认同、执行、维护，最终实现群众自我管理、自我约束的目标。

2. 深入推进移风易俗工作

在婚事新办、丧事简办、余事不办等方面建立常治长效机制，规范婚丧喜庆事宜操办、整治大操大办、推进殡葬改革，加大文明劝导力度，查处通报一批违规操办婚丧喜庆事宜的党员干部，逐步破除大操大办、铺张浪费、相互攀比以及封建迷信、违规燃放烟花爆竹等陈规陋习，带动形成健康向上的社风民风。

3. 创新社会管理模式

结合"党建＋协会"模式，由村（社区）党组织牵头，动员本地品行好、威望高的老党员、老干部成立红白理事协会，主要职责是做好宣传发动、情况摸底、上门劝导、卫生保洁等工作，广泛组织志愿服务活动，广泛评选道德模范、身边好人，以精神文明创建促进基层社会治理提质增效。①

（六）以利益联结为重点，提升基层组织的有效治理

基层治理效果好不好，关键要看人民群众的满意度。只有建立健全利益联结机制，让人民群众有干头、有盼头，才能真正推进基层组织的有效治理。湘阴县强化党建引领，完善村级服务平台，推进基层公共服务（"一门式"）全覆盖，实施乡村人才振兴计划，推进能人治村，加强基层党组织建设。同时深化农村土地制度和集体产权制度改革，推动村集体经济收入翻

---

① 湘阴县文明办：《湘阴县精神文明建设工作情况汇报》，打印稿。

番。健全基层"三治"机制，充分发挥村民主体作用和社会组织力量，推动实现民事民议、民事民办、民事民管。

1. 建强基层组织堡垒

坚持党建引领，以村（社区）"两委"换届为契机选优配强村级班子，目前村（社区）"两委"干部平均年龄较上届降低5.90岁，大专以上学历的占29.70%，新当选书记占比40.48%，其中有创办企业经历的占16.47%、有务工经商经历的占31.76%。选派274名优秀干部担任村（社区）党组织第一书记和党建指导员，将415名具有高中以上学历、35岁以下的骨干党员、入党积极分子纳入村级后备干部库，为实施乡村振兴注入了新的活力。出台实施县管领导班子和县管干部年度考核、党员综合考评"两个办法"，扎实推进农村党支部"五化"建设，近两年累计组织596名不合格党员集中开展党性再教育，整顿转化软弱涣散村（社区）党组织40个。①

2. 提升基层治理模式

建设村级便民服务中心210个，统一设置便民服务窗口，将125项与群众生产生活息息相关的审批服务事项下沉到乡镇（街道）、村（社区），全面推行"窗口受理、网上办理"模式，基本实现"一站式受理""一门式服务"，累计受理办结审批服务事项7万余件。以农村无职党员为主导、基层群众为主体，探索推行"党建＋协会"模式，组建卫生保洁、移风易俗、信访维稳等各类公益协会1026个，②并建立"支部建在协会、党小组进屋场、党员联农户"等配套制度，充分调动了无职党员和群众参与村级治理的积极性。充分发挥村务监督委员会作用，村级重大事项落实"四议两公开"制度，全覆盖推进村级巡察，着力查处发生在群众身边的腐败问题和不正之风，打通全面从严治党"最后一公里"。

---

① 中共湘阴县委、湘阴县人民政府：《湘阴县推进乡村振兴战略情况汇报》（2021年6月24日），打印稿。

② 中共湘阴县委、湘阴县人民政府：《湘阴县推进乡村振兴战略情况汇报》（2021年6月24日），打印稿。

3.激发基层治理活力

深化乡镇机构改革,整合组建执法队伍,将原由县直部门管理的599人转隶到乡镇主管,招录"一村一辅警"152名,2020年录用乡镇公务员77人,公开招聘农村医卫、教师专技人员213名,培养公费定向师范生192名,委托培养本土化卫生技术人员40名,让乡村有人办事、有权办事。出台激励干部担当作为的具体措施,近两年在脱贫攻坚、防汛抗灾、项目建设和疫情防控第一线考察重用干部105名,新提拔33名35岁以下的优秀年轻干部担任乡镇副职。落实乡镇干部工作补贴,近五年新建公租房1274套,为所有村(社区)主职统一购买养老保险,1258名符合条件的卸任村(社区)干部享受困难生活补贴,2020年村党组织书记人均报酬超过3.4万元。①

(七)以"四个不摘"为抓手,持续巩固脱贫攻坚成果

打赢脱贫攻坚战、全面建成小康社会,是第一个百年奋斗目标的实现。但我国仍处于并将长期处于社会主义初级阶段,存在着乡村发展不充分、城乡发展不平衡的现实矛盾,这对现实矛盾给巩固脱贫攻坚成果、推进乡村振兴、促进脱贫攻坚成果与乡村振兴衔接等工作带来多重压力。湘阴县持续推进巩固脱贫攻坚成果与乡村振兴有效衔接,按照"四个不摘"的总体要求,保持帮扶政策基本稳定,进一步强化防贫监测和帮扶,坚决守住不发生规模性返贫的底线。

1.明确任务,"不摘责任"

一是健全组织体系,保持思想不松懈。湘阴县继续实行县委、县政府主要负责同志任双组长的扶贫开发领导小组,保持扶贫开发领导小组、大会战指挥部的体系不变、力量不减。二是完善政策体系,保持投入不减少。出台《湘阴县全面推进乡村振兴加快农业农村现代化实施方案》,进一步明确五

---

① 中共湘阴县委、湘阴县人民政府:《湘阴县推进乡村振兴战略情况汇报》(2021年6月24日),打印稿。

年工作目标，细化重点工作任务；同时强化了各项工作保障，明确设立5000万元乡村振兴基金，逐年提高土地出让收入比重，支持乡村振兴，其中2021年土地出让收益计提用于农业农村的资金占比达30%，确保脱贫攻坚焦点不散、力度不减。①

2. 精准发力，"不摘政策"

湘阴县持续统筹各方力量，做到摘帽不摘政策，在落实"两不愁三保障"等各项扶贫政策的基础上，重点聚焦"产业就业"，助力群众增收致富。一是聚焦产业扶贫精准发力。培育扶贫主体，织密利益联结机制，考察确定8家扶贫主体，对接5580名脱贫户、边缘户，助其发展家庭种养产业，预计可促进帮扶对象增收近600万元。积极探索发展家庭种养殖产业，充分利用"三专一平台"，持续推进扶贫产品进工会、进食堂、进市场，帮助帮扶对象销售自产农副产品。二是大力推进稳岗就业。通过线上招聘、召开招聘会、技能培训、开发公益性岗位等多种方式，为半劳动力、弱劳动力、转产就业渔民提供就近就地就业机会，湘阴县脱贫劳动力就业人数14528人、边缘易致贫劳动力就业人数114人，就业率超过上年，达100.62%。②

3. 压实责任，"不摘帮扶"

一是保持队伍稳定。为确保驻村帮扶、结对帮扶力量不减，湘阴县保持驻村帮扶、结对帮扶队伍基本不变，对新增的17个乡村振兴重点村和示范村，增派后盾单位驻村帮扶。二是细化走访任务。实行"一月一走访、一月一排查"，确保结对帮扶干部对帮扶对象情况清、底子明。三是严督干部作风。实行"一月一督查"，以督查督促干部转变作风。县乡村振兴局联合县派驻村办、财政局对各乡镇（街道）驻村帮扶到位及工作开展情况，后盾单位进驻情况、稳岗就业及公益岗位安排、资金项目实施和结对帮扶干部走访帮扶情况进行督查，并下发督查通报。

① 湘阴县乡村振兴局：《湘阴县巩固拓展脱贫攻坚成果与乡村振兴有效衔接工作汇报》，打印稿。
② 湘阴县乡村振兴局：《湘阴县巩固拓展脱贫攻坚成果与乡村振兴有效衔接工作汇报》，打印稿。

4. 强化监测，"不摘监管"

强化日常监测，实行"一月一走访、一月一排查"，每月下发走访工作任务，对帮扶对象家庭收入变化、"两不愁三保障"、安全饮水、产业发展、稳岗就业等情况开展全面排查。并对 161 户脱贫不稳定户、153 户边缘户、267 户收入偏低脱贫户和 3 户重病重残户进行重点监测，① 对有新致贫风险的特别户进行情况收集，做到应纳尽纳。对全省防返贫监测与帮扶工作平台反馈的疑似预警信息，严格按照要求处置，以消除风险。

二　贯彻新发展理念，需要有效应对现实问题

新发展阶段必须始终坚持问题导向，切实解决好发展不平衡不充分的问题，精准贯彻新发展理念，真正实现高质量发展。要做到这一点，湘阴县需要准确把握并有效应对五大方面的现实问题。

（一）农业抗风险能力不强，实现高质高效难度大

农业生产历来承受着自然风险、社会风险及经济风险的多方威胁，在农耕文明时期，因自然风险而形成的靠天吃饭是中国古代两千多年原始农业的常态。不同于其他产业，农业是利用动植物的生命周期运动而进行的生产，对气候、土壤、水质等生态环境的要求非常高，这就决定了即使进入工业化的今天，农业生产所需要的生产条件得到了相当程度的改善，农业依然在一定程度上会受各种自然灾害的影响。除此之外，农业还面临较高的市场风险，当市场价格过低，农产品不易储存的特殊性会导致其若不能及时售卖，则难以克服自身的保存周期，出现变质、腐烂等现象；若急于出售，则可能成本不保，甚至出现亏损。

随着我国人民收入水平的提高以及消费理念的调整升级，消费结构出现

---

① 湘阴县乡村振兴局：《湘阴县巩固拓展脱贫攻坚成果与乡村振兴有效衔接工作汇报》，打印稿。

了高、中、低端三种不同的分化，农业发展不仅需要加快从数量保障上升到品种的转型，同时应加快向质量保障转型。那些独具地域特色且品质优良的农产品，是特定地域的产物，因此农产品也不可能像工业产品那样快速更新换代。[①] 湘阴县已经发展出了一批很有特色的农产品品牌，如樟树港的辣椒享誉全国，但农业现代化水平整体来说还不高，背负粮食总量安全和质量安全双重压力，且特色产业发展带来更多新机遇和新挑战，也势必带动农业生产的投入不断提高、经营规模的不断扩大，农业面临的生产风险自然水涨船高。特别是由于技术风险难以掌控，导致抗风险能力差，农业科技作为生产要素进入农业生产中，并非易事，一旦新技术运用失败，其产生的风险过大，让农户望而却步。在多重风险的综合影响下，湘阴县实现农业的高质高效难度加大。

（二）乡村人才支撑不足，激发内生动力难度大

乡村振兴离不开人才的支撑，培养造就一支懂农业、爱农村、爱农民的"三农"工作队伍，是实现乡村振兴的根本所在。湘阴县始终坚持在人才引进、培养、使用和管理上下功夫，最大限度推动人才助力乡村振兴的作用发挥，但受限于城乡二元结构体制等因素，依然面临一系列问题、困难亟待解决。

短板效应明显，头雁队伍"跟不上"。村（社区）"两委"换届后，新一届村级班子成员年龄、学历结构明显改善，"双强型"干部比例大幅提高，但队伍整体上仍存在年龄老化、文化水平偏低等问题，干部个人素质、专业知识等方面与乡村振兴要求比还存在一定差距，在乡村振兴战略的谋划、部署、落实上存在明显能力"短板"，有知识、有文化、有魄力的年轻干部难以留住。

吸引力不足，专业人才"回不来"。近年来，湘阴县积极完善人才政

---

① 陈文胜：《农村全面建成小康社会需要防范的几个风险》《湖南日报》2019 年 7 月 27 日第 8 版。

策，通过产业领军人才引进计划、青年人才集聚计划等，进一步优化人才发展环境，唤回了一批80后、90后科技专业人才。但由于县城、农村在薪酬待遇、基础公共服务设施、医疗教育资源、职业发展机会与平台等方面的"先天不足"，多数大学生更倾向于选择留在城市发展，真正返乡投身农业的仍占少数，农村难以吸引并招聘到高学历、专业性较强的人才，高、精、尖的复合型人才更是紧缺，乡村振兴人才后继乏人问题较为突出。

专业性不强，本地人才"上不去"。近年来，湘阴县不断加大农村实用人才培训力度，培养了一批懂技术、会生产、善经营的"田秀才""土专家"。但是，与乡村振兴发展实际相比，农村实用人才的缺口仍然较大，本地人才文化程度整体偏低，专业性不强，部分单位对人才重使用轻培养、重学历轻能力的倾向始终存在，"不拘一格用人才"的氛围还未形成。

（三）工作体制机制不顺，明晰工作责任难度大

随着脱贫攻坚任务的顺利完成，"三农"工作重心转移到了全面推进乡村振兴中，因此，相应的机构和工作体制也要做一些调整。湘阴县2021年对标组建了县乡村振兴局，健全了乡村振兴考核落实机制，成立了由县级领导任组长的产业、人才、文化、生态和组织五大振兴工作小组，这为压实工作责任以及全面推进乡村振兴提供了强而有力的组织保障。但由于目前县内设机构中关于农村发展与改革的职能存在一定交叉，农业农村局和乡村振兴局的工作职责和任务分工还未明确，如何统筹协调好两大部门之间的关系，实质性整合相关资源，切实打破部门本位和机构边界，实现涉农部门中与乡村振兴相关的职能机构的优化及重组，在全面推进乡村振兴战略实施过程中做到一盘棋部署、一体化推进，是当前急需解决的最重要问题之一。

乡村振兴事业的建设，没有经验可以吸收借鉴，如果相关部门的职责职能没有划分清楚，工作责任未明确到位，可能会导致几个部门同时做同样的工作、部分工作没人做。一方面，责任未厘清，各部门工作职责出现重叠的情况，导致简单工作复杂化，复杂工作难以正常开展。另一方面，职能不明确，部分工作无人管。有些需要政府部分投入、协调的工作，却没有相应的

职能部门对应负责。

乡村振兴是一个庞大的系统工程，不仅涉及多部门、多领域，同时涉及千家万户，因此要推动乡村振兴工作真正落地，急需一个强有力的推进机制，明晰工作责任，整体联动才能达到预期的效果。要明确推进乡村振兴工作的统筹协调部门不仅仅是业务部门；要进一步理顺各部门之间管理体制机制上的不顺，加强信息沟通，提升工作效率与合力。

（四）多元投入机制不全，确保宜居宜业难度大

实施乡村建设行动、确保宜居宜业，必须解决钱从哪里来的问题。如何建立乡村振兴的多元投入机制，是湘阴县当前乡村振兴工作中亟待破解的现实难题。

资源整合力度不够，合力不明显。各部门、各级、各单位的涉农资金未能得到有效的整合，使用设限过多，分配管理阶段多，基层没有话语权，导致涉农资金用途分散。在资金的使用和分配的过程中，重点项目、难点项目的资金支撑不稳固，难以形成持续发展效应。

资金撬动力度不够，财政杠杆作用不明显。实施乡村振兴战略，既要强化制度性供给、推进公共资源向农业农村倾斜；又要遵循市场规律，发挥政府的财政杠杆作用，引导金融和社会资本投入乡村，形成多元投入的格局。而乡村建设资金的投入具有长期性的特点，湘阴县目前县域经济社会高质量发展格局尚未形成，财政收支平衡矛盾较突出，目前仅靠政府财政的投入，以长期维持体量庞大的资金投入。由于财政支农机制创新性不足，财政支农政策效应不明显，财政支农资金使用效益低，限制了金融和社会资本投入乡村振兴的步伐。同时，农业信贷担保体系尚未建立健全，涉农项目、农业经营主体的资金使用就不可避免地受到各方面的限制。

金融支农渠道窄，赋能乡村发展不明显。乡村振兴离不开金融，更离不开乡村金融。而湘阴县乡村振兴多元投入的格局尚未形成，其中金融支农渠道瓶颈是关键原因。农业生产的高风险、农村金融的高成本、农村征信以及有效抵押的缺乏等，导致大型银行业务大多止步于县城，大部分国有大型商

业银行、股份制和城市商业银行缺乏下乡的意愿，而政策性银行的市场发现功能严重不足，仅有农商行、邮储银行等是乡村金融服务主体。同时，乡村金融服务仅有存款、贷款、支付结算业务，缺乏产品体系，缺乏综合性服务，服务和产品单一是普遍现象，导致金融赋能乡村振兴的水平低下。

（五）农村改革步伐不快，农民富裕富足难度大

农民对生活的幸福感和获得感是最重要的指标之一，加大乡村的基础设施投入，把人民群众急难愁盼的问题解决好，使广大农民对乡村振兴有最直接的体验。近年来，湘阴县的基础设施建设大步推进，全面提升了人居环境，公共服务也持续提质，但在乡村教育、医疗、水利等领域还有不少短板，如何把"绿水青山"转换为"金山银山"，促进基本公共服务、社会保障制度向农村覆盖，逐步实现城乡均等化应该是湘阴县在不断推进农村改革过程中重点思考的课题。

湘阴县农村改革发展速度不快主要有两大原因。一是农村改革的规划定位难形成，由于顶层设计对于农村改革的目标、愿景没作具体要求，基层较难形成一个清晰明确的农村改革方案，因此也难以突破改革过程中出现的一些瓶颈问题。二是改革政策缺少有效转化机制，导致作为主体的农民被边缘化，乡村振兴的角色错位，党和国家的意志没有完全转化为农民的自觉行动，甚至出现"政府热、农民冷""干部干、农民看"等问题。改革是推动农业农村发展的不竭动力，湘阴县只有不断地深化农村改革，并持续推动资源要素向农村方向配置，以此逐步缩小城乡发展差距，继续发展农村公共事业，在"收入倍增"中着力促进农民增收，才能推动农民富裕富足，率先实现农业农村现代化。

三 构建新发展格局，探索农业农村现代化新路径

构建新发展格局是一个系统工程，为应对新挑战、消除痛点难点，就要进一步做好乡村振兴这篇大文章，走高质量发展之路，寻找新发展阶段的现

实发展途径。湘阴县迫切需要对农业农村发展进行全面部署，坚持城乡一体统筹和农民主体地位，通过规划引领，加快形成现代化发展的产业体系，探索具有湖区特色的乡村振兴之路。

（一）坚持城乡一体统筹，全面构建高质量发展的全域格局

党的十九届五中全会指出，要实施乡村振兴战略，强化以工补农、以城带乡，推动形成工农互促、城乡互补、协调发展、共同繁荣的新型工农城乡关系。[①] 统筹城乡发展是国家经济社会现代化发展的必经之路；城市和乡村共生共存、共富共美是高质量发展的题中应有之义。作为长岳协同发展的"桥头堡"和先导区，紧邻省会长沙的湘阴县已被纳入长株潭都市区规划和湘江新区新片区，经济社会融合与区域协同发展基础较好。湘阴县要抢抓历史机遇，积极推进城乡一体化改革，努力探索一条城乡融合发展的新路子，促进城乡之间在基础设施、公共服务、产业发展等方面相互融合、相互渗透，推动全域高质量跨越式发展。

以强化"一心引领"、强化"两极带动"、强化"三轴联动"、强化"三区互动"、强化"多点培育"为重点，优化发展空间布局。强化"一心引领"，重点推进中心城区东扩、北延、南进，提升县城引领力和竞争力，新增城镇人口 10 万人。强化"两极带动"，以金龙新城、虞公港区为主体推进产城融合，形成支撑县域经济发展的新增长极。强化"三轴联动"，以芙蓉北路为主轴，重点承接先进制造、科教创新、康养产业转移，构建主导产业发展带；以湘江北路为主轴，重点打造洋沙湖国际旅游度假区、樟树港辣椒小镇、左宗棠文旅小镇，开发文旅康养产业带；以 G536 为主轴，因地制宜发展特色农业，做美做强六塘、石塘、鹤龙湖、新泉、杨林寨等农业特色镇，形成农旅融合发展带。强化"三区互动"，统筹开发与保护，推动北部横岭湖湿地生态区、西部现代农业区、东部城镇发展区互动发展。强化"多点培育"，统筹兼顾、分类施策，建设南湖洲、湘滨、岭北、东塘等重

---

① 《中华人民共和国国民经济和社会发展第十四个五年规划和二〇三五年远景目标纲要》。

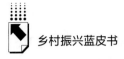

点镇。[①]

以城乡综合交通一体化、城乡供水一体化、城乡供网供气一体化为重点,提升基础设施建设。建设一体化综合交通体系,按照"五纵三横三轨一港"交通融长规划,加快县域周围高速路网连通升级,加大推进连接省城交通网络投入力度,推进县域内主干道路网升级,全面打通县域内"断头路"、边界路,推进"四好农村路"、产业路、旅游公路、安保工程建设和危桥改造建设,构建互联互通、安全高效的综合交通路网,加快实现城乡公交一体化。建设城乡供水一体化体系,实施县域内滞洪区安全工程,完成县域内水库病险水闸除险加固,加快烂泥湖灌区泵站提质改造,推进洞庭湖和中小河流治理工程建设,统筹推进防洪治涝、饮水用水安全等水利设施建设,建成城乡供水一体化体系。建设城乡供网供气一体化体系,推进电网改造升级工程,大幅提升供电可靠率,完善城乡天然气管网体系,加强光纤、5G 基站等信息基础设施建设,实现县域 5G 全覆盖,建成城乡供电供水一体化体系。

(二)坚持规划引领,优化生产、生活、生态空间布局

乡村振兴战略是新时代"三农"工作总抓手,一个好的规划可以起到事半功倍效果,因此要加强顶层设计,做好规划引领,科学布局和优化生产、生活、生态空间,顺应建立新发展格局,优化要素配置,力争实现人口与资源环境承载能力相均衡,实现经济社会发展与生态环境改善相统一。

注重统筹规划,优化乡村生产空间。要建立与洞庭湖平原地区现代农业生产方式相适应的空间布局结构,规划好湘阴县主导性产业和优势性产业的发展方向,构建一个具有竞争优势的产业体系。注重统筹推进农村产业园、科教创新园、联运港等各类园区建设,构建优势明显、集约高效的生产空

[①] 李镇江:《湘阴县第十七届人民代表大会第五次会议政府工作报告》(2020 年 12 月 22 日),打印稿。

间，将乡村生产活动融入区域性产业链和生产网络之中，力争实现农业生产的集约化、专业化。

尊重群众意愿，优化乡村生活空间。一方面，要围绕农业生产过程、农民劳动生活和农村风情风貌，遵循乡村自身发展规律，在充分尊重群众意愿的基础上，发挥好土地资源的关键性作用，用好用活各项土地政策，为乡村振兴重构空间环境。另一方面，推行规划清单约束机制，建立乡村规划的正面清单和负面清单。对于符合整体规划的列出正面清单，引导在正面清单范围内创新机制和模式，强化规划对乡村可持续发展的引领作用；对于不符合整体规划的，要划出红线，形成目标监督管控的约束机制，从而保障乡村规划的有效性，避免乡村的无序发展。

坚持因地制宜，优化乡村生态空间。湘阴县要结合自然生态环境、特色资源要素以及发展现实基础，因地制宜编制村庄规划；强化自然风貌与文化景观的保护，立足乡村自然资源禀赋，充分发掘乡村历史文化特色，顶层设计乡村发展的整体风貌，形成布局合理、成片成景的乡村发展形态。把保护乡村自然风貌和挖掘人文资源，作为人居环境与村容村貌提升工作的重要内容，不能把城市建设的模式搬到农村，要体现农村特色，留得住乡愁，看得见绿水青山。

（三）坚持建链延链强链，加快形成现代化发展的产业体系

构建现代化农业产业体系是高质量发展的"根基"，实际上湘阴县已经在不断强化农业特色品牌建设，提出了九大产业振兴计划，未来还要进一步推进产业优化转型升级、推动主导产业建链强链、促进龙头企业做大做强，不断培育新产业新业态，加快形成现代化发展的产业体系。

推进产业优化转型升级。一是健全产业公共服务体系，推进产业优化升级，围绕增强产业承载能力这个核心，全面推进园区基础设施升级工程、生产要素保障提质工程、项目布局优化工程、公共服务配套延伸工程，升级水、电、路、气、污、通信网，建立企业全生命周期公共服务体系。二是突出亩产亩均效益导向，推进产业优化升级，加快完成"退二进三"和闲置

土地清理，依法清退亩均税收较低、违反合同约定经济指标的落后企业。三是高效落实联合审批、手续全程代办制度，推进产业优化升级，有效盘活工业地产，促进项目满园，确保园区规模工业总产值有突破，税收年均增长五成以上，力争建成全省十强园区。

推动主导产业建链强链。一是努力打响湘江新区新片区的"金字招牌"，瞄准产业领军企业和配套企业，建强招商队伍，分类推进产业链招商、平台招商、行业招商、驻点招商，加快工业新兴优势产业集聚。二是继续打造"一镇一特""一村一品"特色产业链，科学布局农产品生产区域，重点布局好粮食生产功能区、特色农产品优势区、重要农产品保护区和水产品主产区，继续向前推进优质稻米订单生产、特色水产养殖、稻渔综合种养、特色品牌蔬菜种植四种模式。三是加力推进产业融合。以农业特色小镇创建为抓手，聚焦主导产业、品牌培育、企业主体、配套设施和功能完善等重点，完善工作推进机制、投入保障机制。

促进龙头企业做大做强。一方面，坚持"一企一策"，实施十大龙头企业培育工程，全力支持企业做响品牌、做强实力，支持中小企业"专精特新"发展，力促每个产业链形成较好的龙头企业，发展一批科创型企业，培育一批"隐形冠军"，推动上市企业蓬勃发展。另一方面，围绕种植、养殖、加工、生产、供销全产业链，按照"龙头企业先行、农民合作社和家庭农场跟进、广大小农户参与"的思路，全力支持农业产业化、新型经营主体和龙头企业发展，不断提高农业规模化、集约化、组织化、社会化水平。

（四）坚持传承与创新，大力培育湖区文化特色品牌

文化振兴是乡村全面振兴的基础工程，是实现高质量发展的驱动力，培根好文化之根，才能铸就精神之魂。湘阴县历史悠久，文化底蕴深厚，要强化文化品牌意识，传承好固有的文化基因，在创新中深挖本土文化资源，努力打造一批体现湘阴湖区文化特色的品牌系列，以更好延续乡村文化血脉，让文化更加自觉地融入县域经济，从而把文化强县落到实处，提升区域发展竞争力。

精心培育地域文化文明品牌。一方面，大力开发地方特色文化资源，整合地方有限的人才资源和文化资源，发挥独特的功能和效益，精心做好文物修缮工作。抓好岳州窑遗址、文庙、三井头、三峰窑等文物保护性修缮，推进文化旅游业的发展。另一方面，精心做好文化惠民工作。一个地区的文化，如果不能满足本地区人的需求，则不能持续发展，应支持文化体育事业发展，推进文化惠民工程、全媒体传播工程，通过策划和举办具有本地特色的主题节事活动等，擦亮湖区文化品牌名片，彰显湖湘人文历史底蕴，争创历史文化名城。

努力创建省文明乡村振兴示范县。一方面，努力做好文明建设工作。大力弘扬社会主义核心价值观，加快改进旧的风俗习惯、深化文明卫生建设，加强诚信体系建设，广泛开展志愿服务，选树先进道德模范。另一方面，努力做好成果巩固工作，巩固扩大国家卫生县城创建成果，积极争创国家文明县城，持续建设生态人文之城、创新创业之城、旅游康养之城、休闲美食之城，让新时代文明新风吹遍城乡大地。

加强湖区文化之间的交流与合作。一方面，加强洞庭湖区域文化之间的交流与融合，催生湖区文化发展一体化的内在动力。另一方面，强化湖区文化之间的联动与合作，提升湖区文化的竞争力。在文化多元的背景下，因地制宜地打造特色文化品牌，才能真正彰显湘阴县在新时代的自信与魅力，形成可持续的文化生命力。

（五）坚持农民主体地位，持续增进民生福祉

人民对美好生活的向往，就是我们的奋斗目标，任何时候都不能忘记。"坚持农民主体地位"是乡村振兴一切工作的出发点和落脚点。农民是乡村振兴的主体，也是受益者，乡村振兴必须调动亿万农民群众的积极性，让广大农民有更多获得感和幸福感，把握美好生活新需求，协调发展社会事业，着力解决"急难愁盼"问题，推动人民群众生活一年更比一年好。

构建更富普惠性的农村社会保障体系。一是坚持就业优先战略，完善智

慧人社综合服务平台，做实就业创业培训、劳务用工对接和公益性岗位开发管理，支持多渠道灵活就业，扶持发展个体经营，落实农民工、贫困劳动力、退捕渔民、下岗失业人员等重点群体就业政策，持续优化创业环境，依法保障企业和职工合法权益，促进就业创业更加充分。二是实施全民参保政策，进一步推进全民参保计划，健全灵活就业人员、农民工等群体参保制度，实现五项社会保险应保尽保。三是全方位完善社会保障制度，完善社会救助、残疾人扶助、儿童关爱保护制度体系，扶持发展普惠托育和养老服务。

构建更有获得感的农村公共服务体系。一方面，坚持科教兴县战略，合理配置教育资源，确保中小学校和幼儿园配建到位，实施全县中小学提质改造攻坚行动，深化教育人事管理改革，实行教师县管校聘，提高教师待遇、道德素养和业务能力，促进民办教育、特殊教育、继续教育协调发展。另一方面，坚持健康湘阴建设战略，加快县人民医院、县中心医院提质升级，推进新建县疾控中心和妇幼保健院，优化改造乡村卫生院（室），推行医保支付制度改革，加大医疗卫生专业技术人才引进培养力度，健全公共卫生服务体系，提高优生优育水平，推动医疗服务能力大幅提升。

（六）坚持党的领导，因地制宜完善考核机制

用好乡村振兴考核的"指挥棒"，有利于充分发挥党在乡村振兴中的关键作用，要因地制宜完善考核机制，在为广大的基层干部减轻压力的同时，突出考核的激励约束作用，完善考核评价机制，促进乡村振兴目标任务的落实落地。

加强党对农村工作的领导。必须完善领导体制机制，确保五级书记抓乡村振兴。建立和落实乡村振兴考核领导责任制，党政一把手是主要责任人也是第一责任人，只有五级书记把乡村振兴的考核责任扛在肩上、抓在手上，才能真正落实领导责任制，形成五级书记抓乡村振兴的生动局面，落实好党管农村工作的要求。

适当调整考核方案出台过程，注重地区的差异性。每个乡镇、村庄的情

况千差万别，乡村振兴的发展定位和侧重点各不相同。因此在乡村振兴考核政策的制定过程中，必须正视地区差异，不能"上下一般粗"，要针对性地设置差异化考核指标及分值，将"自上而下"与"自下而上"的考核过程相结合，保证县、乡、村的考核政策与方案切实可行，提高考核主体在乡村振兴工作中的积极性。同时改变以往考核政出多门、各自为政的情况，突出考核政策执行的简捷性，使乡村振兴的考核工作在全省形成统一布局。

加紧建立健全考核机制、激励机制和倒逼机制。用严格责任制强化责任心，实施乡村振兴战略实绩考核，依据任务清单、责任清单，制定考核办法，健全乡村振兴考核落实机制，将其纳入年度综合绩效考评，乡镇党委政府（街道、党工委办事处）村（社区）"两委"每年分别向县乡党委、政府报告实施乡村振兴战略进展情况，单独考核实绩，其结果与奖优罚劣、干部任用挂钩。同时，建立实施乡村振兴战略的督查机制，强化乡村振兴战略推进情况督查落实。

参考文献

习近平：《在全国脱贫攻坚总结表彰大会上的讲话》，《人民日报》2021年2月26日，第2版。

李仪、张治江主编《中国扶贫减困问题研究》，人民出版社，2019。

中共中央党史和文献研究院：《中国共产党一百年大事记（1921年7月—2021年6月）》，人民出版社，2021。

《中华人民共和国国民经济和社会发展第十四个五年规划和二〇三五年远景目标纲要》。

陈文胜：《构建农业农村现代化新格局》，《新湘评论》2021年第5期。

陈文胜：《推动乡村产业振兴》，《人民日报》2018年3月12日。

陈文胜：《脱贫攻坚与乡村振兴有效衔接的实现途径》，《贵州社会科学》2020年第1期。

陈文胜：《实施乡村振兴战略　走城乡融合发展之路》，《求是》2018年第6期。

陈文胜：《农村全面建成小康社会需要防范的几个风险》，《湖南日报》2019年7月27日，第8版。

陆福兴：《做好乡村振兴这篇大文章》，《新湘评论》2021 年第 2 期。

陆福兴：《加大地方品种保护　打造农产品湘字号品牌》，《湖南日报》2020 年 12 月 31 日，第 23 版。

余良勇、李镇江：《落实"四大"要求　实现更大作为》，《岳阳日报》2019 年 1 月 15 日，第 2 版。

澧县2021年乡村振兴研究报告

陆福兴 田 珍*

摘 要： 澧县乡村振兴取得了新成效：农业龙头企业引领特色产业发展形成新优势；美丽乡村三级联创生态宜居呈现新亮点；村规民约打造乡村治理新台阶；移风易俗助推乡风文明建设新成效；乡村振兴连片试点取得新发展；脱贫攻坚与乡村振兴有效衔接开拓新局面。但也存在种粮效益低增产不增收、农村投融资机制不全、基础设施亟须提质改造、人才短缺问题十分突出、权责不清基层责任过重等问题。解决这些问题的对策建议：优化品种结构打造县域地标品牌、建好产业园区推进产业融合发展、提升社会化服务水平引导农业规模化发展、增强政策支持培育新型农业经营主体、创新治理机制激发农民和社会参与积极性。

关键词： 澧县 乡村振兴 农业社会化服务 新型农业经营主体

澧县位于湖南省西北部，是洞庭湖西岸的一个农业大县，在澧县城头山发现的中国最早的城市遗址。澧县不仅有中国最早的城市，而且是著名的世界稻作文化发源地。全县辖15个镇、4个街道，总面积2075平

---

* 陆福兴，博士，湖南师范大学中国乡村振兴研究院教授，主要研究方向为农村政策法律、农业安全；田珍，湖南师范大学中国乡村振兴研究院、马克思主义学院硕士研究生，主要研究方向为乡村教育。

方公里，总人口 91.42 万。多年来，澧县荣获全国商品粮基地县、全国优质棉基地县、全国油菜生产百强县、国家农业可持续发展实验示范区、全国葡萄标准化栽培示范基地、国家新型城镇化综合改革试点县、国家中小城市综合改革试点县、国家卫生县城、中华诗词之乡、湖南省文明县城、湖南省园林县城、湖南省经济强县、湖南省全面小康"十快进县"等一系列荣誉称号。

一　乡村振兴取得新成效

全面推进乡村振兴以来，县委、县政府围绕农业高质高效、乡村宜居宜业、农民富裕富足的目标，努力推动乡村振兴工作开好局、起好步、见实效。

（一）农业龙头企业引领特色产业发展形成新优势

澧县大部分位于澧阳平原之上，地势平坦，土地肥沃，具有先天的农业生产优势。特别是在农业规模化生产上，澧县走在全省大部分县市区的前列。当前，澧县不仅粮食生产的规模化发展成效显著，在葡萄、油菜、蔬菜、中药材等产业上，也规模化生产成就显著，特别是社会化服务带动规模化发展尤为突出。同时，按照建链、延链、补链、强链的思路，发挥"澧县葡萄""城头山大米""双低油菜籽""复兴苹果柚""双上绿芽茶""澧县石菖蒲"六大区域公共品牌优势，大力推进优势特色产业融合发展，为全县农民打开致富大门。2020 年全县农林牧渔业总产值 117.58 亿元，农民人均可支配收入 20317.60 元。

1. 以高度政治站位扛起粮食安全责任

县委、县政府引导农民主动承担粮食安全政治责任，为国家牢牢把住粮食安全主动权做出贡献。2020 年共落实早稻 29.05 万亩、中稻及一季晚稻 46 万亩、双季晚稻 30 万亩；2021 年落实早稻 29.50 万亩，推广集中育秧 8.70 万亩，面积创近年新高；建设高档优质稻米基地 42.80 万亩，落实订单生产 33 万亩。积极恢复生猪产能，2020 年出栏生猪 69.61 万头，存栏生猪 45 万头；2021 年上半年存栏生猪 40.55 万头，累计出栏 32.17 万头，出栏较上年同期增长 64.20%，为保障国家主要农产品供给做出了农业大县应有的担当。①

2. 葡萄产业成为县域经济发展的重要引擎

澧县由于重视科技种植和标准化管理，其葡萄的品牌度和知名度不断提升。2021 年，投资 1.25 亿元的智慧葡萄园和葡萄科技展示中心启动建设，该项目计划投资 6000 万元，引入全球 3 个最新优势品种，建成后将成为国内领先、世界一流的高精尖葡萄产业基地、澧县葡萄产业的门面与窗口，能实现品种更新换代，推进全县葡萄产业转型升级。当前，葡萄标准化种植面积达到 7.25 万亩，其中"阳光玫瑰"4.75 万亩，成为全国单品种植规模最大的县，亩产值普遍达到 3 万~7 万元，最高超过 10 万元。

3. 蔬菜产业进入蓬勃发展新阶段

澧县蔬菜产业播种面积不断扩大，2021 年上半年全县播种面积达 11.70 万亩，较上年增长 0.20 万亩，产量 19.20 万吨，产值达 3.36 亿元，其中商品蔬菜种植面积为 3.60 万亩，与上年基本持平，设施蔬菜种植面积为 1.20 万亩，较上年增长 0.10 万亩，黄家套、正新农业成为粤港澳大湾区蔬菜基地，蔬菜产业发展势头向好。②

4. 经济作物拓展增收新空间

柑橘产业种植面积达 20 万亩，成为继水稻、油菜之后的第三大种植作物。目前，澧县已有 12 万亩柑橘挂果，产量在 28 万吨左右，全面挂果后，全县产量将突破 50 万吨，产值 10 亿元以上，成为农民致富的重要产业。③澧县中药材产业种植面积达 5.80 万亩，成功申报湖南省中药材种植基地示范县，跻身全省 20 个中药材种植基地示范县之列，"澧县

---

① 中共澧县县委、澧县人民政府：《澧县实施乡村振兴战略工作情况汇报》（2021 年 6 月 30 日），打印稿。

② 澧县农业农村局：《2021 年上半年工作总结及下半年工作计划》，打印稿。

③ 澧县农业农村局：《2021 年上半年工作总结及下半年工作计划》，打印稿。

石菖蒲"已获得农产品地理标志登记；成功引进"中国中药""丽珠医药集团""金六谷药业"等大型药企，且湘枳生物与丽珠医药共同打造了全国首个石菖蒲种质资源圃，在科研试验、品种选育、种植示范等领域积累了宝贵经验。[①]

5. 农业社会化服务助推高质量发展

澧县产业发展得益于农业专业合作社的社会化服务，特别是水稻、葡萄两大专业合作社的社会化服务，推进了产业的规模化和标准化发展。锦绣千村农业专业合作社，在水稻的耕地、育秧、插秧、病虫害防治、收割、烘干和销售等方面提供专业指导和社会化服务，合作社现已有成员7132户，其中企业成员26个、500亩以上规模种植大户91户、30亩以上农户2170户、小农户4322户，对30000余个小农户产生带动效应，服务面积达50万亩。[②] 通过锦绣千村粮食产业园、农业综合服务中心和农资物流配送中心等，为水稻种植提供生产、加工、销售等全方位的社会化服务。澧县葡萄产业专业合作社在葡萄生产、销售、吸引农户种植等方面成绩显著。葡萄产业专业合作社下辖35家葡萄专业合作社，各葡萄专业合作社依其优势分别推进开展葡萄产业相关的经营活动，如湖南农康葡萄专业合作社是湖南省葡萄生产标准和操作技术规程的主要起草单位，在推进葡萄生产标准化和操作技术方面具有突出优势。葡萄产业合作社通过制定建园、培管、收购等全产业链相关技术标准，推进澧县葡萄产业标准化生产，提升葡萄品质。合作社现有近7000个种植户，种植面积超5万亩，年产值超20亿元，建成了3个高标准观摩园、10个标准化栽培示范园、51个村级示范园、50个标准化创建园、11个标准化收购点、11个农资形象店，推进了澧县葡萄全产业链优质发展，形成了澧县农业新业态。[③]

---

① 澧县农业农村局：《2021年上半年工作总结及下半年工作计划》，打印稿。
② 湖南锦绣千村农业专业合作社：《湖南锦绣千村农业专业合作社农业社会化服务情况汇报》，打印稿。
③ 澧县葡萄专业合作社：《澧县葡萄产业专业合作社联社工作汇报》，打印稿。

（二）美丽乡村三级联创，生态宜居呈现新亮点

县委、县政府把农村人居环境整治作为破局乡村振兴的头等大事来抓，结合省、市、县三级共抓美丽乡村建设的新形势，形成了美丽乡村三级联创新格局，全面推进"五线"整治，打造生态宜居美丽乡村。因地制宜建设"基础版、升级版、创新版"各类美丽乡村。全县村容村貌得到大大改善，农民居住环境得到不断优化。

1. 围绕美丽乡村建设，生态宜居初见成效

通过深入开展"清明垃圾清除行动"、"百日攻坚行动"和"万户清洁行动"等，促进农村人居环境质量提升，全县人居环境整治工作进入全市先进行列。全县249个农村村居清除卫生死角4189处，清理农村生活垃圾1.57万吨，清理堰塘535口、沟渠1356.70公里，清理畜禽养殖粪污等农业生产废弃物1.21万吨，居住卫生条件大为改善；[①] 已完成改厕任务13339个、公厕19座，完成3万个农村改厕任务，厕所革命取得重大进展；秸秆禁烧持续进行，已建立"秸秆禁烧监控平台"，强化督查检查，严格追责问责，秸秆禁烧工作整体向好；生活污水治理工作稳步推进，县域内15个集镇已建设污水管理系统，农村生活污水治理实现行政村全覆盖，污水处理率达90%；大气污染治理效果明显，空气质量改善显著，全年优良天数达354天，优良率达96.70%，空气质量改善率达21.80%；绿色澧州建设持续推进，已完成主干公路及村道绿化及补植提质689公里，栽植树木25万株，完成绿色庭院户建设4000户。[②]

2. 加快创新建机制，美丽乡村建设保障有序

三分建，七分管。全县通过激发群众内生动力，发挥基层干部主动性，创新了三种工作机制。"整治+考核"机制。建立分块督查考核机制，对农户重点考核房前屋后；对农业企业、专业合作社、家庭农场、种养大户等新

---

① 澧县农业农村局：《2021年上半年工作总结及下半年工作计划》，打印稿。

② 中共澧县县委、澧县人民政府：《澧县实施乡村振兴战略工作情况汇报》（2021年6月30日），打印稿。

型农业经营主体重点考核生产区；对镇村重点考核大面保洁，考核结果与评先评优、资金奖补挂钩。"协会收费＋乡贤捐助"机制。按"谁受益、谁出钱"的原则，建立村民缴费台账制，鼓励村庄外出的能人捐资。"党员示范＋党员包保"机制。将主题党日活动与人居环境整治活动有机结合，把党员本人参与和带动农户一并参与环境整治作为合格党员评议的重要内容。

3. 三级联创创亮点，美丽村庄凸显新气象

持续开展"美丽乡村省市县三级联创"，以幸福屋场和美丽庭院建设为示范，加快打造生态宜居美丽乡村，建设村民向往的美丽乡村。全县通过打造一批美丽乡村，得到了省市领导的认可与肯定，树立了一批典型示范，形成了澧县美丽乡村建设的崭新名片。全县村庄规划实现"全覆盖"，复兴镇打造了"全省农村建房样板"；在全市率先实现城乡垃圾处理一体化；2020年被评为全省实施乡村振兴战略先进县，澧南镇乔家河社区获评"2020年中国美丽休闲乡村"，城头山镇通过核心示范片建设顺利获评省级美丽乡村示范镇，城头山镇牌楼村获评省级精品乡村，澧南镇仙峰村获评省级美丽乡村建设示范村，澧西街道向阳社区、澧南镇双荷村获评市级美丽乡村示范村（社区）。全县共打造了118个幸福屋场和3500个左右美丽庭院，澧南镇以建设"最美四园"为抓手，实现全镇14个村居幸福屋场建设全覆盖，这些荣誉的获得是澧县美丽乡村三级联创的重要成就。

（三）村规民约打造乡村治理新台阶

乡村振兴，治理有效是基础和根基。[①] 自治、德治、法治"三治融合"是乡村治理行之有效的关键。通过村规民约的引领，坚持不懈推进自治、德治、法治三治融合，乡村治理迈上了新台阶。

1. 党建引领作用有效发挥

通过"村村召开屋场会、层层选树好典型、人人都来讲故事、家家接续新生活"等主题活动，抓好典型选树，由镇村两级组织选树"扶贫典型

---

① 陈进华：《乡村振兴要夯实乡村治理这个根基》，《经济日报》2020年8月27日，第11版。

事""脱贫示范户""最美扶贫人""最强基层党组织""最佳帮扶单位",引导群众广泛深入参与。通过深入推进党支部"五化"建设,开展软弱涣散村社党组织摸排整顿,实现全县291个村社党组织"五化"建设全面达标,300余个党组织和党员的典型事迹在《人民日报》《湖南日报》《常德日报》等媒体上报道。[①] 严格落实县级部门联审机制,队伍结构得到全面优化,"两委"干部调整幅度达50%以上,"一肩挑"比例达94%,"两委"成员平均年龄43岁,村(社区)"两委"干部平均年龄较上届下降9.60岁;大专及以上学历人数较上届增长25.68%。[②] 持续开展基层党员和干部队伍培训,全面提升基层干部综合素质,提升基层党员干部治理水平。

2. 村规民约工作全面推进

村规民约与村民生活息息相关,村规民约对村民的生活影响重大,澧县在村规民约的制定方面给予了村民极大的自主性,通过召开屋场会、户主会,收集村民关于村规民约的意见,经过村委会及村民表决,决定村规民约的具体内容,村规民约符合村民美好生活需求。"立家规、传家训、树家风"及"道德模范、身边好人、五好家庭"等评选活动由村委会发起,村民积极参与评选活动,并把评选活动常态化,村规民约深入民心,村规民约践行工作不断推进。城头山镇詹家岗村以新文明实践站为媒介,举旗帜、聚民心、育新人、兴文化、展形象,推动村民积极参与治理;澧南镇通过干群共建"最美庭院、最美菜园、最美花园、最美果园",营造出"优美环境我管理、家园建设我出力"的良好氛围,极大地激发了群众活力,吸引群众积极参与共治;大堰垱镇九旺村在村规民约制定与践行方面成绩突出,获得了湖南省民政厅举办的"湖南省首届'十佳村规民约'"网上投票评比的第一名。

---

① 中共澧县县委、澧县人民政府:《澧县实施乡村振兴战略工作情况汇报》(2021年6月30日),打印稿。

② 中共澧县县委、澧县人民政府:《澧县实施乡村振兴战略工作情况汇报》(2021年6月30日),打印稿。

3.法治普及与平安志愿者行动卓有成效

深入开展"法治澧州·德行万家"活动,推动法治思想在群众中进一步普及,获得上级部门肯定,城头山镇詹家岗村被评为"全国乡村治理示范村"、城头山镇牌楼村被推荐为"全国第八批民主法治示范村"。广泛动员干部群众注册平安志愿者并对接志愿服务,全县共注册登记平安志愿者近1.5万人,① 其中,城头山镇城头山村全村135名平安志愿者举办了12场平安创建活动,对辖区内的加油站、学校、粮储中心、烟花公司等重点单位进行安全隐患排查,对重点路段进行交通疏导,对特殊人群进行了走访慰问。② 在重点行业领域开展专项整治活动、推动扫黑除恶专项斗争决战决胜,提高了群众安全感,群众安居乐业得到保障。

(四)移风易俗助推乡风文明建设新成效

乡村振兴不振兴,要看乡风好不好。推进移风易俗、建设文明乡风,是乡村振兴战略中一项非常重要的工作,是培育和践行社会主义核心价值观的必然要求,也是当前农民群众关心的现实问题。澧县在推进移风易俗、建设文明乡风方面的工作得到群众的广泛支持,取得了新成效。

1.创文明,树立典型示范

充分挖掘湘楚文化、古城文化、稻作文化内涵,传承与保护荆河戏、鼓盆歌、澧水船工号子非物质文化遗产,营造浓厚文化氛围,丰富精神世界。移风易俗助推乡风文明建设,树立一批典型示范,形成了乡风文明的"澧县名片"。澧县辖域内,各级文明村镇有80个,澧西街道向阳社区等4个村顺利通过"全国文明村镇"复审,③ 城头山镇国富村获评"第六届全国文明村镇",澧西街道向阳社区和城头山镇万兴村、国富村获评全国

---

① 中共澧县县委、澧县人民政府:《澧县实施乡村振兴战略工作情况汇报》(2021年6月30日),打印稿。
② 城头山镇城头山村:《城头山镇城头山村乡村振兴建设总结发言》,打印稿。
③ 中共澧县县委、澧县人民政府:《澧县实施乡村振兴战略工作情况汇报》(2021年6月30日),打印稿。

文明村庄，乡风文明的"澧县名片"得到《人民日报》和省市党报多次推介，乡风文明典型示范效果明显。

2. 立新风，推进移风易俗

澧县因地制宜开展移风易俗、树立文明乡风活动，以"人情风"综合整治为抓手，化风成俗，焕发乡村文明新气象。通过持续开展"法治澧州·德行万家"活动，深入整治人情风，推进全县人情问题大为改观，形成了开展移风易俗树立文明乡风、文明节俭操办婚丧喜庆事宜的常态长效工作机制。在活动推进中，得到了上级部门的高度肯定。常德市移风易俗工作现场经验交流会在澧县召开、澧县被列为全国婚俗改革试验区之一，并且形成了澧县移风易俗助推文明新风的典型做法，澧县大堰垱镇九旺村通过文明办酒、殡葬改革等推进移风易俗工作开展，取得很好成效，被评为全县"移风易俗先进村"；城头山镇詹家岗村以新文明实践站为媒介，传思想习理论、传政策习富路、传道德习品行、传文化习新风、传法律习法治、传科技习兴业；澧南镇通过"最美庭院示范户""好家风好家训"等评选，树立良好乡风。

（五）乡村振兴连片试点取得新发展

澧县结合城头山镇"农业＋旅游"融合的总体定位，以人居环境整治和乡村振兴发展为两大重点，充分发挥城头山镇水稻、葡萄、文旅产业优势，打造"一心一环八片区"的乡村振兴文旅融合示范区，推动"三区四轴"产业布局提质升级，成功打造了乡村振兴连片试点区，乡村振兴连片试点取得新进展。

1. 产业多元化引领示范

城头山连片示范区以三产融合为导向，推进产业"多元化"发展。开拓"米食文化"下游产业的生产与研发，推广优质稻订单农业，成功举办"百县精品·阿里拍卖·城头山大米专场"暨澧县首届年货节，提升城头山稻米市场影响力，擦亮城头山世界稻作之源名片；新扩优质葡萄种植面积2000亩，打造5个百亩智慧葡萄种植基地，种植葡萄优势品种，成功举办

中国阳光玫瑰标准化栽培学术研讨会暨澧县第 15 届葡萄节、第三届农民"丰收节"澧县分会场等大型活动,瑞康冷链物流园、智慧葡萄园、葡萄科技展示馆等项目落地实施,提升了澧县葡萄知名度,提升了"南方吐鲁番"品牌效应;① 探索打造文旅一体化民宿产业,滕家湾民宿已于 2020 年 10 月建成营业,为促进文旅深度融合提供了样板。

2. 乡风文明规范化推进示范

城头山连片示范区完成了詹家岗村、城头山村村标广场及农耕文化广场等 5 处文化活动广场建设、2 处老年活动中心和儿童之家建设,打造了 19 个乡村大舞台,为村民提供休闲娱乐场所;② 通过改造公益性生态墓葬区,大幅度减少耕地的浪费,弘扬了厚养薄葬的良好道德风尚,推进移风易俗、树立文明乡风工作深入人心;环卫之星、文明家庭评选机制得到群众积极支持,推进乡风文明效果明显;召开屋场会、户主会近 500 场次,涉及农户万余户,建设打造了幸福屋场共 22 个、美丽庭院 76 处,群众捐资捐物价值达百万元,通过建立长效机制,群众评选幸福屋场长,自建自管激发主体意识,乡风文明成效显著。③

3. 生态宜居"公园化"彰显示范作用

城头山连片示范区整合涉农项目资金 4000 余万元,实施 40 个重点建设项目,推进生态宜居"公园化"美丽乡村建设。围绕环境提质升级,道路绿化提质 25.3 公里,道路改造 5 公里,路灯增添 352 盏;管控建筑风貌,按"江南水乡"建筑风貌,改造 100 户,管控新建建筑 400 余户,主干线集中拆违 48 处,严格控违;严守污染防治,投入 500 万元建成集镇污水处理设备,污水处理覆盖周边 6 个村(社),高标准改造全镇厕所 3037 座,卫生厕所覆盖率超 95%,试点改造 55 户农村污水黑灰分离处理系统,堰塘生态护砌 18 口,清淤扩容 95 口,沟渠清淤扫障 44 公里;加大环境保护力度,全镇收割机安装秸秆粉碎及作业定位设备,配备打草机及收草机,镇村

---

① 城头山镇:《城头山镇"五位一体"推进乡村振兴战略情况汇报》,打印稿。
② 城头山镇:《城头山镇"五位一体"推进乡村振兴战略情况汇报》,打印稿。
③ 城头山镇:《城头山镇"五位一体"推进乡村振兴战略情况汇报》,打印稿。

每日巡查，解决焚烧秸秆问题，严格保护环境，[①] 生态宜居"公园化"彰显美丽乡村示范作用。

（六）脱贫攻坚与乡村振兴有效衔接开拓新局面

脱贫攻坚与乡村振兴有效衔接是乡村振兴开局之年的重大任务，澧县不断开拓脱贫攻坚与乡村振兴有效衔接的新局面，呈现澧县"特点"。

1. 监测脱贫质量"脱真贫"

澧县严格检测脱贫质量，确保贫困人口"真脱贫""脱真贫"。全县通过全省防止返贫监测和帮扶平台，发现各类风险点和政策未落实的情况，下发各类风险点 1392 个、政策未落实问题 929 个的通知，5 月底已经完成核实处理工作，并将问题清零，确保脱贫质量"硬"；建立县内防反贫致贫监测对象常态机制，及时提醒、严防漏管防返贫监测的重点对象——脱贫不稳定户、边缘易致贫户，确保脱贫质量"真"；开展住房安全、饮水安全、健康扶贫、扶贫项目、信访问题、流浪乞讨人员问题 7 个方面的脱贫质量"回头看"，全县各镇街、主要行业部门、驻村帮扶工作队、结对帮扶责任人参加，县乡村振兴局派出 3 个督导组进行了督导，未发现规模性返贫现象，确保脱贫质量"好"。[②]

2. 架好产业对接"连心桥"

为做好扶贫产业与乡村振兴的有效衔接，全县发挥特色优势产业作用，坚持做活主导产业、经营主体和已脱贫人口"三个结合"文章，引导有劳动能力、有产业意愿的 13634 户参与产业帮扶，带动脱贫户 15249 户可持续致富，人均年增收超过 3000 元，强化了扶贫产业的对接，为全县巩固拓展脱贫攻坚成果与乡村振兴有效衔接做出了突出贡献。[③] 澧县通过加强扶贫产业与乡村振兴的衔接工作，确保了脱贫人口的可持续脱贫。

---

① 城头山镇：《城头山镇"五位一体"推进乡村振兴战略情况汇报》，打印稿。
② 澧县乡村振兴局：《2021 年上半年工作总结和下半年工作安排》，打印稿。
③ 中共澧县县委、澧县人民政府：《澧县实施乡村振兴战略工作情况汇报》（2021 年 6 月 30 日），打印稿。

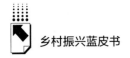

3. 多样化帮扶"富农民"

全县结合"万名干部进万家、空城行动谋开局""脱贫质量回头看"等走访活动,对脱贫户进行"量体裁衣"、针对性地帮扶,统筹人社、扶贫、农业等部门资金 320 万元,开发公益性岗位 1332 个,解决一批脱贫劳动力及返乡回流人员创业就业问题。[①] 并对脱贫不稳定户和易返贫户,出台了三项帮扶政策。一是就业帮扶促就业。就业是民生之本,澧县通过远近结合、长短结合、上下结合的就业帮扶政策,帮助 18401 个脱贫户劳动力就业,[②] 组织开展脱贫劳动力线上线下就业专场招聘会 13 场次,提供岗位 5200 个,帮助就业 4800 余人。[③] 二是产业帮扶带民富。依托 46 家农业龙头企业,鼓励脱贫户大力发展葡萄、优质稻、蔬菜、茶叶、橘柚、虾蟹等高效产业,确保"村村有帮扶产业,户户有增收门路";1.1 万余户脱贫户与新型农业经营主体建立稳定利益联结机制,通过产业扶贫项目,重点扶持 13 家经营主体,带动 4777 名已脱贫人口稳定增收。[④] 三是消费帮扶增收入。组织产销对接会 122 场,设立农产品展示展销窗口,累计销售已脱贫农户优质农产品 1200 万元;通过建立县级帮扶产品目录,推动帮扶产品与电商接轨,帮销帮扶产品 1.7 亿元,是全省首个完成消费帮扶的县市区。[⑤]

4. 提质民生保障"乐农民"

针对脱贫人口的现状,全县积极开展民生保障提质工作。其一,提质产业路和建设高标准农田。全县通车公路里程达到 4133 公里,全县 19 个镇(街)、198 个行政村全部通水泥路,通畅率达 100%;2020 年度建设高标准农田 9.05 万亩。[⑥] 其二,存量危房改造。2020 年已改造 675 户危房,实现

① 澧县扶贫开发办公室:《澧县脱贫攻坚 2020 年工作总结及 2021 年工作思路》,打印稿。

② 澧县乡村振兴局:《2021 年上半年工作总结和下半年工作安排》,打印稿。

③ 澧县农业农村局:《2020 年工作总结和 2021 年工作思路情况汇报》,打印稿。

④ 澧县农业农村局:《2020 年工作总结和 2021 年工作思路情况汇报》,打印稿。

⑤ 澧县农业农村局:《2020 年工作总结和 2021 年工作思路情况汇报》,打印稿。

⑥ 中共澧县县委、澧县人民政府:《澧县实施乡村振兴战略工作情况汇报》(2021 年 6 月 30 日),打印稿。

脱贫户危房全部改造、保障住房安全。① 其三，全面落实医保报销助学金政策。贫困人员享受大病报销 2024 人次，享受基本医疗保险报销 30297 人次，全县建档立卡贫困人员住院 29994 人次，总费用 13302.84 万元，综合报销 12078.78 万元，综合报销比例 90.80%；发放各类助学金 22731 人次 1696.90 万元。② 其四，医疗教育设施提质改善。建立横到边、纵到底的多级公共卫生服务体系，建制镇卫生院标准化建设和行政村卫生室公有产权和标准化建设率均达 100%；完成 2 所乡村小规模学校、14 所乡镇寄宿制学校校舍建设，解决农村教师"无房住、住房差"和学校师生就餐难的问题。③ 其五，饮水安全保障。全县投入资金近 3.20 亿元，实现 78.60 万农村规划供水人口安全饮水，农村自来水普及率达 93%。④

二　乡村振兴全面推进中的问题

尽管澧县在全面推进乡村振兴中取得了重大成就，但乡村振兴是一项开创性工作，也是一项需要久久为功的事业，需要在不断化解矛盾、解决问题中推进。因此，澧县在全面推进乡村振兴的实践中还面临着一些亟须解决的问题。当前，主要面临如下五大问题。

（一）种粮效益低，增产难增收

水稻种植一直以来都是澧县农业的重头戏，是多数农户的收入来源，是澧县保障国家粮食安全、牢牢把住粮食安全主动权、扛稳粮食大县的粮食安全政治责任的抓手。当前，澧县响应国家号召大力推广双季稻种植，双季稻的推广提高了水稻的产量，但双季稻的成本是单季稻的两倍，这也

---

① 澧县农业农村局：《2020 年工作总结和 2021 年工作思路情况汇报》，打印稿。
② 澧县农业农村局：《2020 年工作总结和 2021 年工作思路情况汇报》，打印稿。
③ 中共澧县县委、澧县人民政府：《澧县实施乡村振兴战略工作情况汇报》（2021 年 6 月 30 日），打印稿。
④ 中共澧县县委、澧县人民政府：《澧县实施乡村振兴战略工作情况汇报》（2021 年 6 月 30 日），打印稿。

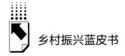
就意味着在耕种、化肥、农药、收割方面的生产成本成倍增加。所以，种粮农民种双季稻，增产了不一定能相应地增加收入。一方面，粮食等农产品是国家关注的民生产品，其价格的涨跌受国家政策的严格控制，不可能完全按照市场的供需来决定，即粮食等民生农产品靠价格上涨增收是很难实现的。另一方面，农药、化肥、人工服务费用却在不断上涨，国家并没有像对粮食一样控制其价格而是给农民一些补贴，国家补贴往往赶不上农资、劳动力的价格上涨。因此，农民种植普通的粮食的话，增产不一定能够增收。对于澧县来说，处于湘西北地区，气候环境并不很适合双季稻种植，有些地区种双季稻，产量不一定增加，成本却是翻倍的，因此，种植双季稻从经济效益的角度来看，农民是不合算的。特别是 2020 年的洪涝灾害和寒露风天气的影响，造成粮食减产或失收，严重挫伤了农户种植双季稻的积极性。在种植双季稻比较效益低下的情况下，农户不可能没有顾虑。因此，依靠推广双季稻增收不太现实，增产不增收的问题会严重影响农民的种粮积极性，造成主产区粮食生产压力增大。

（二）农村投融资机制不全

乡村要振兴，资金是必不可少的重要因素。尽管国家财政对于农业农村发展的支持力度非常大，给农业产业提供的财政补贴和基础设施建设投入逐年增加。但是，由于县域财政体量小，国家转移支付有限，公共财政支持乡村振兴的力度不能很大，因而县域公共财政乡村振兴投入的引导作用有限。农业是效益低的基础产业，金融资本青睐度不大，加之，当前澧县的投融资机制也有待健全，关于金融资本和社会资本如何投入乡村振兴这个问题还没有理顺，对如何投、投什么还不是很清晰，因此，金融资本和社会资本的乡村振兴投入也不能满足乡村振兴的需求。如当前澧县涉农贷款余额 1113 亿元，同比增长 19.4%，其中农户贷款同比增长 18.5%，农村贷款同比增长了 22%，[①] 但

---

① 中共澧县县委、澧县人民政府：《澧县实施乡村振兴战略工作情况汇报》（2021 年 6 月 30 日），打印稿。

是，相对于整个澧县的农业农村发展庞大的需求来说，还显得严重不足。农民作为乡村振兴的投入主体，由于投入的环境不够优化，抵御投入风险的保障不强，农民投入没有发挥应有的主体作用。从澧县的农业企业看，它们市值小、盈利能力差、抗风险能力弱，没有发行公司债券，也不是资本关注的领域、不受资本市场青睐，市场资本进驻农业企业少。因此，整体来说，乡村振兴政府主导、农民主体、社会主力的投入机制还没有形成，造成了澧县乡村振兴的资金短缺问题。

（三）基础设施亟须提质改造

"十三五"期间，澧县加大基础设施建设取得了较大的成就，改造农村公路 1322 公里、危桥 133 座，自然村水泥路实现"组组通"，道路基础设施建设较为完善；新建、改造电网 2155 千米、大中型变电站 7 座，乡村电网改造成效明显。[①] 但是，一些基础设施维护不到位，完好度不够，特别是新基础设施和新基建发展不快，相比农业农村现代化的需求，基础设施的滞后还很明显。如尽管加强了以澧阳平原为主的高标准农田建设，但仍只建设了 61 万亩，只占耕地面积的 55%、占基本农田的 64%。同时，王家厂水库、涔水水库、山门水库三大自流灌溉水系及太青水库等小二、三型水库的有效灌溉面积只占耕地面积的 79.1%、基本农田的 92.9%，但有些机耕道修了之后出现断头路，没有把高标准农田整治这些项目结合实际、按照老百姓的需要来推进。全县机电排涝面积只有 77.8 万亩，只占耕地面积的 69.7%，基本农田的 81.9%。基础设施不完善的短板制约了现代农业的发展，亟须提质升级改造，因为农业产业经不起基础设施短板的折腾。[②] 一旦发生干旱或涝渍等自然灾害，容易造成严重减产或失收，山丘区更为明显。因此，推进基础设施补短板提质量，还是澧县乡村振兴的艰巨任务。

[①] 澧县人民政府：《在澧县第十七届人民代表大会第七次会议上政府工作报告》（2021 年 1 月 21 日），打印稿。

[②] 中共澧县县委、澧县人民政府：《澧县实施乡村振兴战略工作情况汇报》（2021 年 6 月 30 日），打印稿。

（四）人才短缺问题十分突出

县委、县政府非常重视乡村振兴的人才工作，通过"举办澧县葡萄、柑橘等产业领军人才培训班"，为每个产业培育了一批领军人物和行业带头人；通过举办澧县农副产品村播专训营，培训了一批学员，借力"网红经济"培育"网红村播"；着重培养了一批农技人员，充实到镇街，为农业农村和乡村振兴提供了许多人才。① 但是，随着产业的现代化发展，农业技术人员短缺问题日益突出，一些产业人才短缺问题已经严重影响产业的进一步发展，成为乡村振兴、产业兴旺的主要瓶颈。特别是对于葡萄、蔬菜、中药材等农业产业，本土人才的传统技术少，乡土经验用不上，更需要引进专业技术人才支撑。调研发现，乡村人才问题不仅仅是引进与培育人才就能够解决的问题，因为乡村的环境条件差，事实上一些已经引进的专业技术人才也"难留住"，有些技术人员一旦技术熟练了就远走高飞了，因此，在乡村留住人才的工作比培养和引进更为重要。不仅产业发展的专业技术人才短缺，而且一些企业到农忙季节请临时劳动力也难，乡村存在技术人才和普通劳动力双重短缺。澧县是现代农业走在前列的县域，人才短缺问题日益成为其乡村振兴过程中亟须解决的问题，亟须加大高素质职业农民的培育力度，优化人才环境，建立一支现代化的乡村振兴县域人才队伍。

（五）权责不清，基层责任过重

在县域落实乡村振兴工作中，各部门还面临着职责划分不明的困扰。如县乡村振兴局虽然已挂牌成立，但其"三定"方案还未出台，工作职责不明确，许多工作暂时无法交接，以致县域整个乡村振兴工作推进不顺畅。当前，巩固拓展脱贫攻坚成果与乡村振兴有效衔接工作仍然需要主要行业部门

---

① 中共澧县县委、澧县人民政府：《澧县实施乡村振兴战略工作情况汇报》（2021 年 6 月 30日），打印稿。

和镇街积极配合才能完成，但缺乏乡村振兴指挥部的有效总调度，各职能部门的职责没有具体明确，导致责任均往乡镇下压，造成乡镇和村难以担当乡村振兴重任的问题。特别是乡镇乡村振兴专职工作人员少且缺乏专业培训，而乡村振兴的落实任务却最终全部落到了乡镇，如何增强乡镇的自主权，如何使乡镇的乡村振兴工作权责对等？还需要进一步完善县域乡村振兴的工作机制，理顺乡镇的乡村振兴责任与权力关系。

三 全面推进乡村振兴的对策

针对乡村振兴中存在的问题，必须因地制宜和具体分析，全方位、多角度寻找解决问题的科学对策，可以从如下五个方面着手。

（一）优化品种结构，打造县域地标品牌

农产品产量与品质的高低，很大程度上依赖于品种。品种是农业生产的核心要素，品种不优质，产量与品质很难得到提升，农业发展必须重点关注品种结构优化，积极打造县域地标品牌，开拓消费市场。一是规划种植品种类型，优化品种结构。需要政府、农业企业、农户三者之间深入沟通，根据当地实际情况，因地制宜、按片区规划品种类型，着力优化水稻、葡萄、柑橘品种结构，增强特色产品优势。以"公司或合作社＋农户"模式、以市场为导向，以经济效益和提高品种、质量为中心，以公司或合作社、农户双方获利为原则，共同选择品种类型，政府做好调控、把关工作，推进品种结构优化。二是打造县域地标品牌，开拓消费市场。打造县域地标品牌是提升产品知名度、拓展产品市场、增加农户收入的重要手段。县域地标品牌的打造需要各方合力支持，政府要做好护航工作，公司或合作社、农户根据优势品种、市场喜爱度打造县域地标品牌。依托城头山"稻作之源"文化底蕴，增强城头山大米的文化韵味，努力打造城头山大米品牌，开拓消费市场；加大受市场欢迎的葡萄品种推广力度，优化葡萄品种结构，打造澧县葡萄品牌，推介"南方吐鲁番"名片。

（二）建好产业园区，推进产业融合发展

产业是脱贫攻坚的主要抓手，也是乡村振兴的重要前提条件。[①] 澧县充分利用自身资源，着力打造具有澧县特色的现代产业体系，取得了重大成果。要全面推进乡村振兴、产业兴旺，还需要利用澧县现有的农业产业园优势，亟须建好产业园区、推进产业融合发展。以湖南锦绣千村农业合作社"一园两中心"建设、洞庭春米业扩产提质等为抓手，确保粮食加工龙头企业创牌争优、打造城头山大米品牌的战略目标不变。一方面，加强产业园区基础设施建设。加大基础设施建设力度，要发挥财政资金四两拨千斤的作用，为产业园区建设提供健全的基础设施。政府各相关部门因地制宜做好产业园区规划工作，加快实现"一园一中心"步伐，建设具有澧县特色的产业园区；财政部门建立基础设施建设专项资金，加大对基础设施建设的投入力度，确保财政投入保障到位，加快完善产业园区基础设施建设，引导和撬动更多资本向乡村汇聚，促进农村产业发展。另一方面，推进产业融合发展，促进产业现代化。推进产业融合发展，是推动乡村振兴战略的重要抓手，是新时代农业产业转型升级、构建农村产业可持续发展机制的有效途径。[②] 推进产业融合发展，需稳定好特色产业，以水稻、葡萄特色产业为基础，不断挖掘发展潜力，提高生产效益，从而提升其孕育、催生二、三产业的能力，与休闲创意农业、乡村文化旅游、农村电子商务等新产业新业态相融合，延长产业链，提高附加值，促进农业产业现代化。

（三）提升社会化服务水平，引导农业规模化发展

社会化服务水平的高低，直接影响农业的发展规模。澧县公益性和准公益性社会化服务较好，但涉农企业主导的经营性农业社会化服务没有普及，

① 陈文胜、王文强主编《湖南乡村振兴报告（2019~2020）》，社会科学文献出版社，2020，第193页。

② 张玉军：《乡村振兴战略下农村产业融合发展的路径找寻——以江苏省丁庄村产业融合的创新实践为例》，《北京农业职业学院学报》2021年第4期，第18~23页。

在推进乡村振兴工作当中，提升社会化服务水平、引导农业规模化发展仍是重点。一是提升社会化服务水平，减轻农户生产劳动力投入压力。当前，留在农村的青壮年劳动力数量有限，农业生产面临劳动力不足的风险，以及农户自身投入发展产业资金有限，社会化服务在农业生产的推进方面就尤为重要。二是要强化政府主导的公益性和准公益性服务体系建设。在社会化服务主体贷款方面，延长还贷年限、降低利息等，减小还款压力；完善社会化服务主体保险服务，提供抗风险保障；加大社会化服务主体补贴力度，增添社会化服务发展信心。三是健全涉农企业主导的经营性农业社会化服务体系。扩大经营性农业社会化服务覆盖范围，提供产前、产中、产后的全面、系统、一体化的服务，减轻农户生产压力，引导农户扩大生产规模。四是建立企业主导的农业社会化服务新业态体系。以数字化技术深度融入农业服务全过程，建立智慧产业园，提高农业生产的科技含量。五是着力引导农业规模化发展。构建以促进农业规模化发展为核心的制度保障体系和政策体系，[①]在政策与制度双重保障下，结合实际情况，因地制宜推进农业规模化发展；成立以市场为导向的农业生产合作组织，在分析市场需求与自身实际情况的基础上，推进农业生产，减少因盲目跟风而导致的损失；健全推进农业规模化发展的法律法规，推进农业产业规模化发展。

（四）增强政策支持，培育新型农业经营主体

新型农业经营主体是农业现代化发展的现实需要，也是促进我国农业转型升级的重要推动力量。[②]澧县培育了一批新型农业经营主体，但数量不多，不足以支撑产业发展，新型农业经营主体的培育工作须加快推进。一是加大政策支持力度，搭建培育新型农业经营主体平台。要贯彻落实好相关扶持政策，充分发挥好财政扶持、信贷支持、税费减免等对人才培育引进工作

① 苏炜：《我国农业规模化发展管理机制的构建与创新路径研究》，《农业经济》2021年第2期，第28~30页。
② 刘美娟：《新型农业经营主体培育问题浅析》，《农业技术与装备》2021年第2期，第79~80页。

的作用，注重整合财税、金融、审批等各种政策优势，推进农业社会化服务向价值链高端延伸，为新型农业经营主体的培育做好保障工作；要搭建新型农业经营主体平台，当地政府与农业大学、科研院所、职业院校、地方党校联合办理一个涵盖文化知识、实用技术、农业科技及经营管理等方面的学习平台，满足新型农业经营主体的学习需求。二是培育新型农业经营主体，引导不同类型新型农业经营主体相联合。围绕特色优势产业加大新型农业经营主体培育力度，重视其他产业新型农业经营主体培育任务，形成联动机制，加快推进新型农业经营主体培育，形成各产业新型农业经营主体全覆盖；鼓励不同新型农业经营主体联合，以资金、技术、服务、市场等要素为纽带，大力发展资源共享联合体等新型组织形式，打造一体化的资源共享组织体系。三是引进和培训科技人才。邀请国家、省级中药材、茶叶、葡萄等方面的专家来澧指导产业发展，提供技术支持；县委组织部积极与省委组织部对接，争取省、市科技特派员组成科技专家服务团，田间地头现场教学培训，推进培训进入田间地头。四是培育乡土人才成为主体力量。总结"三注重三结合"农民职业培训经验，举办澧县葡萄、柑橘等产业领军人才培训班，每个产业培育一批领军人物和行业带头人。借力"网红经济"培育"网红村播"，拓展优势产品销售渠道；着重培养农技人员，充实到镇街，持续为农业农村和乡村振兴提供人才支撑。

（五）创新治理机制，激发农民和社会参与积极性

党的十九届四中全会指出，"社会治理是国家治理的重要方面，而乡村治理不仅是社会治理的重要方面，还是社会治理的重要基础"。[①] 乡村治理现阶段的重要任务是创新乡村治理体系，推进自治、德治、法治"三治融合"。创新治理机制、激发农民和社会参与积极性是创新乡村治理体系，推进自治、德治、法治"三治融合"需解决的问题。一是加强基层组织建设，

---

① 《中共中央关于坚持和完善中国特色社会主义制度推进国家治理体系和治理能力现代化若干重大问题的决定》，《人民日报》2019 年 11 月 6 日，第 1 版。

发挥党组织的核心作用。深入推进党支部"五化"建设，开展软弱涣散村社党组织摸排整顿，推进村社党组织"五化"建设全面达标。严格落实县级部门联审机制，队伍结构全面优化，真正达到"一降一升"的效果。持续开展基层党员和干部队伍培训，全面提升基层干部综合素质。二是推进"三治融合"，提升治理水平。要以自治为重点，促进乡村治理自治机关协调机制的构建，优化治理主体参与乡村治理形式，打通农民和社会参与治理渠道，提升乡村治理自治水平；要以法治为保障，运用法治思维保障公共权利的规范化运行，以法治方式促进农民权利合法保护，加大法律深入基层力度，提升乡村治理的法治水平；要以德治为基础，充分发挥道德规范净化农民心灵、规范农民行为的作用，发挥村规民约规范村民作用，健全村规民约制定执行机制，培育乡村公共精神，提升乡村治理德治水平。三是提升农民和社会参与度，激发主体积极性。健全民意表达渠道，通过屋场会、户主会调动农民和社会参与积极性，畅通表达渠道，提升治理参与度，提高成就感；健全教育培训平台，通过教育培训平台提高农民知识文化水平和法律意识，以规范、合理的方式参与乡村治理，提高治理的有效性。

参考文献

陈进华：《乡村振兴要夯实乡村治理这个根基》，《经济日报》2020年8月27日。

陈文胜、王文强主编《湖南乡村振兴报告（2019～2020）》，社会科学文献出版社，2020。

陆福兴：《现代化改造：乡村振兴进程中小农户发展的方向》，《浙江学刊》2019年第3期。

张玉军：《乡村振兴战略下农村产业融合发展的路径找寻——以江苏省丁庄村产业融合的创新实践为例》，《北京农业职业学院学报》2021年第4期。

苏炜：《我国农业规模化发展管理机制的构建与创新路径研究》，《农业经济》2021年第2期。

刘美娟：《新型农业经营主体培育问题浅析》，《农业技术与装备》2021年第2期。

B.7
南县2021年乡村振兴研究报告

瞿理铜　易永喆*

摘　要： 保障国家粮食安全是产粮大县的重要责任。南县作为产粮大县，在扛稳国家粮食安全重任的同时，全面深化"三农"领域的改革创新，在特色产业发展、农村人居环境整治、农村殡葬改革、高标准基本农田建设等方面走在全省前列，荣获全省实施乡村振兴战略先进县称号，探索出了一条农业大县全面推进乡村振兴的创新实践之路。当前全面推进乡村振兴需要破解如下现实难题：主导产业附加值有待进一步提升、农业农村基础设施相对薄弱、乡村振兴市场要素支撑存在短板、农民增产不增收难题有待破解、农民主体作用尚未充分发挥等。进一步推进南县农业农村高质量发展的基本建议：围绕特色产业不断强链补链延链；进一步深化改革、强化市场要素保障；推进乡村基础设施和公共服务提档升级；继续推动国家现代农业示范园建设；创新实现农民主体地位的乡村治理机制。

关键词： 南县　乡村振兴　产粮大县　城乡融合

---

* 瞿理铜，湖南师范大学中国乡村振兴研究院副教授，主要研究方向为土地经济与土地政策、区域发展与城乡规划；易永喆，湖南师范大学中国乡村振兴研究院、马克思主义学院硕士研究生，主要研究方向为农村土地制度。

民为国基,谷为民命。粮食事关国运民生,粮食安全是国家安全的重要基础。新中国成立后,中国始终把解决人民吃饭问题作为治国安邦的首要任务[1]。习近平总书记在 2020 年中央农村工作会议上强调,"稳住农业基本盘、守好'三农'基础是应变局、开新局的'压舱石',要'实现粮食安全和现代高效农业相统一',把确保重要农产品特别是粮食供给,作为实施乡村振兴战略的首要任务"。南县地处湘鄂两省边陲,系洞庭湖新淤之地,是典型的湖区农业大县、产粮大县,素有"洞庭明珠"的美誉。面对粮食生产农资价格较快上涨、种粮比较收益下降的严峻挑战,南县不断创新种植模式,推进粮食精深加工,打造湘米品牌,从保险覆盖、种子供应、水利调度、技术支持等方面加大对粮食生产的支持,确保粮食种植面积不减少,粮食产量不下降。在扛稳国家粮食安全重任的同时,积极发展稻虾米、南县小龙虾、南县蔬菜等特色产业,做大做强乡村特色产业,美化乡村人居环境,倡导乡村文明新风尚,创新乡村治理机制,提高农民生活水平,探索出了一条农业大县全面推进乡村振兴的创新实践之路。

一 坚持农业农村优先发展,开创乡村振兴新局面

南县按照"产业兴旺、生态宜居、乡风文明、治理有效、生活富裕"总要求,全面推动实施乡村振兴战略,实现了农业提质增效、农村文明进步、农民增收致富。2020 年,全县农林牧渔业总产值达 114.3 亿元,同比增长 4.4%,增速居全市第二位;农村居民人均可支配收入达 19490 元,同比增长 9.3%,高于全市平均增幅 0.5 个百分点,高于全省平均增幅 1.6 个百分点,荣获全省实施乡村振兴战略先进县称号[2]。

(一)粮食生产和特色产业发展"三量齐升"

产业兴旺是乡村振兴的关键。近年来,南县着力优化农业结构,依托处

① 《中国的粮食安全》,新华网,2019 年 10 月 14 日。
② 中共南县县委农村工作领导小组办公室:《南县实施乡村振兴战略工作情况汇报》,打印稿。

于湖区的区位优势，充分利用湖区独特的资源，大力发展稻虾共生养殖，稻虾产业实现了迅猛发展，实现了粮食生产和特色产业发展"三量齐升"。

1. 粮食生产和特色产业总量实现新跨越

2020 年，南县全年粮食播种面积 95.1 万亩，粮食总产 41 万吨，超额完成省、市下达的 86 万亩、39.4 万吨的粮食生产任务。县农业农村局获国家杂交水稻工程技术研究中心"粮食高产绿色优质科技创新工程先进示范基地"荣誉称号。2020 年 11 月 23 日至 25 日，南县代表湖南省迎接中央一号文件督查，"三农"工作获得中央督查组的高度肯定。同时，2020 年全县稻虾种养面积达 60 万亩，产小龙虾 10 万吨，稻虾米原粮 30 万吨，综合产值超过 140 亿元；全县稻虾产业从业人员达 12.8 万人，18000 多名贫困人口通过发展稻虾产业实现稳定脱贫[1]。

2. 粮食生产和特色产业增量实现新突破

2016 年以来，南县积极探索农业接二连三、农民增收致富新路子，依据县域湖乡优势条件，将稻田种植与小龙虾养殖有机结合，多措并举推进稻虾共生高效种养模式，稻虾生态种养面积从 2017 年 6 万亩增长到 2020 年 60 万亩，3 年时间增长 10 倍，小龙虾产量从 2017 年 4 万吨增长到 2020 年 10 万吨，3 年时间增长 2.5 倍，产业规模和影响力位居全省第一、全国第三。同时，南县在现有稻虾种养模式上，进一步探索稻虾蟹、稻虾鸭、稻虾鱼生态养殖模式，做好"稻虾+"文章。

3. 粮食生产和特色产业质量实现新提升

为把资源优势变为产业优势，南县以发展农产品品牌作为促进产业做大做强的重要抓手，积极实施农业品牌化发展战略，提升农产品品质，带动农产品出口。2020 年，全县通过"三品一标"农产品认证达 68 个，"南县草龟""南县中华鳖""南县小龙虾""南洲稻虾米""克明面业"等一大批南县品牌农产品畅销欧、美、日、韩等 40 多个国家和地区，实现粮食生产和特色产业高质量发展。

---

① 中共南县县委农村工作领导小组办公室：《南县实施乡村振兴战略工作情况汇报》，打印稿。

（二）生态宜居宜业，美丽乡村建设迈出新步伐

南县以"水清、地净、村绿、房美"为目标，做好"四化"（路面硬化、村庄绿化、道路亮化、环境美化）文章，不断改善农村人居环境，该项工作荣获湖南省2020年度真抓实干成效先进县，全县目前有7个村入选省级美丽乡村。

1. 因地制宜，推进农户庭院"六个一"人居环境整治

2020年以来，南县积极推行农户庭院"六个一"整治工作：规整一个菜园，着力解决农户房前屋后杂草丛生、土地荒芜、蚊虫滋生等问题；建好一个畜禽圈养栏舍，着力解决因畜禽散养带来的禽畜粪便污染环境、侵害农作物等问题；建好一间杂屋，着力解决农户房前屋后及室内农机具、农药化肥、柴草等生产生活物资乱堆乱放的问题；开挖一条排水沟，着力解决排水沟阻塞不畅、杂草丛生、易产生黑臭水体的问题；安装一个三格式化粪池，着力解决厕所粪污无害化处理和资源化利用的问题；安装一个沤肥凼，着力解决农村生活垃圾源头减量、分类处理和资源化利用的问题。

2. 聚指成拳，强化农业面源污染防治

农药、化肥过量使用，已成为南县农业面源污染的主要因素。2020年以来，南县以污染防治攻坚"百日会战"为契机，全面推进农业面源污染防治。首先，污染实现减量化。大力推进农作物绿色防控，全县开展绿色防控的面积达到30万亩；病虫害专业化统防统治85.30万亩，农药使用量同比下降了4.27%；加强畜禽养殖粪污处理设施建设，设施已经投入使用的达73家；稻虾养殖过程中禁止投肥投饵，面积达2.10万亩[①]。其次，推进农业废弃物循环化综合利用，出台农药包装、农膜等农业废弃物回收和处理相关办法，建设稻草收集点和农业废弃物收集池。同时，南县推进化肥农药减量、畜禽粪污治理、农业废弃物回收等治理，推广水旱轮作、稻田综合种养等绿色生态种养技术与模式，实施南县沱江流域农业面源污染综合治理试

---

① 中共南县县委农村工作领导小组办公室：《南县实施乡村振兴战略工作情况汇报》，打印稿。

点项目，覆盖耕地面积 2.35 万亩，通过项目实施，将项目建成洞庭湖平原农业面源污染综合防治示范区，示范区内化肥农药保持零增长，畜禽粪污和生活污水处理利用率达 90% 以上，水产养殖废水废物实现循环利用。

3. 专项督查，狠抓禁捕退捕，守护一江碧水

南县地处长江沿线的洞庭湖、大通湖、藕池河东支、淞澧洪道等国家、省级湿地及水生生物保护区，沟港河道交错密布，是很多水生生物的优良栖息繁衍场所，然而复杂的水域也为非法捕捞者提供了便利。为此，南县自2020 年来持续开展打击非法捕捞"冬春攻势"和"渔政亮剑 2021"等专项行动，全县共开展渔政执法日常巡查 10478 人次，共处理非法捕捞案件 32起：其中立案侦办刑事案件 6 起，刑拘 8 人，移送起诉案件 1 起 6 人；立案查办行政案件 26 起。进一步健全禁捕退捕工作领导机制，组建工作专班，压实工作责任，加大宣传力度，严格执法监管，禁捕退捕工作取得阶段性成效。县公安局、县农业农村局、县市监局、自然保护区南县管理局及相关乡镇日常巡查 2400 余次，出动执法人员 6400 余人次，收缴地笼网等非法捕鱼网具 3 万余张，处理禁捕案件 101 起，其中刑事案件 54 起，行政处罚47 起[①]。

在春季禁捕"打非治违"专项行动中，南县生态环境保护委员会进一步强化联动打击机制，以案释法，形成威慑。全县采取利用"雪亮工程"点位视频日夜监控、对不文明春季垂钓行为进行规劝、地毯式排查清缴"地笼网"等办法，结合日常巡逻，发动群众积极举报，严厉查处用电炸、毒鱼、迷魂阵、深水张网等有害作业方式非法捕鱼行为，为鱼儿让出生命通道。

（三）乡风文明建设因地制宜全域推进

乡风文明是乡村振兴的总要求之一，南县以建立健全"一会一约"、唱响乡风文明新风尚为主线，以文化惠民工程为突破口，根植乡土文化，倡导

---

① 中共南县县委农村工作领导小组办公室：《南县实施乡村振兴战略工作情况汇报》，打印稿。

移风易俗，形成崇节俭、讲文明、摒陋习的良好新风尚。

1. 建立健全"一会一约"，唱响乡风文明新风尚

近年来，南县创新工作方式，建立"一会一约"制度，唱响新时代文明实践好声音，深入推进移风易俗。一会，即红白理事会，推选德高望重、处事公道、有一定影响力的老党员、老教师、老干部，成立红白理事会，制定工作章程，全程指导监督本村婚丧事宜。一约，即村规民约，通过广泛征求群众意见，将移风易俗工作纳入村规民约，对喜事新办、丧事简办、厚养薄葬等加以规范，使其成为村民自觉行动。从 2020 年起，南县把开展"倡移风易俗，树文明乡风，建美丽乡村"主题实践活动作为党支部书记抓精神文明建设"一号工程"，大力度推进移风易俗进村规民约，村村成立红白理事会，积极引导广大群众破陈规陋习，树文明新风。村看村、户看户；群众看党员、党员看干部。南县坚持把发挥好广大党员干部在移风易俗中的表率作用作为贯彻落实中央八项规定及其实施细则精神的一道必答题，建立党员干部承诺书制度、报批制度、谈话提醒制度、警示教育制度、问责追责制度、"一案双查"制度等，用严的纪律规矩保障广大党员干部争做推进移风易俗、唱响新时代文明实践好声音的领唱者、传播者。

2. 深入实施文化惠民工程，健全乡村公共文化服务体系

不断加强乡村文化设施建设，举办乡村文化活动，积极参与文化活动成为南县农民生活的重要组成部分。2020 年以来，南县深入实施文化惠民工程，基层综合文化服务中心实现全覆盖：132 个行政村已全部建成村级综合文化服务中心，覆盖率 100%；图书馆、文化馆在每个乡镇文体卫站都设有分馆，设置率 100%。各乡镇综合文化站（服务中心）、村级综合文化服务中心均达到"七个一"建设标准。殡葬改革依法推进，完成农村公益性公墓建设 12 处，完成 4462 套墓穴安装，推动殡葬改革工作获得省政府 2020 年重点工作综合大督查典型经验做法通报。

3. 厚植乡村沃土，形成文化自觉

传承民俗文化，融合现代理念。南县将法治宣传与传统文化进行有机结合，充分发挥南县花鼓戏历史悠久和通俗易懂的优势，推出了一些群众喜闻

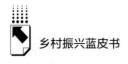

乐见的法制类花鼓戏节目，如《走在阳光路上》《社区矫正法听我说》等。自"七五"普法以来，全县共推出此类花鼓戏节目20多部，在全县开展演出80多场次，让群众在传统文化中感受法治熏陶。

4. 引导乡贤反哺，助力乡村文化振兴

南县紧紧围绕培育和践行社会主义核心价值观，通过"贤"的引领、"能"的带动、"德"的滋润、"善"的教化、"敬"的尊崇，切实发挥新时代乡贤在推进乡村文化建设中的引领带动作用，凝聚起推动南县新时代精神文明建设和乡村振兴战略的强大合力。

（四）党建引领逐步形成乡村善治新局面

健全党组织领导的自治、法治、德治相结合的乡村治理体系，构建共建共治共享的社会治理格局是党中央关于实施乡村振兴战略的明确要求。南县以发挥党建引领优势为着力点，创新社会治理模式，打造村民共治格局，构建乡村法治体系，让法治文化由"软力"变"硬核"。

1. 发挥党建引领优势，赋能乡村治理

南县发挥党组织的引领作用，加强乡村两级干部队伍的教育培训管理，在加强乡村治理、维护一地稳定、助推一地发展等方面发挥了桥头堡作用。以南县浪拔湖镇兴桥村为例，该村坚持以党建引领发展，充分挖掘区位优势，大力推进乡村振兴，不断壮大农村集体经济，村党支部整合农村集体资源、盘活村级资产，成功引进农博城、克明食品加工厂、湘味斋食品、红星美凯龙等企业进驻该村。同时，南县深入开展农村党支部"五化"建设，全面实行党员领导干部联片包支部制度。大力实施"头雁培训计划"，每年举办村（社区）党组织书记培训班、村干部履职能力培训班，提升村干部处理基层事务、服务群众能力。

2. 创新社会治理模式，打造村民共治格局

积极组织开展屋场会，围绕老百姓关心的村庄发展问题，大家一个板凳围成一圈，宣传上级政策，听取百姓意见，解答相关疑惑，共谋村庄发展，实现乡村治理"人人可参与、个个可发言"。在屋场会选题上，结合党和政府

的中心工作，在普法、党史学习和基层治理方面不断加大群众参与力度，让屋场会成为政策的"宣讲会"、干群的"交心会"和为民办实事的"推进会"。

3. 播撒法治种子，构建乡村法治体系

南县按照全面依法治国的要求，努力引导群众形成办事依法、遇事找法、解决问题用法、化解矛盾靠法的理念。不断推进法治文化传播，打造法治文化广场、法治文化公园、法治文化示范路、法治文化长廊，明确要求各部门各单位都要有法治文化宣传阵地，法治文化宣传建设形成新格局，全县成功创建了2个国家级民主法治示范村、4个省级民主法治示范村。积极运用新媒体普法，建立多层次、立体化、全方位媒体普法平台，探索"指尖普法"新模式。

（五）农民收入全省领先，生活品质不断改善

农民收入是否增加、生活水平是否提高是衡量乡村振兴战略实施效果的重要评价指标，拓宽农民增收渠道，不断提高农民生活水平，让广大农民有更多获得感和幸福感，是乡村振兴的出发点和落脚点。南县通过创新种养模式、推进产业融合、稳定农民就业、加强社会保障等多项举措，促进农民增收，农民收入高于全省和全市平均水平。随着收入水平不断提高，农民消费支出尤其是耐用消费品支出明显增加，带动农民生活水平不断提高。

1. 农民收入保持高速增长态势

2020年，南县全体居民人均可支配收入25121元，比上年增长6.8%；全县城镇居民人均可支配收入32550元，增长4.8%；全县农村居民人均可支配收入19490元，增长9.3%，比城镇居民人均可支配收入增速高4.5个百分点，比全县全体居民人均可支配收入增速高2.5个百分点，城乡居民收入差距在不断缩小。农村居民人均可支配收入比益阳市平均水平高672元，增速比全市平均水平高0.5个百分点，比全省农民人均可支配收入高2905元，增速比全省平均水平高1.6个百分点[1]。

---

[1] 南县统计局：《南县2020年国民经济和社会发展统计公报》，南县人民政府网站，2021年3月18日。

2. 农村消费市场提档升级

2020 年,南县实现县域社会消费品零售总额 84.94 亿元,增速居全市第二位。一是耐用消费品消费加快增长。汽车新车零售类增长 8.5%;家用电器零售类增长 10.4%。二是网络零售快速增长。全县不断优化营商环境,大力发展"互联网 +"新商业模式,限额以上互联网商品零售额增长 12.2%,网络零售成为促进消费升级,培育新业态、新模式的重要力量。三是住房改善需求不断释放。商品房销售面积 78.1 万平方米,增长 15.1%,其中住宅销售面积 67.8 万平方米,增长 29.0%[①]。

3. 就业和社会保障成就显著

就业形势保持稳定,2020 年全年新增城镇就业 4960 人,其中失业人员再就业 2604 人,就业困难对象再就业 705 人;新增农村劳动力转移就业 2392 人,新增贫困劳动力转移就业 639 人;全年完成职业培训 13517 人次、"两后生"技能培训 30 人次、创业培训 960 人次;城镇登记失业率控制在 4.5% 之内。社会保障不断加强,2020 年城乡居民养老保险实现全覆盖,基本医疗保险参保率达 95.5%,工伤、失业、生育保险覆盖面持续扩大,社会保障卡持卡人数达 56 万人。累计实施临时救助 8900 人次,城乡低保、特困供养标准及残疾人两项补贴实现提标。养老服务体系建设积极推进。"农村留守儿童之家"实现全覆盖。"民政五院"合建工程竣工[②]。

二 全面推进乡村振兴需要破解现实难题

乡村振兴既是一场攻坚战,更是一场持久战,经过三年多的努力,南县乡村振兴工作取得了一定成效,得到了省委省政府的高度肯定,但同时也应该清醒地看到,与全面乡村振兴相比,依然面临不少问题,调研发现,乡村

---

① 南县统计局:《南县 2020 年国民经济和社会发展统计公报》,南县人民政府网站,2021 年 3 月 18 日。

② 南县统计局:《南县 2020 年国民经济和社会发展统计公报》,南县人民政府网站,2021 年 3 月 18 日。

主导产业附加值有待提升，基础设施短板依然存在，乡村振兴市场要素支撑有待强化，农民增产不增收等。进入新发展阶段，南县需要在新的起点上，继续深化改革，破解发展中的难题，努力推进乡村振兴工作再上新台阶。

（一）主导产业附加值有待进一步提升

稻虾米和小龙虾作为南县的主导产业，其规模、产值和品牌等影响力日渐显现，但与国内外同类型地区同类产业比较，还存在行业缺乏有效整合、产业深加工不够、产业融合度不高和销售物流体系不健全等问题，产业附加值有待进一步提升。

1. 行业缺乏有效整合

由于南县小龙虾行业协会凝聚力不够，缺乏组织种养户抱团取暖的意识和能力，对市场信息掌握不精准，没有团结种养户把握小龙虾上市时机，使得农户缺乏小龙虾交易定价和议价的话语权，出现虾贱伤农现象。如2020年小龙虾价格总体低迷，多数农户收益很低，甚至个别农户赔钱，导致部分农户放弃稻虾、回填虾沟。

2. 产业融合度不高

近年来，南县稻虾产量在不断增长，但全县与稻虾相关的二、三产业企业数量、规模、消化能力等都不足。南县小龙虾加工企业只有一家，南县小龙虾大部分是以鲜货上市，使得小龙虾丰收年份价格低，影响农民收入增长。同时，目前南县小龙虾局限于初加工，深加工的产品不多，产品的附加值不高。稻虾米加工企业也因资金周转、市场开拓等问题，大部分仍以常规大米加工、销售为主，产业链条短。餐饮业集聚效应不明显，吸引外地食客不多，通过餐饮消化小龙虾能力有限。

3. 新型技术推广难

小龙虾种养户受文化水平、传统意识等影响，对新型种养技术往往难以接受，育养分离等"养大虾"的科学种养技术推广面积不大，导致虾苗密度过大，商品虾规格小、售价低。稻虾米同样面临技术困境，目前南县稻虾米种植没有形成自己的特色种苗，基本上仍以黄花粘等品种为主，品种选用

不一。目前未筛选出合适的南县稻虾米专用品种，加工企业主推品种不统一，导致南县稻虾米产品质量参差不齐，存在品质退化、同质化严重、市场卖价低等问题。

4. 现代化物流销售体系不健全

现代化物流体系不健全，冷链物流企业少、规模小，货物不集中、整车配载率低，电商运营销售物流成本高，电商市场拓展慢。规范化交易集散体系不健全，标准化生鲜小龙虾集散地少，吞吐量有限。乡镇集散场地多而杂，缺乏规范、有序引导，分拣标准不高，鲜货需通过多重商贩才能进入市场，加上运输管理缺乏经验，导致损耗严重，销售成本过高，影响了南县小龙虾在部分地区的口碑。

（二）农业农村基础设施相对薄弱

南县属于农业大县和产粮大县，主导产业的特殊性使得南县税收来源有限，地方财政支出主要依靠上级财政转移支付。同时，南县农村集体经济比较薄弱，2020年132个行政村中集体经济收入5万元以下的村有55个。由于地方财力有限，加上农村集体经济较为薄弱，乡村基础设施全部依靠上级财政转移支付来建设和维护，很大程度上制约了乡村基础设施提档升级。

1. 农田基础设施仍然薄弱

突出表现在水利设施方面，因乡镇内湖调水蓄水能力下降，外河冬春水位过低，甚至出现断流，各部门或养殖户想方设法，仍难以保障正常的生产水源；同时，很多种养大户在开挖过程中重新整合丘块，改变了原有布局和水系，有些种养基地水利设施陈旧，达不到活水、调水的养殖要求。在电力配套方面，偏远养殖基地农业生产用电线路还没有建成，或容量太小，满足不了稻虾生产需要。

2. 乡村污水处理设施维护水平低

目前，南县已完成乡镇污水处理设施全覆盖，建设污水厂、站共14座，其中建制镇11座、集镇3座，总处理规模为10010吨/天。配套主次污水管网160余公里，提升泵站45座。然而，乡镇污水处理厂交付使用至今，因资金短缺，致使污水管网堵塞、损坏得不到及时修复、欠缴电费时常出现停机①。

3. 乡村交通基础设施建设和维护难

这主要表现为农村公路等级偏低。截至2020年，南县纳入省统计范围内的农村公路管养里程为1397.08公里，计划外农村公路里程1200公里，其中四级及以下等级公路占比超过80%，农村公路发展水平仍有较大的提升空间。公路危桥逐年增加，南县统计年报内桥梁共计213座，其中农村公路桥梁175座，农村公路桥梁中四五类危桥有30座，同时农村公路危桥有逐年增加的趋势②。乡村公路养护不足，虽然南县各乡镇公路养护站已成立，"路长制"等制度已初步建立，但职能和作用发挥不明显，且群众参与公路养护的自觉性不高，农村公路养护力度不够。

（三）乡村振兴市场要素支撑存在短板

乡村振兴是区域城乡发展的重要组成部分，其关键是解决要素流动的问题。"人、地、钱"是乡村振兴的关键要素。改革开放以来，资金、人才等生产要素很大程度上是由农村向城市流动，造成农村"空心化"、"老龄化"和"贫困化"。调研显示，南县乡村振兴过程中同样存在要素支撑短板。

1. 涉农企业融资难且成本高

南县涉农企业季节性收购农产品，需要大量的流动资金，资金压力大，而目前金融机构贷款大多需要抵押物，农业企业资产抵押评估严重偏低，甚至可以缩水5倍，导致普遍融资困难。如溢香园粮油公司企业资产1900万元，抵押贷款只能贷400万元。金之香米业贷款800万元，需要先付担保公司16万元担保费，一定程度上增加了涉农企业的融资成本。同时，农业尤其是粮食生产具有一定的公益属性，国家政策性银行本应该给予贷款支持，但实际上涉农企业与政策性银行对接后却难以获得贷款。

---

① 南县住房与城乡建设局：《南县住建局关于乡村振兴工作的相关发言材料》，打印稿。
② 南县交通运输局：《在全县乡村振兴调研会上的发言》，打印稿。

2. 乡村振兴人才支撑严重不足

乡村振兴关键在人，目前南县乡村人才总量不足，农村"空心化"现象严重。大部分年轻人选择外出务工就业，留在农村的基本上是老龄人或劳动力较弱人群，普遍存在文化程度和技能不高现象，农村人才匮乏。根据南县第七次人口普查公报数据，南县常住人口48.90万人，其中大专及以上文化程度者只有2.64万人。除去公务员、教师、医生后，全县几乎没有什么人才。目前南县从事农业生产的农民专业知识不够，采用的还是以前老的耕种方法，而且有严重的年龄断层，目前种田的大多是50岁以上的农民。而乡村专业技术人才也同样不足。以乡村医生为例，南县目前有402名在岗的乡村医生，其中70岁以上的23名、60～69岁的75名。2017年以来，南县政府对乡村卫生室建设投入了458万元，实现了每个村都有卫生室，但是真正能够运营和发挥作用的不多。农业专业技术人才方面，截至2022年底，县农业农村局农业专业技术人员将退休22人，专业技术人员出现严重断层①。同时，乡镇机构改革后，部分乡镇农业专业技术人员分流到其他部门，乡镇农技队伍已经无法承担当前农业生产技术指导工作。

3. 涉农企业和设施农业用地瓶颈突出

虽然国家层面出台了设施农用地方面的通知，但省市层面实施意见还没有出台，国家的通知规定可以将一定面积的一般耕地用于设施农业，但在操作层面有风险。如某家涉农企业投资一个农仓，没有进行地面硬化，符合设施农用地要求，但如果遭遇大棚房整治被拆，对于涉农企业而言则意味着十几年的利润被拆掉，这使得目前涉农企业对设施农业投资缺乏信心。同时，推进乡村多层次产业融合发展离不开建设用地，建设用地存量时代新增建设用地难度较大，南县大量涉农企业用地报批时间长达一年却依然没有获批，而南县存量集体经营性建设用地非常有限，使得乡村二、三产业发展面临用地瓶颈。

---

① 南县农业农村局：《2021年上半年工作总结》，打印稿。

（四）农民增产不增收难题有待破解

随着南县稻虾产业的影响力不断提升，大量农户加入稻虾产业种养中来，南县稻虾产业规模急剧增长，但近年来，作为市场个体的农户并没有明显增收，在一定程度上影响了农民种粮的积极性，使得双季稻扩面难度越来越大。

1. 种粮成本增加，比较效益下降

国家提出保障粮食安全，受耕地总面积约束，稳产量和增产量很大程度上只能依靠种植双季稻，而根据南县种粮户测算，种双季稻的纯收益还不如一季稻。根据测算，目前种植双季稻，亩均纯收益能达到400元已经属于收成比较好的情况，而目前农民外出务工，每天的工资都在100元/天以上，农民外出务工收益比种粮好。

2. 新型经营主体与农民利益链接机制不健全

农民种植环节品牌收益分成太低。南县稻虾米是南县区域公用品牌，而稻虾米稻谷收购价格仅仅比一般的稻谷高0.1元/斤，说明稻虾米种植环节在稻香米这个区域公用品牌中的收益分成不理想，新型经营主体与农民的利益链接机制不健全，农民没有享受到稻虾米加工、销售过程中的增值收益。

3. 国家对种粮支持力度有限

2021年，国家根据农资价格上涨情况安排了200亿元资金[①]，对实际种粮农民一次性发放补贴，然而按照国家耕地面积20.3亿亩总量来计算，每亩种粮补贴不到10元，这点微薄的补贴难以激励农户种粮的积极性，这也是南县农户不愿意种植双季稻的重要原因。

（五）农民主体作用尚未充分发挥

实施乡村振兴战略，不仅在党和政府工作中要将优先加快农业农村现代

---

① 《李克强主持召开国务院常务会议　决定针对今年以来农资价格较快上涨对实际种粮农民一次性发放补贴等》，中国政府网，2021年6月18日。

化落到实处，而且还要体现农民主体地位，更要发挥农民主体作用。但在南县调研后发现，乡村振兴农民主体作用尚未得到充分发挥。

1. 依然存在"等、靠、要"现象

部分农民参与乡村振兴的动力不足，认为乡村振兴与脱贫攻坚一样，属于政府的事情，国家对地方政府乡村振兴有考核，地方政府干部会比农民更加着急。同时，部分干部群众认为乡村振兴就是向上要项目、争取资金，上级会拨钱大力推进乡村振兴工作，故部分地方仍然存在"政府干、农民看"的不良现象。

2. 美丽乡村建设农民参与不够

据调查，南县乡村卫生保洁方面，政府需每年投入 2000 多万元聘请第三方专业公司进行清扫①，没有充分调动农民参与美丽乡村建设。

3. 组织发动群众不足

部分乡镇农村基层党组织负责人缺乏创新意识，组织群众参与乡村振兴的思路不开阔、方式方法陈旧，部分村级党组织负责人甚至自作主张决定一些村级重大事项，农民参与的积极性没有被充分调动起来，使得农民主体地位作用没有得到充分发挥。

4. 乡村振兴政策和规划过于抽象

目前南县在农村从事农业生产的农民，大多数人受教育程度不高，现行乡村振兴政策和规划相对于农民而言较为抽象，农民看不懂，觉得乡村振兴离自己很遥远，也不知道自己到底要怎样参与到乡村振兴中来，导致农民主体作用没有得到充分发挥。

5. 农村村民自治逐渐变样

目前县委直接介入村支两委人员选定，村民选举权和被选举权在某种程度上被虚化，村支两委只需要完成上级规定的任务即可，村民自治越来越异化。

---

① 中共南县县委农村工作领导小组办公室：《南县实施乡村振兴战略工作情况汇报》，打印稿。

三 推进农业农村高质量发展的基本建议

实现乡村振兴目标不是一蹴而就的事情，南县要进一步做好乡村振兴工作，必须走城乡融合发展之路，始终坚持农业农村优先发展，在做强特色产业、升级基础设施和公共服务、集聚市场要素、建设现代化农业园区、创新实现农民主体地位的体制机制等方面下功夫，从而为全面乡村振兴激发内生动力，不断提高农业农村发展质量，打造"全省城乡融合发展示范区"。

（一）围绕特色产业不断强链补链延链

以南县稻虾米和小龙虾为主导，加快产业结构调整，提高综合生产能力，推动特色产业由增产向提质增效转换。聚焦实施"三品一标"（品种、品质、品牌、标准化）行动，着力打造高质量稻虾产业集群。

1. 加强技术研发推广

必须着力用现代技术不断提高农业的高质量发展水平。一是大力推进品种培育。建议由农业和畜牧水产部门牵头，加快高档优质水稻品种的示范筛选工作，借鉴五常大米经验，培育适合南县稻虾米的专有种苗，从源头提高稻虾米的价值。加强县域、企业与高等院校、科研院所的合作，加快小龙虾良种繁育攻关，通过外地引进、自我繁育等措施，培育推广个大肉多、抗逆性强的优质小龙虾品种，解决小龙虾近亲繁殖问题，力争早日实现小龙虾错峰上市甚至冬季上市，延长小龙虾的交易时间。同时，多举措推广优良品种。采取政府采购、以奖代补等激励措施，大力推广高产、抗倒、质优的水稻品种。同时，加大优质水稻品种补贴和机插秧农机补贴力度，协调加工企业优质优价收购稻虾米原粮，鼓励农户发展稻虾田高档优质水稻种植。二是加大先进稻虾种养技术推广力度。加快推广"育养分离"等小龙虾养殖方法，树立"养大虾、好赚钱"的养殖理念，推动龙虾市场向高端市场升级。建立专业技术培训机制，采取送出去、请进来等有效办法，借鉴学习湖北等地成熟的稻虾种养技术，培养本土技术骨干。加强投入品经营主体、种养户

培训，切实提高种养户的技术水平。加大典型引路推广力度。建议将稻虾技术推广纳入相关项目笼子，通过项目扶持，建立县乡村稻虾种养示范点，通过以点带面，实现科学种养技术、种养模式全覆盖推广。

2. 推动产业提质升级

在激烈的市场竞争中，只有不断地推动产业提质升级才能不断地占领制高点，高质量发展才能有根本保障。一是扶持本地企业发展。加大对克明、顺祥、金之香、溢香园、助农等龙头企业的扶持力度，进一步强化产业链、提高产品竞争力、拓展国内外市场。发挥龙头企业销售主体和带动作用，增强企业对小龙虾和商品粮的消化能力。支持鼓励名优特新稻虾产品进商超、进电商、进展会。二是做好项目引进。通过招商引资，引进冷链加工、餐饮连锁企业和生物质提炼（甲壳素、虾青素、氨基酸）等初、深加工项目，提高产品附加值，解决本地企业少、消化能力弱，产出高峰季节谷贱伤农、虾贱伤农问题。三是完善主导产业环保设施。推广提质减量策略，提高养殖技术水平，控制龙虾存栏量和投饵量。扶持有条件的示范基地、专业合作社、种养大户带头建设尾水集中处理系统。通过奖补政策等，鼓励同一区域内的种养散户串联成片，集中进行尾水处理。

3. 强化品牌建设管理

品牌是竞争力的综合体现，推进农产品品牌建设，是优化产品和产业结构、推进农业高质高效的有效手段。一是争创名牌。积极申报各种"国字号"品牌荣誉，鼓励企业、协会开展绿色、有机产品认证，创建"驰名商标""著名商标""名牌产品"等企业品牌。二是加强区域公共品牌管理。完善"南洲稻虾米"公用品牌的准入制度，统一"南洲稻虾米"的质量标准，包括品种、生产技术、加工过程、稻米品质、包装规范等，良性生产、有序竞争，形成产业合力。对稻虾米和小龙虾试行等级区分，规范不同等次产品对应的销售价格。建立稻虾米溯源体系，实现对每一农户的稻虾米进行检测。三是加大稻虾米品牌宣传力度。利用好"南县稻虾米"获评地理标志保护产品、获得巴拿马太平洋万国博览会金奖等荣誉，通过举办节会、展会促销等途径，综合利用主流媒体、公交车身及站牌、门店店面、短信提醒等宣传窗口，积极用好微信、抖音、自媒体等新型网络平台，进一步提升南县稻虾米知名度、美誉度和市场占有率。

4. 完善销售平台

着力打造规范的县、乡两级小龙虾交易集散中心，争取将洞庭农博城建设成为湘北地区小龙虾交易集散的中心；鼓励金之香、溢香园等米业企业，扩张稻虾米专卖店或者专柜，把更多优质的南县稻虾米产品推向全国市场。充分利用现有的稻虾公共服务产业园，发挥好稻虾产业公共服务平台、洞庭虾网电商物流交易中心、"洞庭虾网"、南洲物流园等既有资源的效益，利用好"电商＋直播"等线上销售平台，搭建好稻虾产业线上交易平台。

5. 加大产业融合力度

想办法提升稻虾米等优势农产品加工转化率，把产业链延长，想办法把产业主体留在农村，使农民真正受益。扶持餐饮业发展，提升小龙虾烹饪、稻虾米蒸煮技巧。通过奖补扶持等多种举措，重点扶持打造小龙虾主题餐厅，培育特色连锁餐饮店，打好南县小龙虾美食牌，增强第三产业集聚效应。

（二）进一步深化改革，强化市场要素保障

实施乡村振兴战略，离不开"人、地、钱"，如何激活这三个要素呢？核心是要创新体制机制，不断优化乡村发展环境，实现人才等生产要素城乡双向流动，补齐乡村发展要素短板。

1. 加大金融对特色产业的支持力度

引导金融机构全面落实惠企暖企政策，在筑牢金融安全底线的前提下，加大力度支持特色产业企业发展。结合稻虾产业企业短期融资需求旺盛的特点，"量身定做"合适的金融产品，帮助企业渡过收购难关，促进企业发展壮大。支持重点涉农企业以上市、发行债券等方式引进金融资本和社会资本，提高涉农企业直接融资比例，降低涉农企业融资成本。

2. 进一步充实乡村振兴人才队伍

运用好省、市、县出台的引进高层次人才政策，加大专业技术人才引进力度。积极引导外出人员返乡创业，加速资金回流、产业回乡和人才回归。

实施新型职业农民培育工程，加快培养爱农业、懂技术、善经营的"新农人"。加大对乡村产业职业技术培训的支持力度，将小龙虾养殖等与南县乡村产业发展密切相关的专项技能培训纳入补贴范围。加大基层涉农专业人才培养力度，在省、市相关政策下，出台南县地方性支持政策，培养更多涉农专业学生服务南县乡村产业发展。

3.破解乡村振兴的用地难题

土地是乡村振兴的核心资源，只有盘活农村土地资源，使"沉睡资产"焕发生机，才能使乡村振兴奠定坚实的发展基础。一是充分挖掘存量建设用地潜力，研究出台"空心房"和农村闲置建设用地处理办法，盘活村内闲置资产，将村内闲置学校、厂房等充分利用起来，解决项目建设用地不足的难题。二是开展永久基本农田集中连片整治。开展永久基本农田小地块归并，提高耕地质量；有序推进耕地"非农化""非粮化"整治，恢复耕地功能；开展未利用地、其他农用地整治，增加耕地数量，补充耕地；实施零星建设用地复垦；改善田间道路和农田水利配套设施，建设生态渠、生态坎、生态田园，提升耕地的农业现代化生产能力。三是依据《土地管理法》《土地管理法实施条例》，研究制定南县农村集体经营性建设用地入市实施细则，破解乡村产业用地难题。四是统筹建设用地增量和存量。在编制国土空间规划过程中，落实新增建设用地不低于5%用于乡村产业发展要求。五是出台设施农用地实施细则。根据中央和省市关于设施农用地管理的实施意见，因地制宜地制定南县设施农用地实施细则，便于乡村振兴市场主体科学地使用设施农用地。

（三）推进乡村基础设施和公共服务提档升级

完善通达的基础设施，是新时代实现乡村振兴、开启城乡融合发展和农业农村现代化建设新局面的必要条件。习近平总书记强调，实施乡村振兴战略，要增加对农业农村基础设施建设的投入，加快城乡基础设施互联互通[①]。

---

① 黄臻：《农村基础设施建设亟须提档升级》，《光明日报》2019年10月14日。

1. 升级乡村基础设施

基础设施是乡村振兴战略的基础性、先导性条件，必须成为农业农村优先发展的重中之重。一是加快"四好农村路"示范创建。按照 2020 年和 2021 年连续两年中央一号文件关于开展"四好农村路"示范创建的要求，抓好农村公路的管养工作，推进社会化养护，充分调动社会力量参与农村公路养护，将公路养护管理写入村规民约，与美丽乡村创建、人居环境整治等工作结合，引导广大群众积极参与，形成了群防群管的养护工作局面。同时，发挥好党员的作用，全面落实"路长制"，各级道路设立农村公路养护责任牌，明确具体养护责任人和养护责任，坚持路长定期巡查制度。二是健全乡镇污水处理设施管护和运行机制。建议各乡镇启动污水处理费伴水征收工作。将乡镇污水管网的大型维修交由市政公司实施，分年度按实际结算，在城市维护配套费用中列支。三是大力推进 5G 网络进乡村。落实南县第五代移动通信产业发展三年行动计划（2020～2022 年），大力推进 5G 建设，完成县域 5G 网络全覆盖。四是实施"西水东调"工程和城乡供水一体化工程，尽快解决南县城乡居民安全饮水问题，形成防洪、饮水、用水、河湖生态安全保障体系和监管服务体系。五是夯实能源保障网，深入推进"气化湖南"建设，加快新能源汽车充电桩建设，进一步加强电源供给及智能电网建设。

2. 加大乡村教育倾斜力度

进一步加大对乡村学校办学条件的投入，进一步整合教育资源，加快乡村初中寄宿制学校建设，确保适龄对象就近入学；同时，在师资配备上，进一步增强农村中小学的吸引力，扩大面向农村的高校师范类专业培养与招生计划。进一步对农村教师特别是农村年轻教师在职称评聘、评先评优、边远地区津补贴待遇等方面给予较大力度的特别倾斜，真正在县域范围内提高乡村教师待遇，真正加大城乡教师待遇的区别度，增强农村教师的待遇优厚感和获得感。出台政策、打通路径，积极鼓励高校职业院校的涉农专业毕业生真正投身农村工作岗位，为乡村振兴贡献才智。

3. 深化面向基层的全科医生培养改革

加大乡村医生培养支持力度。一是加大存量乡村医生的培训力度，对在

岗乡村医生（含乡镇卫生院医生）开展全科医学的知识和技能培训。二是不断做大乡村医生增量。继续实施订单定向医学学生免费培养政策，完善乡村医生用人制度，将所有乡村医生纳入财政全额事业拨款范畴，提高乡村医生职业吸引力。

（四）继续推动国家现代农业示范园建设

按照创建国家现代农业产业园建设标准，立足南县稻虾米和小龙虾主导产业，以"稻虾共生"生态种养模式为基础，以"绿色、生态、循环、集约"为主攻方向，深入推进水稻和小龙虾绿色种养基地规模化、农产品加工精深化、生产过程绿色化清洁化、产业要素集聚化"四化"建设，着力打造稻虾产业"百亿工程、千亿品牌"，示范引领南方水网区农业结构调整、绿色发展和产业振兴。

1. 推进园区产品提质增效

要把园区农产品作为农业高质量发展的重点工作抓紧抓实，强化提质增效的工作导向。一是增强农产品品质意识。利用县电视台、广播、微信、抖音、公示栏等实有平台，广泛宣传假药、假肥危害，提高群众防范意识，引导农民牢固树立产品质量就是生命的观念。二是持之以恒抓好农业面源污染治理。加大农业面源污染治理投入力度，不断改善农业生产生态环境，为农产品营造良好生长环境。三是建立园区农产品溯源系统。建立农产品生产、销售、运输、质量可追溯系统，强化农产品质量执法，配齐检测设备，严厉打击假冒伪劣贴牌稻虾米和小龙虾。四是积极争创国家和省级名牌农产品。引导园区加大对特色农产品品牌建设和保护的支持力度，不断提升南县农产品品牌竞争力。以"一园一特"为目标，培育特色产业，增强农产品竞争力。

2. 加快园区仓储保鲜冷链物流设施建设

加强粮食物流园建设，推进粮库智能化升级改造，推动粮食行业由传统粗放式管理向集约、高效、智能、绿色管理转变，提升稻虾米流通管理现代化水平。扶持培育农产品冷链物流企业发展壮大，鼓励企业联盟组建冷链运输力量。支持新型经营主体新建或改建小龙虾仓储保鲜冷链设施，重点推动小龙虾主产区预冷库、重要物流节点冷链仓库基地建设，打造小龙虾县乡村三级物流配送体系，形成"生产＋仓储＋保鲜＋销售"的模式。

3. 完善园区稻虾产品电商交易体系

积极推广"农村商贸综合服务体"电商模式，搭建阿里巴巴农村淘宝、"农村商贸综合服务体"、淘宝"特色中国·湖南馆"南县分馆，打造南县网上农博会，开展南县农产品网上贸易。统筹推进农业信息服务、农业电子商务、农业物联网和农业农村大数据发展，支持现有电商平台升级改造。支持湘域电商、农村淘宝、供销 e 家、村邮乐购、淘实惠等南县农村电商开展"农产品"上行工程，逐步改变工业品下行占主导的局面。积极发展稻虾米和小龙虾网上批发、大宗交易和产销对接等电子商务业务，推动建设区域性电商平台。加强电商人才专业化培训，培育电商运营人才、专业运营商、稳定的站点负责人，提升电子商务运营水平。

（五）创新实现农民主体地位的乡村治理机制

农民是乡村振兴的承载者、受益者和衡量者。若没有将农民的积极性调动起来，乡村必然难以实现振兴[①]。在实施乡村振兴战略过程中，通过创新机制来实现农民的主体地位至关重要。

1. 健全农民参与乡村振兴的引导机制

在实施乡村振兴项目过程中，改投入为奖励，引导农民为其受益的乡村建设投工投劳。对公共财政奖补的项目，可以探索直接委托给项目所在村农村集体经济组织实施，不断增强农民参与乡村振兴的责任感。充分利用村规民约强化村民义务约束，在农村人居环境整治提升、农田水利建设"最后一公里"问题等方面明确具体规定与要求，在项目落地和实施中发挥群众的参与作用，改变"政府干、群众看"的现状。

---

① 陈文胜：《实现农民在乡村振兴中的主体地位》，《湖南日报》2018 年 10 月 9 日，第 8 版。

2. 创新乡村治理的运行机制

以服务乡村振兴为导向，优化村级机构设置和人员配备。加强乡村基层党组织和自治组织建设，推动村级党组织、村民自治组织将组织和工作延伸至村民小组，在村民小组设立村民议事会、村民理事会，配合村委会开展村民自治和提供农村公共服务。改进村民会议、村民代表会议、村民议事会、村民理事会、村民监事会等组织形式的运行机制，提高村民在这些组织形式中的话语权和决策的参与权。

3. 创新村级信息公开机制

实现农民在乡村振兴中的主体地位，保障农民的知情权和监督权至关重要。运用大数据、区块链、互联网等技术手段，不断创新村级信息公开实现机制，确保农民对村级收支、乡村振兴重大项目实施、资金分配等村级重要事务享有充分的知情权和监督权。

4. 不断提高农民参与乡村振兴的能力

加大新型农民培育力度，加大对农民在新技术、新业态方面的培训力度，实施农民文化素质提升工程，提高其现代农业生产的技能和非农产业就业的竞争力，不断提高农民参与乡村振兴的能力。

5. 厘清基层政府和村民自治组织责任边界

我国有五级政府，乡镇以下属于自治组织，充分发挥自治组织的基础性作用必须要厘清基层政府和自治组织责任边界。村党支部书记和村委会主任不是国家公职人员，其身份依然是农民，养家糊口主要是靠自己的劳动收入，自治范围以内的事情是职责，自治以外需要政府来购买服务。要求实现村民自治，关键是要充分发挥农民的主体地位，构建农民自我学习、自我服务和自我管理的实现机制，引导农民制定符合时代要求的村规民约①。

---

① 刘宗林：《围绕六个"三"统筹谋划 努力构建乡村振兴战略的四梁八柱》，刘宗林在湖南师范大学中国乡村振兴研究院讲座录音整理打印稿。

参考文献

陈文胜：《构建农业农村现代化新格局》，《新湘评论》2021年第5期。

陆福兴：《双循环下国家粮食安全的新认识》，《团结》2020年第4期。

陈文胜：《耕地抛荒是一个什么问题?》，《中国乡村发现》2020年第2期。

杨玉菡、万立波、汤文彬：《益阳殡葬改革育文明乡风》，《湖南日报》2021年7月23日。

何云松：《南县养殖户探索"小龙虾＋鳜鱼＋鳝鱼＋大闸蟹"养殖新模式》，《湖南科技报》2021年6月22日。

冯妹、孙冰辉、李学章等：《南县稻虾种养投入品现状调查及对策》，《乡村科技》2021年第1期。

胥爱平、朱坚、竺传松等：《洞庭湖沱江流域农业面源污染调查及防治对策——以南县三仙湖镇为例》，《湖南农业科学》2020年第2期。

刘懿波、邹石峰：《洞庭腹地田园诗——高标准农田建设的"南县模式"》，《中国农业综合开发》2020年第1期。

陈文胜：《实现农民在乡村振兴中的主体地位》，《湖南日报》2018年10月9日。

陈文胜：《围绕痛点难点发力促农民增收》，《经济日报》2020年7月13日。

叶兴庆：《在构建新发展格局中更好保障粮食安全》，《人民日报》2021年3月26日。

朱磊：《激活乡村振兴的内生动力》，《人民日报》2019年3月13日。

肖家鑫：《乡村振兴关键是产业振兴》，《人民日报》2021年2月3日。

吴国宝：《切实发挥农民在乡村振兴中的主体作用》，《光明日报》2018年2月27日。

刘雪莲：《农村金融助力乡村振兴》，《光明日报》2018年4月24日。

专 题 篇
Special Report

B.8
湖南省村镇银行2021年研究报告

*湖南省村镇银行协会**

摘　要：　湖南省村镇银行紧紧围绕国家政策，坚守支农支小的初心定位，坚持服务"三农"、服务中小、服务地方的战略地位，为探索湖南村行的发展积累了有益而丰富的经验，这不仅对于湖南村镇银行自身进一步的稳健发展弥足珍贵，也对探索村镇银行这一新型农村金融机构的可持续发展路径提供了宝贵的湖南样本。本文从机构数量、人员结构、县域分布、股权结构、业务指标、资产负债、利税情况等方面全面介绍了湖

＊　课题顾问：潘敏，湖南大学金融与统计学院院长，教授，博士生导师；高峰，湖南省村镇银行协会会长，高级经济师。课题主持人：王修华，湖南大学金融与统计学院副院长，湖南大学农村金融研究所所长，教授，博士生导师。成员：吴志明，湖南大学金融与统计学院副院长，副教授，硕士生导师；张学陶，湖南大学金融与统计学院，副教授，硕士生导师；唐铁成，湖南省村镇银行协会秘书长，高级经济师；王毅鹏，湖南大学金融与统计学院，博士研究生；杨彦宁，湖南大学金融与统计学院，博士研究生；宁洁瑶，湖南大学金融与统计学院，硕士研究生；胡若兰，湖南大学金融与统计学院，硕士研究生；廖嘉盛，湖南大学金融与统计学院，硕士研究生；张洁钰，湖南大学金融与统计学院，硕士研究生。

南村镇银行的发展现状与特色，展示了湖南村镇银行取得的主要成就。同时，对湖南村镇银行发展的环境进行了分析，研究了湖南村镇银行"十四五"时期发展的机遇、挑战与困境等。提出了深耕农村金融蓝海市场，始终牢记定位与使命，增强品牌、文化建设软实力，加快村镇银行创新转型，加快推进科技赋能、优化银行业务发展等措施。

关键词： 湖南省 村镇银行 乡村振兴

湖南省村镇银行紧紧围绕国家政策，坚守支农支小的初心定位，坚持服务"三农"、服务中小、服务地方的战略地位，拼搏进取、求真务实，存贷款规模取得新突破，品牌形象达到新高度，全省村行迎来新发展。在极不寻常的 2020 年，湖南村镇银行顶住了突如其来的疫情冲击，积极应对复杂多变的内外部形势挑战，实现了稳健持续的发展，也涌现出了不少表现出色的村行代表，为探索湖南村行的发展积累了有益而丰富的经验，这不仅对于湖南村行自身进一步的稳健发展弥足珍贵，也对探索村镇银行这一新型农村金融机构的可持续发展路径提供了宝贵的湖南样本。

一 湖南省村镇银行整体情况

自 2008 年湖南省第一家村镇银行——湘乡市村镇银行成立以来，共有国有大型商业银行、股份制商业银行、城市商业银行、农村商业银行、外资银行在内的 18 家省内外主发起行先后来湘组建设立村镇银行法人机构 62 家，目前尚在筹建的有 10 家。

（一）机构与人员

近年来，湖南省村镇银行组建进度持续推进。截至 2020 年 6 月末，已批复开

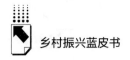
业村镇银行62家（其中总分制村镇银行1家），覆盖全省70个县（市），县（市）覆盖率80.46%，长沙、湘潭、益阳、娄底、湘西5个市（州）已经实现村镇银行县（市）全覆盖。全省村镇银行下设一级支行119家，二级支行38家。①

1. 机构数量

表1　2017～2020年6月机构数量统计

时间	2017年	2018年	2019年	2020年6月
数量	56	60	61	62

2. 县域分布情况

表2　截至2020年6月全省村镇银行地域分布

地　域	数　量	所在县（市）
长沙市	3	宁乡市、长沙县、浏阳市
株洲市	4	株洲县、醴陵市、攸县、茶陵县
湘潭市	3	韶山市、湘潭县、湘乡市
衡阳市	6	衡阳县、衡山县、衡南县、常宁市、耒阳市、衡东县
邵阳市	7	洞口县、隆回县、新邵县、邵东市、邵阳县、武冈市、新宁县
岳阳市	5	华容县、岳阳县、汨罗市、平江县、湘阴县
常德市	6	石门县、澧县、临澧县、津市市、汉寿县、桃源县
张家界市	1	慈利县
益阳市	4	南县、沅江市、桃江县、安化县
娄底市	4	新化县、冷水江市、涟源市、双峰县
郴州市	7	桂阳县、永兴县、资兴市、宜章县、临武县、汝城县、安仁县
永州市	6	祁阳县、宁远县、蓝山县、道县、江华县、东安县
怀化市	5	溆浦县、芷江县、沅陵县、中方县、洪江市
湘西土家族苗族自治州	1	吉首市、古丈县、花垣县、永顺县、龙山县、保靖县、凤凰县、泸溪县

---

① 湖南省村镇银行协会：《2020湖南村镇银行发展白皮书》，第9页。

3. 各发起行村镇银行数量

表3　各发起行村镇银行数量

序号	主发起行	村镇银行
1	上海农商银行 （12家）	石门沪农商村镇银行
2		临澧沪农商村镇银行
3		永兴沪农商村镇银行
4		桂阳沪农商村镇银行
5		慈利沪农商村镇银行
6		宁乡沪农商村镇银行
7		双峰沪农商村镇银行
8		长沙星沙沪农商村镇银行
9		衡阳县沪农商村镇银行
10		涟源沪农商村镇银行
11		澧县沪农商村镇银行
12		醴陵沪农商村镇银行
13	浏阳农商银行 （7家）	安化湘淮村镇银行
14		湘潭湘淮村镇银行
15		冷水江湘淮村镇银行
16		邵东湘淮村镇银行
17		桃源湘淮村镇银行
18		新邵湘淮村镇银行
19		津市湘淮村镇银行
20	湘江新区农商银行 （6家）	南县湘江村镇银行
21		岳阳湘江村镇银行
22		芷江湘江村镇银行
23		邵阳湘江村镇银行
24		溆浦湘江村镇银行
25		隆回湘江村镇银行
26	宁乡农商银行 （6家）	江华新阳村镇银行
27		安仁新阳村镇银行
28		沅陵新阳村镇银行
29		汝城新阳村镇银行
30		中方新阳村镇银行
31		衡东新阳村镇银行

序号	主发起行	村镇银行
32	浦发银行 （5 家）	茶陵浦发村镇银行
33		临武浦发村镇银行
34		资兴浦发村镇银行
35		沅江浦发村镇银行
36		衡南浦发村镇银行
37	星沙农商银行 （5 家）	华容星龙村镇银行
38		新化星龙村镇银行
39		汉寿星龙村镇银行
40		东安星龙村镇银行
41		湘阴星龙村镇银行
42	湘潭农商银行 （5 家）	攸县潭农商村镇银行
43		衡山潭农商村镇银行
44		洞口潭农商村镇银行
45		新宁潭农商村镇银行
46		宁远潭农商村镇银行
47	长沙银行 （3 家）	湘西长行村镇银行
48		祁阳村镇银行
49		宜章长行村镇银行
50	中国银行 （2 家）	桃江中银富登村镇银行
51		汨罗中银富登村镇银行
52	炎陵农商行 （2 家）	道县神农村镇银行
53		蓝山神农村镇银行
54	哈尔滨银行 （2 家）	耒阳融兴村镇银行
55		株洲县融兴村镇银行
56	广州农商行	常宁珠江村镇银行
57	安徽桐城农商行	浏阳江淮村镇银行
58	蒙商银行	武冈发展村镇银行
59	光大银行	韶山光大村镇银行
60	华融湘江银行	湘乡市村镇银行
61	汇丰银行	平江汇丰村镇银行
62	长沙农商行	洪江湘农村镇银行

4. 村镇银行股权结构

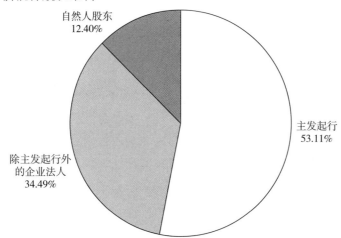

图1　全省村镇银行股权结构

5. 员工数量

全省村镇银行共有员工 2242 人，其中：高管人员 240 人，综合管理人员 836 人，柜员 641 人，客户经理 525 人。[1]

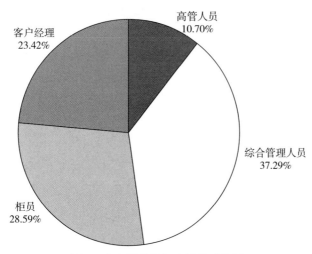

图2　全省村镇银行人员构成比例

---

[1]　湖南省村镇银行协会：《2020 湖南村镇银行发展白皮书》，第 12 页。

（二）主要业务指标

湖南村镇银行的各项存款近年快速增长，2018年、2019年均高于银行业平均水平。截至2020年6月末，全省村镇银行总存款余额为486.11亿元，其中储蓄存款余额238.31亿元；总贷款余额为325.53亿元；涉农贷款余额292.34亿元。①

（三）资产负债与利润

截至2020年6月末，全省村镇银行资产、负债、贷款余额、存款余额分别为618.26亿元、534.51亿元、325.53亿元、486.11亿元，同比增长7.49个、7.30个、15.02个、7.35个百分点；净利润4.01亿元，同比增长22.16%；贷款占资产比、存贷比、储蓄存款占比分别为57.32%、72.90%、48.97%，比年初分别上升2.74个、3.64个、4.11个百分点；小微企业贷款余额、涉农贷款余额分别为202.89亿元、292.34亿元，较年初增长9.54%、7.26%；农户和小微企业贷款占比89.30%，户均贷款余额39.53万元。

上半年实现净利润4.01亿元，成立2年以上机构96%净利润为正，仅有2家机构未实现盈利。②

（四）利税情况

2019年末，全省村镇银行实现净利润6.74亿元，较上年同期增加0.81亿元，同比增长13.66%。平均资产利润率为1.18%，平均资本利润率为8.84%。全省村镇银行缴纳各项税金2.71亿元，较上年增长－0.15亿元，增速为－5.24%，有4家机构缴纳税在千万元以上，其中湘西长行近三年每年纳税在1亿元左右，占全省村镇银行纳税总额的1/3左右，祁阳村镇银行和韶山光大等村镇银行也已成为当地纳税前十大户。③

---

① 湖南省村镇银行协会：《2020湖南村镇银行发展白皮书》，第12页。
② 湖南省村镇银行协会：《2020湖南村镇银行发展白皮书》，第13页。
③ 湖南省村镇银行协会：《2020湖南村镇银行发展白皮书》，第13页。

（五）主要监管指标情况

截至 2020 年 6 月末，全省村镇银行不良贷款率、资本充足率、拨备覆盖率分别为 1.32%、24.45%、307.41%，主要监管指标达标。①

二　经营管理亮点与特色

湖南村镇银行自成立以来专注主业、聚焦农户和小微企业，增加了县域金融服务供给，主要成就如下。

（一）坚守了发展定位

村镇银行坚定"立足当地，服务地方"的发展理念，服务地方经济、服务中小、服务三农，积极践行国家乡村振兴战略，为乡村振兴赋能，为乡村切实解决金融机构覆盖率低、金融供给不足、金融服务缺位等"金融抑制"问题，融入地方经济社会发展，在普惠金融和精准扶贫的最前沿阵地，探索出一条金融精准扶贫、产业扶贫的新路子。

（二）发挥了体制优势

村镇银行充分利用一级法人体制机制的优势，有效巩固市场，持续提高在产品、服务方式、管理手段、工作流程、金融科技等方面的创新能力，全面实施"思想下沉、机构下沉、服务下沉"计划，积极推进普惠金融工程。立足村镇，服务居民，为金融消费者提供贴合"三农"市场的金融服务。

（三）提升了品牌形象

在省内 18 个村镇银行品牌中，"沪农商""长行""浦发""湘淮"四

---

① 湖南省村镇银行协会：《2020 湖南村镇银行发展白皮书》，第 13 页。

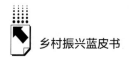

个品牌的表现最为亮眼。即由上海农商行发起设立的宁乡沪农商村镇银行等
12 家"沪农商系",由长沙银行发起设立的湘西长行村镇银行等 3 家村镇银
行构成的"长行系",浦发银行发起设立的资兴浦发村镇银行等 5 家村镇银
行构成的"浦发系",以及由浏阳农商行发起设立的邵东湘淮村镇银行等 7
家村镇银行构成的"湘淮系"。

"沪农商系"村镇银行凭借其成立时间长,省内机构最多,在规模上占
据优势。"长行系"虽仅有 3 家村镇银行,但湘西长行村镇银行作为全国首
家地市级村镇银行,也是湖南唯一一家总分制架构村镇银行,综合实力不容
小觑。"浦发系"村镇银行位居县域市场龙头,资兴浦发村镇银行已成为湖
南村镇银行的标杆。以邵东湘淮村镇银行为先锋的"湘淮系"村镇银行后
来居上,发展势头强劲。

(四)提升普惠金融服务水平

湖南村镇银行按照监管要求持续激活县域金融服务、扩大县域金融覆盖
面、引导城市资金技术和管理资源渗透至农村,不断提升服务水平,为农村
普惠金融发展起到积极的作用。村镇银行通过"网点下沉,服务下沉",优
化网点布局与建设,打破普惠金融"最后一公里"的"瓶颈";持续加强基
础金融服务,采取多种模式,提供接地气的"走出去、送上门"的金融服
务,更加贴近"三农"及小微客户;借助金融服务站、助农服务点,传播
宣导富农惠民政策,建立普惠金融知识传播平台,加强对农户基础信息、客
户需求等动态信息的实时采集;不断创新涉农及小微金融产品体系及业务流
程,突出产品特色化、服务专业化、流程科学便捷化等特点,进一步加强客
户黏性,满足多元化普惠金融需求;运用科技手段加快推进手机银行、网上
银行、微信银行等线上渠道建设,增强普惠金融可得性与便捷性,促使科技
金融更好地服务于"三农"及小微企业。

湖南村镇银行按照监管要求重点向农村金融服务薄弱地区,特别是向贫
困地区倾斜,注重延伸服务网点,下沉服务重心,深耕县域金融市场,专注
基础金融服务,全面拓宽农村基础金融服务覆盖面。同时,村镇银行还不断

下沉经营重心，以物理网点为依托，以流动服务为补充，以助农服务站为平台，丰富乡镇网点功能，乡村金融服务空白问题得到有效缓解。

湖南村镇银行在持续扩大物理网点延伸的同时，不断增强网点的服务功能，为分支机构配备自助存取款及便捷机具，为居民提供存取款、转账、汇款、查询等基础金融服务。持续改善支付技术与环境，提高存取款等农村基础金融服务水平。同时，紧贴本地"三农"及小微客户的需求，提供接地气的"走出去、送上门"服务，切实把金融服务送进社区与居民点，把流动服务送到集市、田间及厂区、商场，努力将村镇银行打造成"老百姓身边的银行""邻居银行"，让金融服务的雨露甘霖惠及千家万户。

村镇银行采取多种模式拓展基础金融服务。设立小微金融专营机构和乡村服务站。村镇银行积极在农村地区建设小微金融专营机构和助农服务站，助农服务站既是村镇银行法人行及支行等物理网点的延伸，也能与电子渠道相结合，是村镇银行县域金融服务中的重要一环，也是不少村镇银行积极探索县域发展的具体实践。村镇银行还积极推进农村金融服务站建设，针对广大农村地区普遍存在的金融服务网点少、支付服务供给不足等问题，为村民提供低成本、高效率的金融服务，使农民足不出村就能享受金融服务，不仅响应了国家"金融下乡"的号召，更促进了自身存贷款规模的双向增长。村镇银行还不断优化组织架构，设立专营小微信贷业务、个人贷款中心，实施专业化服务。

（五）完善丰富金融产品和服务体系

湖南省村镇银行践行普惠金融理念，开发"普遍实惠、供需互利、操作便捷、收费合理、安全适用"的金融产品，践行"支农支小"的服务定位。

村镇银行创新"三农"、小微业务标准化流程，全面提升金融服务水平，有效支持"三农"、小微企业发展。一是优化授信审批流程，提高信贷服务效率。缩短调查、审批、发放的时间，在风险可控的前提下，简化贷款

办理流程。部分村镇银行对小微企业客户实行相对独立的金融服务方案评审机制，针对个体融资为客户设计一站式专业金融服务方案，提高了服务效率和满意度。为适应农民贷款需求季节性强、用款周期短、无抵押物的现状，冷水江等村镇银行开展了针对广大农村集中授信的"信用村""信用户"评定工作，对有项目、守信用的农户发放"农户小额贷款证"，开辟了一条绿色贷款通道。坚持灵活便捷的分类信贷政策，发挥好利率增减、期限长短、动态授信、支农再贷款联动等激励约束机制。在业务合规、风险可控的前提下，结合企业经营特征，灵活制订授信方案，简化小额信用贷款审批、发放流程，提高办贷效率，满足客户多样性需求。

科技助推数字普惠发展。湖南省村镇银行全力推广网络金融、移动金融、自助金融等新型电子服务渠道，全面推广网上银行、手机银行、电话银行、微信银行等业务，扩大农村金融服务覆盖面。积极拓展市场、商圈等便民电子支付渠道，改善金融 IC 卡用卡环境，在城乡接合部和农村地区大力推广现代支付结算的运用知识，促使现代金融更好地服务于百姓、小微企业及"三农"。

村镇银行始终高度重视信息科技工作，将加快信息科技应用作为有效提升村镇银行服务水平、化解业务发展"瓶颈"、改善经营管理质效、打造市场竞争能力的重要抓手。坚持科技引领，打造了多个外围系统的独立 IT 系统平台，构建了丰富的清算网络和电子支付渠道，逐步缩小与大银行电子化服务的差距，基本满足"三农"及小微客户的需求。

（六）多措并举助力精准扶贫

湖南省村镇银行积极配合地方政府、中国人民银行、原银监会出台的各项扶贫政策，凭借其在决策流程、地缘、产品与服务等方面的优势，及时为县域乡镇地区的贫困群众提供性价比更高的金融服务，深刻把握精准要义，创新扶贫的管理机制，明确精准扶贫贷款业务品种，发放对象、条件与用途，操作程序，贷款额度、期限、利率与贴息，全面构建了多层次的扶贫服务体系。

1. 政策扶贫

近年来，财政部门通过贷款贴息、颁布政策法规等手段惠及村镇银行，缓解了村镇银行扶贫工作中社会效益与商业效益的冲突，调动了村镇银行对接精准扶贫工作的积极性。一方面，国家已出台多项政策，从税收与财政补贴等方面支持村镇行的发展。如《财政部　国家税务总局关于农村金融有关税收政策的通知》《中央财政农村金融机构定向费用补贴资金管理暂行办法》等。另一方面，财政部门对小额信贷提供利息补贴，对上年度涉农贷款增量超过15%的村镇银行，给予2%的奖励政策，提高了村镇银行运用资金助力产业扶贫与投放涉农贷款的积极性，从而缓解了县域贫困地区小微企业"融资难"以及真正有需求的农户"贷款难"的"两难"局面。中央财政补贴奖励政策的实施，对引导村镇银行发放涉农领域及小微贷款，积极支持地方实体经济发展，保证主要信贷资金集中投放于"三农"、小微企业及地方重点产业化经营项目或领域，起到了积极的引导和推动作用，对于提升村镇银行的社会知名度和影响力、吸引力也起到了一定的作用，收到了显著的杠杆效应和政策引导效果。

2. 扶贫再贷款助推脱贫攻坚

村镇银行通过扶贫再贷款，创新举措，逐步完善扶贫再贷款管理与使用，避免资金使用过于分散，提高了支持精准扶贫的政策效果。一是确保再贷款支持对象的合规性。通过对村镇银行支持涉农项目开展调查和评估，确定支持主体对象是否符合要求。二是建立有效担保制度。对首笔贷款要求发起银行提供担保，并逐级报备，确保支农再贷款安全。三是建立报备制度。对涉农小企业发放贷款提供的有效资产抵押证明和法人身份证明复印件进行报备。四是建立跟踪检查制度。对贷款企业生产经营情况进行定期检查，发现异常情况时进行风险提示并提前收回再贷款，有效防范风险。

3. 产业扶贫

湖南各村镇银行根据贫困地区实际情况，通过产业扶贫实现脱贫致富、不返贫，增强贫困人口自我发展能力，把"输血式"与"造血式"扶贫相结合，因地制宜地培育壮大稳定持续发展的特色产业，实行"支持一个产

业、繁荣一片区域、富裕一方百姓"的金融扶贫模式。

截至 2020 年 6 月,全省村镇银行贷款余额已达 325.53 亿元,涉农贷款余额 292.34 亿元,占贷款总额的 89.80%[①]。村镇银行在健全湖南农村金融体系、增加农村金服务供给、发展普惠金融和支持农村经济发展等方面,发挥了十分积极的作用。

4. 知识扶贫

湖南省村镇银行在创造性地开展金融扶贫的同时,还着力加强扶贫开发工作重点村的金融知识扫盲,通过普及金融知识、开展捐资助学、传播农业技术知识等方式,提高贫困人口的金融文化水平,使贫困农民开阔视野、掌握知识,逐渐摆脱贫困、过上好日子。

(七)捐资助学展现社会责任

各村镇银行着力将金融"精准扶贫"的重点放在发展教育事业上。一是通过与媒体和慈善机构合作,针对贫困儿童等特定群体开展捐资助学活动;二是针对贫困大学生等发放生源地助学贷款,帮助贫困大学生圆校园梦,让他们不因"失学"而变成"贫二代"。

(八)助力乡村振兴,服务实体经济

村镇银行作为专注服务"三农"与小微企业的新型农村中小金融机构,为乡村产业发展、乡村民生改善、乡村生态环境提升、乡村基础设施完善等方面做出了积极有效的贡献,担负起了新时代党和国家赋予的历史使命。一是围绕"产业兴旺"主线,大力支持现代、科技农业以及新型农业经营主体,大力发展特色产业与农业,支持农业产业结构调整与升级,提高农村发展的质量与效益。二是围绕"生活富裕"主线,全力开展民生改善、乡村金融服务工作,支持农民创业创收,满足农民多样化消费需求,改善农民医疗卫生条件,提升农民生活的幸福感与获得感。三是围绕"生态宜居""乡

---

① 湖南省村镇银行协会:《2020 湖南村镇银行发展白皮书》,第 16 页。

村文明"主线，主动参与特色小镇、美丽乡村建设以及农村环境治理，积极助推农村信用环境建设和农村精神文明建设。四是参与实施乡村振兴战略规划，做好项目规划与实施的金融服务对接。注重现有的县域经济发展基础与"乡村振兴战略"相关的"工程""行动""计划"的金融服务协同，为增强配套服务的针对性、有效性、持续性，做好各项准备。

三 环境与困境

我国已转向高质量发展阶段，制度优势显著，治理效能提升，经济长期向好，物质基础雄厚，人力资源丰富，市场空间广阔，发展韧性强劲，社会大局稳定，湖南省村镇银行发展具有多方面优势和条件。

（一）湖南村镇银行面临的机遇

1. "十四五"规划带来的乡村振兴政策红利

"十四五"规划是迈进新时代的第一个五年规划，是未来30年中国经济发展的新起点。党的十九届五中全会提出："优先发展农业农村，全面推进乡村振兴。"解决好"三农"问题成为全党工作重中之重的事情，坚持走中国特色社会主义乡村振兴道路，全面实施乡村振兴战略，强化以工补农、以城带乡，推动形成工农互促、城乡互补、协调发展、共同繁荣的新型工农城乡关系，加快农业农村现代化。全面乡村振兴的首要任务是确保国家粮食安全，提高农业质量效益和竞争力。国家实施乡村建设行动，深化农村改革，实现巩固拓展脱贫攻坚成果同乡村振兴有效衔接，为湖南村镇银行作为金融生力军在服务乡村振兴战略、助力普惠金融发展上带来了无限的机遇。

2. 全省经济的快速发展奠定了农村金融发展的坚实基础

近年来，湖南省经济运行保持总体平稳、稳中有进、稳中向好的良好势头。地区生产总值接近4亿元，全国排名第九，同比增长3.8%，增速走在全国许多省份的前列。经济的持续快速发展，为金融业的发展奠定了物质技术基础、市场基础和体制基础，拓展了市场空间。

3.（湖南）自贸区建设给农村金融带来了重要契机

在我国"以国内大循环为主体、国内国际双循环相互促进"新发展格局的大背景下，中国（湖南）自贸区的设立为湖南迎来了实现更高质量、更有深度、覆盖面更广的对外开放的重大历史机遇。中国（湖南）自贸区的建设将有效带动湖南社会经济创新发展，释放制度红利，打造内陆地区改革开放高地。随着湖南经济与国内外经济的进一步融合，外资加速进入湖南金融市场，湖南投资将走向世界各地，推动形成"一产业、一园区、一走廊"的湖南特色投资新沃土，为湖南省现代金融体系建设、区域金融中心建设提供强劲动力，极大地增强湖南金融集聚与辐射效应。

4. 国家实施的中部崛起、"一带一路"、长江经济带开发开放、"中国制造2025"、新基建等国家重大战略、重大工程、重大举措将为全省金融业发展带来重大机遇和政策利好

而长株潭国家自主创新示范区建设、长沙临空经济示范区建设、长沙岳阳跨境电商综合试验区建设等，将使湖南省获得先试先行的机会，进一步带动产融结合和区域金融中心发展。

5. 金融改革深化带来了强劲动力

国家金融对外开放、利率市场化、汇率市场化、人民币国际化为湖南省金融改革发展提供了广阔的市场空间。资本市场改革持续推进，有利于健全湖南省多层次资本市场体系。国家金融改革的政策出台，有利于疏通货币政策传导，提升湖南金融资源配置效率。政府鼓励金融创新力度加大，有利于提高服务实体经济效率，促进金融高质量发展。

6. 村镇银行行业发展政策利好

从 2006 年起，银监会和财政部等相关部门颁发了一系列政策和管理办法。2014 年 12 月，银监会发布了《中国银监会关于进一步促进村镇银行健康发展的指导意见》；2018 年 1 月，银监会发布了《关于开展投资管理型村镇银行和"多县一行"制村镇银行试点工作的通知》。①

---

① 湖南省村镇银行协会：《2020 湖南村镇银行发展白皮书》，第 19 页。

（1）一系列有关村镇银行的政策最终要实现的政策目标和现实意义在于：拓宽农村金融供给新渠道，促进新农村建设及落后地区的金融网点布局。

（2）改善农村金融市场竞争格局，提升经济金融资源配置效率。

（3）探索增量改革的创新方式和金融支农新途径。

（4）为民间金融的正规化经营和民间资本进入银行业开拓了新渠道。

7. 湖南县域经济发展推动农村金融快速发展

目前，湖南县域经济呈现质量趋好、总量扩张、民生改善、效益提升的良好态势。湖南省县域产业结构呈现"以农业为主导的县域经济""以工业为主导的县域经济""以服务业为主导的县域经济"三足鼎立之格局，宏观产业结构正处于优化提升的阶段。

湖南加快发展现代农业，落实粮食安全省长责任制，稳定粮食播种面积和总产量。深入实施三个"百千万"工程、"六大强农行动"、优质粮油工程，着力打造优质农副产品供应基地。大力培育优势特色千亿产业。扶持龙头企业，壮大农村集体经济。推动农业与二、三产业融合，开展休闲农业与乡村旅游示范创建，支持家庭农场高质量发展。全面完成"十三五"高标准农田建设目标任务。推进农业机械化和农业装备产业升级。加快推动农村信息化。全面完成农村人居环境整治三年行动计划。加快推进农村厕所革命、农村垃圾污水治理、村庄规划等重点任务。大力发展绿色循环农业，开展种养循环农业试点示范，推进畜禽养殖废弃物资源化利用。实施"千村美丽、万村整治"工程，全域推进美丽乡村建设。深化农业农村领域改革。全面推进农村集体产权制度改革，稳步实施农村承包地"三权"分置和宅基地制度改革。扎实推进供销合作社、粮食收储制度、集体林权制度等改革。加大涉农资金统筹整合力度，创新农村项目管理机制，提高资金使用效率。完善农村金融服务体系，扩大新型农业经营主体贷款贴息和农业保险覆盖面。

（二）湖南村镇银行的竞争环境与评估

随着县域经济的发展，农村金融市场焕发出巨大潜力。国有商业银行回

归农村、股份制商业银行进军农村、传统农村金融机构重新布局农村、财务公司或小贷公司深耕农村，无不预示着村镇银行将面临激烈竞争。

1. 竞争对手

当前，湖南村镇银行面临的主要竞争对手为湖南省农村商业银行（含农村信用社、合作银行）、中国邮政储蓄银行湖南省分行、中国农业银行湖南省分行及其他商业银行。

湖南省农村商业银行（含农村信用社、合作银行）。农商银行系统在农村地区耕耘多年，其资金实力、政策优惠及群众的认可度等方面有着深厚的积累，其分支机构和从业人员在湖南金融市场占据着绝对领先位置。而村镇银行发展时间较短，区域内农民和小微企业认可度和信任度较低，尤其是农村信用社改革加快进一步提高了农村信用社的服务水平，将会给湖南省村镇银行的发展产生较大的竞争压力，成为其主要竞争对手。

中国邮政储蓄银行湖南省分行。它虽与村镇银行同时期诞生，但中国邮政储蓄银行由原来的邮政储蓄转制而来，其网点设计布局深入各地邮政局，在农村地区发展多年，具有较大的网点优势，2019 年湖南省分行下辖有营业网点 1960 个、ATM 机 999 台，其中 60% 的网点分布在县及县以下地区，[①]拥有较村镇银行更为广泛的网点，是湖南城乡居民个人结算的主要渠道，为湖南村镇银行的强劲对手。

中国农业银行湖南省分行。其在全国范围内推行"三农"事业部制，大力支持农业产业化发展，作为"三农"业务的龙头老大，农业银行重返湖南省农村金融市场，致力于打造县域特色零售银行，其资产实力雄厚，技术水平先进，支农成效显著，加上多年积累下来的品牌优势，在吸储和业务拓展方面与村镇银行相比有着较大的优势。

其他商业银行。与村镇银行相比，商业银行的资金实力更为雄厚，硬件设备也相对先进，商业银行在湖南的服务区域集中在省会长沙以及二级地市城区，广袤的农村地区网点很少，与湖南省村镇银行的市场竞争主要集中在

---

① 湖南省村镇银行协会：《2020 湖南村镇银行发展白皮书》，第 20 页。

城区的非农客户群体上，它将在非农业务上与村镇银行展开激烈竞争。

2. 湖南村镇银行竞争动力

湖南省村镇银行在数量和体量上快速发展，目前湖南村镇银行具有以下竞争优势。

坚守"立足县域，支农支小"定位。湖南村镇银行由上海农商行、浦发银行、长沙银行、浏阳农商行等18家主发起行发起设立，拥有作为独立法人机构的优势，市场目标准确定位于"三农"、中小微企业；涉农贷款和小微贷款，占到所有贷款的九成多，有着立足本土、做小做细、机制灵活的特点。相比成立门槛较高的民营银行和外资银行而言，湖南省村镇银行在农村金融市场中更是得到大量的政策支持，形成了服务"三农"的定位与竞争格局，在农村金融市场中有更大的市场准入与发展优势。

金融服务"短、频、快"。湖南村镇银行整体规模较小，经营机制灵活，能够通过扁平化组织架构，大幅缩短业务管理的决策链条，接地气，信息沟通和反应速度快，对接县域和农村客户有先天的优势，更能够适应当地的金融服务需求，有效促使"当地的钱留在当地""当地的资金用在当地"，满足"三农"、小微资金需求短、频、快的特点。立足当地，发掘长尾客户。湖南省村镇银行总部就设立在本省，股东本土化，高管本土化，员工本土化，并且与当地居民语言相同，湖湘文化相通，生活习惯一致，"草根性""地域性"决定了它具有相当的人缘、地缘优势；其产品更具针对性，其服务更贴近客户，服务门槛低，能够最小化当地的服务成本，更容易为小微企业和农民接受，对于其他银行不够重视的普通客户以及中小微企业、个人贷款的业务以及发掘长尾客户有着独到的优势。

经营理念先进。湖南村镇银行积极与省内外主发起行对接，按照"规模化组建、集约化管理、专业化服务"原则，与湖南省的其他农村金融机构相比，具有经营理念先进、历史包袱轻的优势。

（三）湖南村镇银行的内在困境

总体来看，湖南省村镇银行运行稳健，资产负债稳定增长，盈利持续增

加，拨备较为充足，整体风险可控。但与此同时，市场定位不明确、区域发展不均衡、业务后劲不足等问题依然存在。

1. 业务发展陷入困境

（1）存款业务。经营规模小且存款来源不足，吸收存款困难，贷款增速趋缓，均是省内村镇银行普遍面临的问题。究其原因，一是村镇银行营业网点较少，现代化金融服务手段缺乏，没有大银行对储户的吸引力强。二是村镇银行网点一般在县域或乡镇，运营条件和人文环境有限，村镇的居民收入偏低，村镇银行存款增长在客观上受到制约。三是村镇银行历史不长，网络较少，老百姓的品牌认知程度低，这对村镇银行的业务发展也造成一定困难。

（2）贷款业务。一方面，村镇银行资本金普遍不高，受资本充足率、单户贷款占比、存贷比等多项指标限制，注册资本金较少的村镇银行发展后劲明显不足。另一方面，村镇银行在金融产品方面缺乏差别化，创新性不强。村镇银行业务与当地农商行基本重合，农商行因成立时间较早，占据了先发优势，而村镇银行则普遍成立时间短，社会认同度普遍较低，加之网点机构少，覆盖范围小，又缺乏相应的配套设施，金融创新不够，在农村地区的竞争中处于绝对弱势地位。

村镇银行往往经营业务数额小、频率高，对高流动性资产需求大，如今面临利差收窄的巨大压力，经营成本居高不下。同时，省内大部分村镇银行尚未接入人民银行大小额支付系统，征信系统也大多不能与人民银行正常联网，结算渠道不畅，部分主发起行科技支撑乏力，严重阻碍了其业务发展。

2. 市场份额增长缓慢

除资兴、茶陵、临武等少数几家村镇银行存贷款市场份额达到10%左右，其他绝大多数村镇银行市场份额均在3%上下。受县域金融资源分布的影响，在县域层面，村镇银行无法与其他大型商业银行竞争；另外，部分村镇银行受自身经营情况影响，尚未向下设立分支机构，并未真正深入村、镇区域，导致在村镇层面，亦无法与深耕村镇多年的农商行、邮政储蓄银行抗衡。所以，村镇银行市场占有率低且扩展缓慢，加之全省村镇银行品牌五花八门，未能形成知名品牌，客户认知度低，吸纳存款的能力弱，市场份额难以取得突破。

3. 公司治理有待完善

全省村镇银行虽均已成立"三会一层"，但大多存在组织机构不完善、运行效率不高的问题，部分村镇银行的高管由主发起行高管兼职，由于高管不能常驻村镇银行并有效履职，影响了村镇银行的规范管理，村镇银行的发展也存在较大的制约。

在管理模式上，村镇银行受限于主发起行的分支化管理，没有充分发挥其决策链短、风格简练、经营机制灵活的优势，背负着主发起行的官僚化管理传统，公司化治理机制创新不足，制约了其独立决策和创新发展。

资本金制约也是村镇银行较为普遍的问题。大部分县域村镇银行资本金有限，除湘西长行村镇银行、湘农系（在筹，多县一行）、湘淮系等村镇银行资本金超过亿元外，资本金在亿元以下的有 38 家。未来，补充银行资本金，增强其风险抵御能力，提高村镇银行的自身造血机制和竞争力势在必行。

4. 部分村镇银行存贷结构不合理现象

截至 2020 年 6 月，省内 62 家村镇银行，有 12 家村镇银行存款规模超过 10 亿元，11 家村镇银行存款规模少于 3 亿元。全省村镇银行平均储蓄存款占比为 49.02%，其中资兴、宜章、临武、茶陵、祁阳、衡阳、常宁、慈利、桂阳、永兴、武冈、石门、衡山等 14 家村镇银行，储蓄存款占比均在 60% 以上，以上村镇银行存款结构较优，抗流动性风险能力强；江华、岳阳、东安、汉寿、平江、隆回、南县 7 家村镇银行，储蓄存款占比低于 20%，岳阳、平江 2 家村镇银行尤为突出，储蓄存款占比不足 10%。全省村镇银行平均存贷占比为 66.97%，其中湘西、湘乡、茶陵、安化、洞口、湘潭、衡山存贷比均在 80% 以上；但还有部分村镇银行存贷比徘徊于 30%[①]上下，存贷结构失衡情况较为严重。

---

① 湖南省村镇银行协会：《2020 湖南村镇银行发展白皮书》，第 22 页。

目前，村镇银行仅开办了最为传统的存款、贷款、结算三大类业务，金融产品单一，服务功能有待完善。同时受金融科技支撑的严重局限，结算业务量无法有效提增，中间业务无法拓展。

5. 金融科技系统落后

数字乡村的发展将推动网络化、信息化、数字化在农业农村经济社会中的应用，让金融科技在农村有用武之地，这将对村镇银行的生存发展构成极大挑战。全省村镇银行科技依赖性较强，独立运行难，单个村镇银行很难承担 IT 系统的建设和运维工作，也很难控制相关 IT 或数据风险，IT 系统建设和运维基本都依赖主发起行开展。

全省村镇银行在业务系统方面，均存在明显落后于省内其他金融机构业务系统的现象。62 家村镇银行中，仅沪农商 12 家村镇银行为村镇银行自主开发的系统，但开发时间短、维护跟进不到位等因素，导致功能不齐全、操作烦琐等一系列问题；湘江、湘淮、星龙等 6 家省内农商行发起的 30 家村镇银行所用系统为农信系统新一代业务系统，但其部分业务功能对村镇银行进行了限制，许多业务无法办理，这严重制约了村镇银行业务发展。

6. 主发起行管理能力有待提高

部分村镇银行主发起行为异地金融机构，存在地域跨度大、管理半径长、协调和管理成本过高、管理难度大等问题；部分主发起行对村镇银行不重视，未进行专业化管理，对村镇银行的管控未设立专门的管理部门，而是由其他部门代管；有的主发起行对于村镇银行干预过多，一股独大，中小股东基本没有话语权，影响股东积极性及科学决策。

7. 人员结构有待优化

湖南省村镇银行员工普遍从业年限不长，业务素质整体不高，对监管政策钻研不够深入，对金融风险的预测能力和防范意识不足，业务经验也相对欠缺。由于村镇银行以"支农支小"为业务发展宗旨，意味着要将大多数人力、资源投入"做小做散做个人"行列，然而很多村镇银行人员配备存在不足，无法满足其"支农支小"的人员需求。在人员结构上，管理人员数量与基层员工数量趋于持平，并无明显侧重于基层，这就导致基层人员工作量大、无更多精力拓展业务、无暇进行自我提升等一系列问题。与此同时，中层管理人员也因人员少而身兼数职、工作量大，且由于村镇银行体量小、知名度低、上升空间小等许多现实存在的问题，人员流失率大，留不住人才成为影响村镇银行综合能力提升的重要因素之一。团队的稳定性比高精尖的人才显得更为重要，如何吸引人才、留住人才是村镇银行面临的挑战。因此，村镇银行急需塑造一支服务意识强、业务能力高的职工队伍，从而为"三农"、中小微企业和县域经济发展提供优质高效的金融服务。

8. 整体经济效益不高

全省村镇银行2019年实现净利润6.74亿元，较上年同期增加0.81亿元，同比增长13.57%。平均资产利润率为1.18%，平均资本利润率为8.84%，经济效益不高。[1]

9. 经营环境有改善空间

当前，监管机构对村镇银行的监管基本是参照其他银行执行，刚性强于柔性，监管多于指导；职能部门、政府机关的检查、会议多，基层村镇银行压力大，经营环境存在改善空间。

10. 农村金融市场竞争无序

湖南省村镇银行普遍面临网点单一、市场影响力小、品牌知名度不高等问题，同时村镇银行又是独立核算、自负盈亏的经营单位，本来就在业务规模小的狭缝里生存，经营成本确居高不下，核心竞争力弱势明显。

一是布局选择上"嫌贫爱富"。城商行和农村金融机构是村镇银行的主要推动者，除了公开宣称的发展农村金融的目的之外，它们也有"跨区经营、抢占地盘、享受优惠、提升形象"的目的，部分村镇银行发起之初就确立了翻牌改制为分支机构的目标，基于一些银行实现跨区经营的目标驱动，村镇银行的区域选择上呈现明显的"嫌贫爱富"的特点。监管部门规定一个县原则上只能设立一家村镇银行，所以湖南省村镇银行在机构布局中明显呈现经济发达区域相对集中的态势。

---

[1] 湖南省村镇银行协会：《2020湖南村镇银行发展白皮书》，第23页。

二是普惠金融无序竞争。目前，各大行都在"下沉"，在农村金融业务的竞争上国有大行财大气粗，邮储银行、农商行不惜血本，而以"三农"和小微金融为主业的村镇银行无力与其竞争，又无法享受丰富的城市金融资源，流动性、核心存款依存度、资本充足率、成本收入比等指标不达标时有发生，在这些传统观念、客观环境和既有政策的综合影响下，村镇银行"做大做强"十分困难。

三是村镇银行在县域主要承担的是普惠金融实施者的角色，疫情影响下，中小企业经营困难，信贷需求下降，将加剧部分行业的出清，集中度提升加速，数字经济加速下沉，在多数行业和产业当中渗透率全面提升，大行小微信贷成本下降，导致村镇银行的净利差和净息差的压力越来越明显。疫情以来村镇银行响应国家号召，对企业实施延期还本付息、减费让利等政策，这也使得村镇银行未来可能会面临更大的不良贷款压力。

四是村镇银行没有可靠的小微信贷技术支撑，支持"三农"和小微企业畏缩不前。上述状况产生的结果是，核心存款依存度低、波动大、户均贷款余额高，贷款风险高，盈利能力差，加上经济下行等因素的综合影响，许多村镇银行经营困难。

11. 疫情防控常态化时代村镇银行面临更大挑战

国内外经济环境的变化和新冠疫情的冲击，加大了湖南省村镇银行的发展压力。与此同时，为应对疫情对经济的冲击，政府加大了对大中银行服务小微企业的政策推动力，客观上推动大型商业银行进一步下沉业务和客户重心，与村镇银行产生更加直接的业务竞争和客观竞争。政府要求金融系统向实体经济让利的政策导向，也必将进一步压缩村镇银行的利润空间。当前，村镇银行面临着如下五大挑战。

挑战一：低利率环境影响盈利增长。

挑战二：负债、资产双重压力。

挑战三：村镇银行的科技创新能力受到制约。村镇银行受资金、人才等因素限制，很难在技术领域取得优势。科技投资门槛高、升级快、运维成本高，加大了村镇银行的财务压力。

挑战四：信贷业务竞争重点向下延伸，大中银行业务重心向农村市场下沉，利用规模、品牌、资金优势，吸引优质客户。

挑战五：村镇银行同时面临不良率上升和补充资本困难的双重压力。农村金融机构的主要服务客户恰是小微企业，因此受到的冲击和经营压力更大。

四　实践案例与启示

自 2008 年湖南第一家村镇银行"湘乡市村镇银行"成立以来，全省已批复开业村镇银行 62 家，覆盖 70 个县市，长沙、湘潭、益阳、娄底、湘西等市（州）已经实现村镇银行县（市）"全覆盖"，[①] 有 7 家村镇银行跻身全国百强，数量居全国第三，仅次于浙江和江苏，探索了不少成功的模式与经验。

（一）资兴浦发村镇银行案例

资兴浦发村镇银行是由上海浦东发展银行作为主发起人，总部设立在资兴市的新型农村金融机构，注册资本金为 1.50 亿元，于 2009 年 11 月 7 日成立，是浦发银行在湖南省成立最早的村镇银行，始终坚持"立足县域、服务三农、支持小微"的办行宗旨。

1. 基本现状

经过 11 年的发展，该行已设立 3 家支行。截至 2020 年 10 月末，全行资产总额为 289448.92 万元，各项存款余额 247044.29 万元，贷款余额 150624.67 万元（位列全县银行类机构第三），存贷比为 59.53%（剔除央行扶贫再贷款 3555 万元后计算），资本充足率 24.26%，贷款损失准备金余额 5200.36 万元，拨备覆盖率 268.02%，贷款拨备率 3.45%，不良贷款率 1.29%。该行 2019 年末由银监局监管评级为 3A 级，中国人民银行综合评级

---

① 湖南省村镇银行协会：《2020 湖南村镇银行发展白皮书》，第 9 页。

为 A 级，11 年来累计缴纳各项税收达 11983.81 万元。①

2. 经营特点

（1）创新开拓、特色经营。资兴浦发村镇银行始终秉持开放前瞻、与时俱进的理念，打造专心、专注、专业的金融服务，不断追求产品与服务创新。开业以来，整合推出了惠民贷、惠农贷、生意贷三个系列的 20 多款信贷产品和浦利盈、家多宝、月息宝等 10 余款存款产品，实现了对县域各行各业服务的全覆盖，让更多客户享受到金融服务的便利。其中有很多特色的产品获得了各级政府、监管部门的表扬和推介。如资兴浦发结合资兴特有的小水电行业，创新推出"银电通"系列产品，覆盖到了全市近 150 家中小型电站，投放余额最高时达 1 亿余元，至今未发生一例风险。特色产品主要有"建房贷"产品。在当地创新产品还有"农庄贷""橘农贷""养殖贷""光伏贷""棚改贷"等。

（2）注重内涵、创新服务。"简单、务实、创新、规范"是资兴浦发的内部文化，"新思维、心服务""笃守诚信"是资兴浦发村镇银行的外部文化。走进资兴浦发村镇银行的营业大厅，企业文化墙上的"知心浦发"服务品牌非常亮眼。

在对待客户上，资兴浦发村镇银行严格要求每一位员工按五星网点的要求进行服务规范，严格执行 6S 标准和服务"七步曲"。在每个重大节日和节气都会举行各种丰富多彩的客户活动。资兴浦发也主动对接当地政府金融办、中国人民银行联合开展送金融知识进社区进村组活动，开展防范电信诈骗、打击非法集资、反假宣传，并配合理发、体检等免费服务进行。资兴浦发村镇银行被中国人民银行纳入湖南省国民教育体系"三个一百"工程、"金融知识普及体验基地"。资兴浦发的创新服务得到了社会各界的广泛认可，2019 年，营业部被评为"全国银行业四星银行网点"。2020 年 7 月，湖南全省村镇银行优质文明服务提升推进会在资兴召开，监管省局领导对该行服务交口称赞，"知心浦发"的服务品牌和措施被《农村金融时报》等全

---

① 湖南省村镇银行协会：《2020 湖南村镇银行发展白皮书》，第 26 页。

国性重要媒体全文推广，全国近10来家外地银行业机构慕名前来参观交流。2020年，资兴浦发村镇银行获评为湖南省村镇银行协会五星级服务银行网点。

（3）强化内控、机制健全。资兴浦发建立了较为完备的公司治理机制，"三会一层"职责清晰、分工明确。在内部机制建设上始终把内控制度体系的建设作为工作重心，将规范管理作为各项经营的基石。10年间，该行已按部门先后出台了管理制度300余项，内容涉及机构设置、岗位职责、授信管理、案防内控、人事财务、会计核算、员工考核、行为规范、费用管理、6S管理等各个方面。自成立以来，从未发生任何责任性事故和案件。

（4）党建引领、坚定方向。资兴浦发坚持以党建工作为引领，积极发挥党组织"把方向、管大局、保落实"的领导核心作用。

（5）履行责任、崇尚奉献。资兴浦发一直坚持以"感恩社会、回馈社会"为己任。自成立以来，已累计向社会各界捐赠220余万元。资兴浦发连续10年联合资兴市教育基金会开展爱心学子捐助活动，累计受益学生达50名，全行员工另资助贫困学生达30多名，同时还为贫困大学生提供寒暑假到银行实习的机会，从精神和物质双向支持和激励。对于定点扶贫的村组和贫困户，不仅切实帮助他们从政策上脱困，还助其参与贫困村组项目，帮其寻找致富渠道。资兴浦发还多次开展关爱老年人、关爱留守儿童等义捐行动。2019年，资兴浦发村行还主动投身到资兴市创建国家文明城市建设活动中，在市区20多个主要位置设点进行提倡社会主义精神文明的大型文明公益宣传。2020年，又联合资兴市新时代文明实践中心、文明办、团市委、教育局等开展了"关爱再出发、圆梦微心愿"支持贫困学子、留守儿童、残疾青年系列公益活动；开展了迎接中华人民共和国成立71周年"一颗红心向党·满腔热血爱国"无偿献血活动等，展现了良好的社会责任和形象。

3. 经验分析

通过11年的发展，资兴浦发行认为最大的收获和成功经验是坚守定位、因地制宜、打造队伍和培育文化四个方面。

（1）坚守定位。村镇银行因国家支持农村经济发展、乡村振兴战略而

生。它的发展宗旨是"服务三农、支持小微"。村镇银行成立股本金较少，各种硬件设施、科技水平、人才队伍、业务专业水平与国有大行及当地城商行无法比拟。村镇银行抗风险能力很弱，2013～2016年遭受风险资产困境就是惨痛的教训，只有根据政策导向，坚持支农支小、小额分散，赚辛苦钱、赚慢钱，充分利用一级法人短平快优势，做自己能力范围内的事，与他行开展错位竞争，才能逐渐发展壮大。

（2）因地制宜。每个村镇银行所在县域经济发展与人文地理差异非常大，发展村镇银行必须因地制宜、特色经营。近年来，资兴浦发牢牢把握资兴市经济发展的脉络，抢抓城市化、城镇改造机会，做实一、二手房按揭业务和棚改拆迁业务，迅速扩大了贷款规模、扩大了基础客群、提升了综合效益。特别是资兴浦发占据了全市房屋预售监管资金、拆迁资金的超半数份额，增加低成本日均存款近3亿元。同时资兴浦发还利用资兴市独特产业创新产品，开展特色经营。如在小水电领域的银电通产品，针对乡村的"农庄贷""养殖贷""建房贷""光伏贷""橘农贷"等都非常贴近市场，极具特色，受到欢迎。

（3）打造队伍。村镇银行的发展必须有一支团结努力、同心同德，对村镇银行充满认可和情怀的坚强队伍。2017年，资兴浦发在董事会的领导下实行了干部公开竞聘选拔，优胜劣汰。现在所有中层干部，特别是本地干部都是在二次创业中磨砺、锻炼成长起来的，现在干部队伍整齐、能力素质过硬，还有一批年轻的业务骨干，成为发展中最坚强的保障。

（4）培育文化。资兴浦发村镇银行始终秉承浦发银行长沙分行"简单、务实、创新、规范"的企业文化，积极培育正确的人生观、价值观和业绩观，倡导长远规划、行稳致远。对内通过党团工青组织积极开展各项活动和员工关怀，增强员工的归属感、幸福感和获得感。对外打造"知心浦发"的服务品牌，通过知心服务获得广大客户的认同。资兴浦发还积极践行社会责任，开展助学、助残、扶贫、敬老、创文等各类公益活动，体现本行良好的公共形象。

（二）湘西长行村镇银行案例

湘西长行村镇银行是全国首家地市（州）级村镇银行，成立于2010年12月，是由长沙银行控股发起设立的全国第一家地市级、总分制架构的村镇银行。自成立以来，长行村镇银行主动契合湘西民族经济发展大脉搏，抢抓武陵山片区区域发展与精准扶贫的政策机遇，坚持特色经营战略，连续5年跻身"全国百强村镇银行"行列，2016年被评为"湖南最佳村镇银行"。

1. 基本现状

湘西长行村镇银行现辖11个一级支行，营业网点31个，线上推广了个人网银、E钱庄产品，为客户提供网上账务查询、转账汇款、水电煤缴费等多项服务。截至2020年6月底，各项存款余额为68.35亿元，各项贷款余额为67.84亿元，是湖南省业务规模最大的村镇银行。[①]

2. 市场定位

湘西长行村镇银行坚持将服务湘西、服务"中小"、服务"三农"作为市场定位，坚持走"民族、草根、绿色"的特色发展之路。

服务湘西。该行采用"一行一策、一县一品"的经营方式，把握地方经济环境和区域特征，按照"紧密结合区域经济，重点支持重点项目外围合作商，实现产业链上突破，促进特色支行建设"的原则，因地制宜，为湘西州各个县域的支行制定了具体的信贷指引政策。

服务"中小"。湘西长行村镇银行着重关注微小贷款市场，成立了"小微信贷中心"，专门负责中小企业的贷款审批。该行坚持扎根县域市场，充分发挥农村金融扶贫主导作用，成立了扶贫工作领导小组，制定了包村工作计划和干部联户扶贫实施方案。

3. 独特创新的经营模式

湘西长行村镇银行近几年发展迅速，不断取得新成就，在规模扩张和业务扩展方面成效显著。

---

① 湖南省村镇银行协会：《2020湖南村镇银行发展白皮书》，第28页。

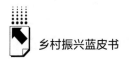
（1）独创的"信贷工厂模式"。湘西长行村镇银行实行"信贷工厂"模式，对不同行业进行分类授信管理，有利于扩大信贷的市场份额，也有效地控制了信贷风险，实行工作标准化、作业流程化、生产批量化。

（2）私人定制的客户关系。针对办理贷款业务的客户，湘西长行村镇银行采用"'双主双优'战略 + '一链两圈三集群'"模式。

"双主双优"战略：即将优势行业、优质客户、主流市场、主流客户作为信贷支持的战略重点。

"一链两圈三集群"模式：其中"一链"是指供应链上下游，"两圈"指商贸集聚圈和产业集聚圈，"三集群"指市场、银企同盟、园区集群内优质客户。

4. 内外分离的管理方式

湘西长行村镇银行建立了以客户为中心、以市场为导向、以经济效益为目标、以风险控制为主线、市场反应灵敏、风险控制有力、运作协调高效的管理模式，为提升村镇银行整体实力提供了坚强保障。

（1）总分行制的外部组织结构。湘西长行村镇银行采用的是总分行制的外部组织结构，这是该行的一大优势。湘西长行村镇银行在湘西州设立了地市级独立法人，全行的人力资源、财力资源和信贷资源能相对独立，具有独立法人的体制优势。同时，它的扁平式决策机制也有利于精简管理层次，不仅能够扩大控制幅度，而且可以节约管理费用，对市场变化能及时作出有效反应，大大地提高了决策效率。

（2）职责明晰的内部组织架构。在全面风险管理框架下，湘西长行村镇银行坚持集中、垂直、独立的原则，建立并完善职责明晰、分工明确、相互制衡、精简高效的内部组织架构，为业务的长效发展提供了组织保障，为提升风险掌控水平提供制度支持。

总支行纵向管理。湘西长行村镇银行的内部管理采用直线职能制的总支行管理模式。按照区域来设置相应的分支机构，按照"总行—支行—二级网点"的模式进行设置，实行"一级法人、统一核算、分级管理、授权经营"的管理模式。

部门横向管理。按照现代公司治理规定，湘西长行村镇银行设立了"三会一层"（股东大会、董事会、监事会）。在部门管理上，按"分工合理、以岗定编、相互配合、相互制约"的原则设置全行组织架构，三部门是前台部门、中台部门和后台部门。

（3）科学的人事管理制度。湘西长行村镇银行按照"统一管理、控制总量、精简机构、优化组合、提高素质"的原则，根据业务需要实行定员、定编、定岗、定责对员工进行管理。科学的人事管理制度为该行的持续发展提供了人力支持，为员工工作的有序进行提供了组织保证。

（4）富有特色的企业文化。湘西长行村镇银行建设的企业文化有以下特点。

有明确的战略目标。湘西长行村镇银行把建设"湘西人自己的银行"作为理念，以服务湘西作为出发点，力求能够担当为湘西本地经济建设做贡献的重任。

有关爱员工成长的情怀。湘西长行村镇银行注重对员工的综合培养，用活动增强员工之间的感情交流，在行内组建篮球队、合唱队、礼仪队，开办音乐会，组织户外活动等，极大地提升了企业凝聚力、彰显了品牌形象。

5. 服务"三农"的产品特色

服务"三农"的产品有无抵押的小额贷款、特色化的信贷产品等。

湘西长行村镇银行实行"一行一策、一县一品"的产品战略，加大了乡村产品研发力度。在小微贷款业务、个人业务、公司业务等三大主力业务下，自主研发了"吉湘贷""银税通""助保贷""工程贷""综合消费贷"等多个接地气、满足市场需求的信贷产品。

湘西长行村镇银行成立以来，在州委、州政府的正确领导和各级职能部门的关心扶持下，厘清发展思路，坚持"湘西人自己的银行"市场定位，强化内控管理，转变经营方式，树立品牌形象，坚持以市场为导向，以客户为中心，与地方经济结成命运共同体，践行社会责任，紧跟时代前进步伐，紧跟脱贫攻坚战略，精准发力，为湘西州打赢脱贫攻坚战贡献金融力量，同心同德、锐意进取、抢抓机遇、奋力拼搏，使新建的银行从小到大、由弱到

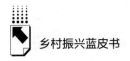

强，各项业务得以持续、稳健、协调、快速发展，稳步迈入"民族银行、草根银行、绿色银行、合规银行、责任银行"的品牌银行序列，成为湘西州农村金融的生力军。

（三）邵东湘淮村镇银行案例

邵东湘淮村镇银行是由浏阳农商行作为主发起行、总部设立在邵东市的新型农村金融机构，注册资本金为 1.50 亿元，于 2016 年 12 月 26 日成立，是浏阳农商行设立的第五家村镇银行，始终坚持"立足县域、服务三农、支持小微"的办行宗旨。

1. 基本现状

截至 2020 年 12 月末，该行有 1 家营业部、2 个支行网点，全行资产总额为 224351.32 万元，各项存款余额 148773.32 万元，贷款余额 150678.01 万元（其中央行支农、支小再贷款 5.1 亿元），资本充足率 16.37%，贷款损失准备金余额 3339.41 万元，拨备覆盖率 922.13%，拨贷比 2.22%，不良贷款率 0.24%。

2. 经营特点

（1）党建引领、坚定方向。邵东村行党支部认真贯彻党的十九大精神，自觉用习近平新时代中国特色社会主义思想武装头脑和指导实践。坚持党的领导，以党建工作为引领，积极发挥党组织"把方向、管大局、保落实"的领导核心作用。

（2）勇于开拓、特色经营。一是坚持存款立行方针，开业以来该行通过不间断开展存款营销活动，吸引储蓄存款及客户资源，不断扩大储蓄存款比重，深挖企业客户资源，拓展工资代发业务，持续扩大基础客户数量，进一步巩固低成本稳定资金来源。二是坚持支农支小信贷方针，秉持"小额分散，稳健经营"策略，通过与国际商贸城、工业品市场开展合作，深入探索小商户评级授信工作，加强与担保公司、园区小微企业合作，对入园企业进行授信，满足其 300 万元额度以内的固定资产、流动资金贷款需求，积极响应政府扶贫政策，向符合要求的建档立卡贫困户提供扶贫贷款资金支持，自开业以来，全行累计投放信贷资金30.38亿元，其中累计投放小微企业信贷资金6.70亿元，扶贫贷款5581万元。三是坚持推广普惠金融。大力发展电子银行业务，着力突破该行网点限制，优化客户服务体验，有效满足了客户的金融需求。

（3）创新服务、注重内涵。邵东湘淮村镇银行的二楼会议室的企业文化墙上，赫然书写着"做一家上善若水的银行"的标语，这也是该行一直秉持的企业文化。在对待客户上，邵东村行严格要求每一位员工按五星网点的要求进行服务规范，严格执行6S标准和服务八步曲，并在每个重大节日和节气都会举行各种丰富多彩的客户活动。同时，主动开展金融"村官"驻村、金融知识进社区进村、防范电信诈骗、打击非法集资、反假宣传等活动。

该行还秉持开放前瞻、与时俱进的理念，打造专心、专注、专业的金融服务，不断追求产品与服务创新。一是推动了产品创新。该行以县域产业需求为导向，围绕"兴工旺商、转型升级"的发展主题，创新信贷产品，丰富业务品种，面向市场推出小微企业流水贷、产业升级按揭贷等业务品种，有效缓解了小微企业和小微企业主的"贷款难题"，为客户提供了便捷、高效、全面的金融服务和支持。二是推进了服务创新。该行紧紧依靠政府机关、单位、社区、村委、协会等载体，争取党政支持，开展信息共享工作，主动寻求对接服务，拓展公共事业性收费业务，做实代收代付业务。通过主动出击、重点营销，对接居民小区，开立业主委员会物业费代管账户；对接房产局，开通二手房交易系统，实现二手房交易资金全流程监管；承接物业维修基金账户托管；对接工商质量监督管理局、国税局、疾控中心，进行员工工资代发；开立邵东县机关工会账户。针对系统客户、集团客户，做到了专人全程跟踪服务，满足客户的个性化需求，真正让"以客户为中心""服务创造价值"成为全行共识，成为全员行动的指导思想，为该行客户提供最优质高效的服务。

（4）强化内控、健全机制。该行建立了较为完备的公司治理机制，"三会一层"职责清晰、分工明确。在内部机制建设上始终把内控制度体系的建设作为工作重心，将规范管理作为各项经营的基石。四年间，该行已按部门先后出台了多项管理制度，内容涉及机构设置、岗位职责、授信管理、案防内控、人事财务、会计核算、员工考核、行为规范、费用管理等各个方面。

（5）履行责任、崇尚奉献。该行一直坚持以"感恩社会、回馈社会"为己任。自成立以来，对于定点扶贫的村组和贫困户，不仅切实地帮助他们从政策上脱困，还多次开展关爱老年人的义捐行动。该行针对失地农民养老难的问题，结合市域社保政策，开发了"失地农民养老贷"产品，该产品针对被征地农民无力缴纳养老保险费用的剩余部分提供信贷支持，使其能老有所养、老有所依。该产品授信为3000元到10万元不等，凭信用即可办理贷款，解决了被征收失地农民养老问题。截至2021年12月末该行共发放"失地农民养老贷"7911户，累计发放金额66470.94万元。不仅扩充了基础客群、提升了综合效益，同时也践行了社会责任、推动了当地经济发展。

3. 经验分析

邵东村行的成功经验显示，做村镇银行最重要的是坚守定位、因地制宜、打造队伍和培育文化这四个方面。

（1）坚守定位。村镇银行因国家支持农村经济发展、乡村振兴战略而生，它的发展宗旨是"服务三农、支持小微"。村镇银行抗风险能力很弱，只有根据政策导向，坚持支农支小、小额分散，与他行开展错位竞争，才能逐渐发展壮大。

（2）因地制宜。邵东村行开业以来，一直坚持县域法人机构定位，积极对外进行业务开拓，主动对接客户，填补市场金融服务空白，在全体员工共同努力下，各项业务实现蓬勃发展。近年来，邵东村行牢牢把握邵东市经济发展的脉络，迅速加快自身业务发展，扩充了基础客群，提升了综合效益。

（3）打造队伍。邵东湘淮村镇银行一直高度重视人才的培养，每周召开学习例会，定期组织员工培训及相关考核。

（4）培育文化。银行作为服务行业，要想持续长远发展，除了拥有成熟的金融产品等硬条件之外，归根结底还是要做优服务，以优质的服务赢人心，以贴心的服务聚民心。邵东湘淮村镇银行始终秉承"上善若水"的企业文化，积极培育正确的人生观、价值观和业绩观，倡导长远规划、行稳致远。对外，积极践行社会责任，开展扶贫、敬老等各类公益活动，打造良好的社会公共形象，不断通过贴心服务获得广大客户的认同，打造良好的企业文化形象，提升企业的美誉度。对内，通过党团工青组织，积极开展各项活动，加强员工关怀，增强员工的归属感、幸福感和获得感。从 2019 年起，该行确定了以传统国学为企业文化，以此为特色，开启了企业文化建设工程。在每周例会上，该行都会花半个小时欣赏传统音乐，学习一两句国学经典，以传统文化联系实践、指导生活和工作，学以致用。该行相信，伟大的企业都是从小企业开始的。因"水善利万物而不争"，水滴石穿，柔弱可以胜刚强，所以邵东村行效法水，从而坚定理想信念，甘于做小、敢于做小，以支农支小为己任。

（四）浏阳江淮村镇银行案例

湖南浏阳江淮村镇银行于 2015 年 3 月 13 日成立，是由安徽桐城农商银行发起设立的新型农村金融机构，注册资本金为 10900 万元。经过数年发展，该行已设立 6 家支行。该行始终坚守"支农支小，服务实体经济"的市场定位，致力于成为"服务最好、效率最高、口碑最佳"的浏阳本土精品银行。

1. 基本现状

截至 2020 年 12 月末，全行资产总额为 206261.30 万元，各项存款余额 161726.40 万元，贷款余额 123784.91 万元，资本充足率 15.31%，贷款损失准备金余额 4200.76 万元，拨备覆盖率 513.24%，贷款拨备率 3.39%，不良贷款率 0.66%。该行 2019 年末被银监局监管评为 2B 级，被中国人民银行综合评为 A 级，成立以来累计缴纳各项税款约 4000 万元。

2. 经营特点

（1）输血小微，助推草根经济成长。小微虽小，无数个小微便汇成县域经济的活力之源。该行创新信贷产品，拓展担保方式，围绕当地经济产业做文章，针对小微企业主、个体工商户等客户群体，帮助他们解决资金困难问题。5年多来，湖南浏阳江淮村镇银行坚持"短、平、快"的信贷特色，不断精减贷款流程，创新担保和授信方式，着力解决小微企业融资难、融资贵、融资慢等问题。在风险可控和操作合规的前提下，加快调查和审批速度，最快24小时内可放款，最大限度地提高贷款审批效率。坚持"做小、做散、做实"的信贷方向，确定了单户贷款不超过500万元的限额，将信贷资金投向更多的小微企业。该行下辖镇头支行辐射浏阳西区。浏阳市镇头镇拥有食品工业园和环保科技园，一些小微企业因为没有抵押品，无法融资用于发展，为此，该行推出个人担保、企业互保、担保公司担保等方式，为小微企业提供融资支持，受到了当地小微企业的青睐。截至本文截稿时，镇头支行累计发放小微贷款50000余万元，推动了当地经济发展，也促进了自身的发展壮大，实现了经济效益与社会效益的双赢。

（2）心系三农，扎根县域，润泽乡村。支农支小、服务"三农"，是湖南浏阳江淮村镇银行的首要宗旨。自成立以来，该行组织员工"走千村、进万户"开展市场营销，通过实地走访和主动上门服务，将最适合的金融产品和服务送到农企、农民手中。加强与农民专业合作社和农业龙头企业的交流对接，因地制宜，结合当地农民生产、生活以及创业的实际情况，不断丰富完善支农金融产品，推出产业链融资、农房抵押贷款、农户小额信用贷款等涉农特色信贷产品，取得了良好的效果。该行积极拓展针对农户的贷款品种，与浏阳河饲料、百宜饲料合作的"产业链融资"业务，为养殖户购买饲料提供贷款，目前累计为500户养殖户发放贷款8000万元。试点办理农房抵押贷款业务，已累计发放258户18372万元。发放农户小额信用贷款17387户，累计发放贷款117877.08万元。打通农村金融服务的"最后一公里"，带动农民发家致富，是湖南浏阳江淮村镇银行努力的目标。

（3）贴心于民，精诚付出，奉献于民；亲民便民，利民惠民。该行坚持网点机构下沉、服务重心下沉，开业以来，随着营业部、古港支行、镇头支行、湘赣边支行、高新区支行、人民支行开业，为当地及周边乡镇居民和企业提供贴心服务。坚持以"客户为中心",急客户之急,想客户之想,真正做浏阳老百姓自己的银行。该行率先推出"零收费银行",即免除了所有的工本费、柜台业务手续费和电子银行结算手续费,免除了贷款评估费、抵押登记费等所有贷款收费,最大限度让利于民。践行公益,涓流不息。时刻主动关心当地民生,切实履行社会责任。目前已累计捐款捐物合计金额超过50万元。2015年总行开业捐资助学10万元;2016年湖南浏阳江淮村镇银行古港支行开业,向古港镇教育基金会捐助3万元;镇头支行开业,为镇头镇北星完全小学捐助3万元;湘赣边支行开业,为老桂小学捐助3万元;2017年,高新区支行开业,助学捐助3万元,向浏阳市洪涝灾害受灾地区捐赠10万元,另捐赠赈灾物资1万元;2018年,人民支行开业,向希望工程捐助3万元。另外,向浏阳贫困户捐款捐物合计15.6万元。

3. 经验分析

浏阳村行6年多成功探索的经验可总结为以下六个方面:坚守定位、网点下沉、开拓创新、注重风控、注重团队、注重口碑。

(1) 坚守定位。该行坚守"支农""支小"草根市场定位,坚持做小做散做实,扎实做好农村小微企业金融服务。从分散风险和审慎经营的监管要求出发,把业务重心放在小客户、小业务上,敢于做小、甘于做小。原则上单户贷款不超过500万元,严格控制100万元以上客户贷款的增长速度,防止贷款向大户集中。该行下辖湘赣边支行位于浏阳市大瑶镇,浏阳市是闻名全国的花炮之乡,而大瑶镇则是浏阳的花炮之乡,是主要的花炮原材料集散中心,大瑶镇存在大量的家庭作坊式的从事各种花炮原材料加工的农户和从事花炮原材料销售的夫妻店,由于规模小和分散,其对下游大型花炮生产厂家的议价能力不强,往往账期较长,需要一定量的补充周转资金。针对以上情况,为有效缓解其资金困难状况,该行积极营销"惠农贷"农户小额贷款。截至2020年12月末,该行下辖湘赣边支行贷款余额21991万元,贷款客户1565户,户均贷款14.05万元,99%以上的贷款为农户小额贷款,做小做散效果明显。

(2) 网点下沉。作为异地农商行发起设立的小银行,本身就存在品牌

认知度不高、居民不信赖的天然劣势。要壮大发展，仅靠单点支行是远远不够的，村镇银行必须形成特色的服务网络和开展特色服务、打造特色品牌。基于以上认识，该行迅速进行网点布局，通过6个网点的布局，构建起城乡一体的服务网络格局，进一步提升了服务三农的能力。配合网点下沉的是业务和服务的下沉，对网点进行充分授权，在确保风控的前提下对乡镇网点进行信贷业务的转授权，面对农户生产经营周转小额信贷需求旺盛和客户群体大的特点，就10万元以内的小额农户信用贷款、15万元以内的担保贷款、30万元以内的抵押贷款对乡镇网点进行授权，这些业务可在网点直接办理，大大提高了服务的效率。网点和业务下沉使该行管理水平得到了提升。随网点下沉、服务下沉而来的便是对管理要求的提升，同时也造就了一支支农支小的专业化的客户经理队伍。网点下沉、服务下沉使该行规模得到了增长，截至2020年12月末，该行存款客户数36900户，其中四家乡镇支行存款客户数24980户，占全行存款客户数的67.70%；截至2020年12月末，该行贷款余额123784.91万元，贷款户数4147户，其中四家乡镇支行贷款余额70052.01万元，贷款户数3421户，占全行贷款户数的82.49%，贷款余额的56.59%。

（3）开拓创新。成立以来陆续推出了惠农贷、易贷卡、农房抵押贷、供应链融资、家庭贷、白衣天使贷、教师贷、烟商贷、应收账款质押、房屋按揭贷款等业务，充分满足了小微企业、农户、个体工商户、公职人员、购房者等各种金融需求。特别是惠农贷、农房抵押贷款和家庭贷都是为有效解决农户小微企业有效担保抵押不足而推出的产品，切实解决农户小微企业融资难的问题。截至2020年12月末，该行累计发放惠农贷农户小额信用贷款17387笔，共计117877.08万元；农房抵押贷款258笔，共计18372万元；家庭贷贷款1028笔，共计23396万元。

（4）注重风控。坚持将风控体系建设摆在更加重要的位置，全力化解存量风险、防范增量风险，稳固发展成果，筑牢各道防线，加快推进从防风险向控风险转变。坚持合规经营，守住风险底线，加强对客户准入的风险评估，从源头上把控实质风险。加大工作力度，建立信贷业务风险预警和不良贷款清收考核等系列管理制度。充分发挥内部审计的第三道防线作用。建立信贷及其他条线监督检查制度，健全案防工作体系，确保形成制度化和常态化经营发展模式。

（5）注重团队。坚持把人才队伍培育工作作为推进各项业务的重要抓手，组建团结、奋进、和谐、健康的团队，培养村镇银行中层干部后备梯队，实现各层级人员综合素质的全面提升。该行还大力推进重点业务全员营销模式，推动柜面员工与客户经理、业务部和其他营业网点之间的互动，让柜面员工在一定程度上参与贷款营销和资料整理等环节，让客户经理更多地介入柜面业务营销工作，形成良性互动氛围。在客户经理队伍建设方面，该行注重客户经理的能力培养，使其不断接受新知识、掌握新技能，为可持续发展奠定良好的人力资源基础。

（6）注重口碑。开业之初，该行就提出打造"服务最好、效率最高、口碑最佳"的本土银行的愿景，在业务发展中始终把抓服务作为头等大事，对乡镇网点建设硬件舍得投入，对服务规范更加重视，强化服务意识，对贷款发放做出"手续齐全，三天放款"承诺，打造村镇银行在三农小微企业服务领域的金字招牌。让利于民，积极推行"阳光信贷"，客户经理强调"一杯水"文化，严格规范与客户的交往行为，实行一站式收费，贷款只收取利息，其他如评估费、登记费、结算费、工本费等全部免收，打造"零收费银行"。时刻主动关心当地民生，切实履行社会责任，成立以来已累计向社会捐款捐物价值50万元以上。

浏阳、邵东两家村镇银行的宝贵经验显示，想把村镇银行做好，不仅需要"立足当地，服务地方"的发展理念，坚持融入与推动地方经济社会发展，还要充分发挥一级法人体制机制优势，全面实施"思想下沉、机构下沉、服务下沉"，优化网点布局与建设，贴近市场，贴近"三农"及小微客户，为老百姓切实提供更接地气的金融服务。除此之外，打造正向的企业文化也值得重视，通过树立村行员工正确的人生观、价值观和业绩观，为村镇银行的长远规划、行稳致远增添文化助力！

（五）总结与启示

通过对以上案例剖析，获得如下启示。

1. 农村金融蓝海市场大有可为

资兴等村镇银行在激烈竞争的县域市场中独辟蹊径，业务规模跨入区域金融市场的前列，成为行业标杆，说明农村金融蓝海大有可为。未来，中国农村经济的发展方式、产业结构、生存业态、风险诱发因素及"农民"构成等都将发生变化，中国农村经济必将迈入高质量发展的快车道，农村金融需求进一步旺盛，湖南村镇银行的发展前期更加广阔。

2. 始终牢记定位与使命是村镇银行的发展根本

以上所有样本村镇银行成功的共性是战略定位均落实在回归本源，回归农村，支"小微"、扶"三农"、做普惠金融上。村镇银行是为"三农"和"小微"服务的，基于定位约束、资本约束和使命约束，村镇银行必须坚持做小、做散、做深，不断创新，为"三农"和"小微"客户量身定做金融产品，借助决策链条短、审批流程快、机制灵活的管理服务优势，走出一条差异化的发展道路，做"小而美的银行"。要端正发展理念，专注主业、回归本源，实现自身可持续高质量发展。一是以"小而美"的微小银行为目标，坚持村镇银行的优势和特色，实现业务范围和经营区域的"两小"。二是完善治理机制，研究探索微小银行如何有效发挥党组织在公司治理中的核心作用，确保坚持正确的政治方向。三是与日俱进坚持农村金融机构正确的发展方向，有效支持乡村振兴战略是新时代村镇银行的新使命。

3. 品牌文化建设是村镇银行发展的软实力

湘西长行村镇银行、资兴浦发村镇银行富有特色的企业文化，彰显了文化软实力对银行业务发展的促进作用。以上样本村镇银行均强化内控建设，着力织就"制度笼子"：坚持用制度来管人、管事，牢牢抓住制度管理这个重点。培育合规文化，提升全员"合规意识"：按照合规、审慎、稳健的管理原则，坚持"业务发展合规优先"的经营理念，强化管理，不断提升员工的执行力及业务能力。样本村镇银行深化文化建设，值得借鉴与学习。倡导村镇银行人传承并践行吃苦奉献、求真务实精神，密切联系群众，承担起时代赋予的责任，积极服务乡村振兴战略，走好高质量发展的"新长征"。

4. 加快村镇银行创新转型势在必行

站在"十四五"规划重要战略机遇期和"两个一百年"历史交汇期，湖南村镇银行的发展面临了很多机遇和挑战，要跟上发展步伐，须提前谋划、及早布局。伴随着商品经济的发展，银行越来越多的产品出现同质化现象，因此，只有提升服务水平才能在激烈竞争的市场中占有一席之地，创新转型迫在眉睫。一是在经营理念、业务方向、客户结构等方面提前探索、求新求变；二是在人才储备、风险管理、操作流程等方面尽早谋划、求新求变。资兴浦发村镇银行从改善服务设施（如装修五星级银行大堂）、提高服务效率两方面提高服务水平，实现了服务创造价值。

5. 加快推进科技赋能是实现村镇银行业务发展的必经之路

近年来，浦发银行、长沙银行等充分发挥主发起行在科技方面对村镇银行的赋能作用，从加快产品服务体系建设、风险信息体系建设、金融生态体系建设、数据服务体系建设等方面着手，推动金融服务数字化转型，提升了控股村镇银行金融服务水平，破解了村镇银行金融科技的瓶颈，保障了业务的稳健发展。积极采用互联网金融、大数据和区块链等现代信息技术，降低信息收集成本，促进信息对称，提高信贷风险的识别、监控、预警与处置水平，是村镇银行未来跨越发展的必然选择。

五　前瞻与展望

"十四五"期间，湖南省村镇银行系统要以党的十九届五中全会精神为指引，立足当下、着眼长远、把握大势，研究新情况、展现新作为；认真贯彻中国共产党第十九届中央委员会第五次全体会议"优先发展农业农村，全面推进乡村振兴战略"的号召，以党的十九大和十九届二中、三中、四中、五中全会精神为指导，深入贯彻落实习近平新时代中国特色社会主义思想、习近平总书记关于金融工作的系列重要论述和在湖南考察时的系列重要

讲话指示精神，把握"以人民为中心"一条主线，贯彻"创新、协调、绿色、开放、共享"五大发展理念，坚持"回归本源、优化结构、强化监管、市场导向"四项重要原则，以"服务实体经济、深化金融改革、防控金融风险"为三大主要任务，为湖南经济社会高质量发展贡献农村金融力量。

（一）"十四五"期间湖南村镇银行的发展战略

1. 战略方向

（1）合理定位，服务乡村振兴战略。2019 年 12 月 26 日银保监会办公厅在其发布的《关于推动村镇银行坚守定位提升服务乡村振兴战略能力的通知》中强调，支农支小是村镇银行的培育目标和市场定位，村镇银行应始终坚持扎根县域，对村镇银行服务乡村振兴的适配性和能力提出了要求。村镇银行应坚守支农支小的定位，致力成为服务乡村振兴战略、助力普惠金融发展的金融生力军，在考虑经济效益的同时也应兼顾社会效益，实现"支农性"和"商业可持续性"之间的平衡。

（2）深耕本地，发挥自身比较优势。村镇银行应在自身设立的县（市）域范围内开展业务，不应当盲目扩大规模。银监会在 2007 年发布的《关于加强村镇银行监管的意见》中明确规定，禁止村镇银行跨县（市）发放贷款和吸收存款。2018 年银监会发布的《中国银监会关于开展投资管理型村镇银行和"多县一行"制村镇银行试点工作的通知》要求村镇银行深耕本地，不盲目扩大经营规模，发挥自身金融产品和服务"地域性"强的比较优势，使产品更具针对性，更容易为小微企业和农民接受。

（3）特色经营，实施本土人才策略。未来，村镇银行应当坚持本土化经营，吸收当地的人才来进行日常经营管理，以较低的成本获取"软信息"，有效解决村镇银行在开展业务时面临的信息不对称问题。同时，在招纳本地员工的基础上，也应积极吸纳当地优质民营资本入股，这不仅可以加快村镇银行融入当地市场的速度，也有助于形成更加有效的银行治理架构，增强其综合实力和发展后劲，更有利于未来长远的发展。

（4）加快创新，走高质量发展道路。当前金融科技在其发展的过程中已经展现出重塑金融业的力量。因此村镇银行在坚持定位特色的同时，也应注重金融科技的运用，实施金融科技与地缘优势"双轮驱动"的战略。在我国经济社会转型的关键时期，村镇银行应当充分利用国家经济结构调整、产业转型升级带来的空间，及时调整发展战略，直面新常态，把握新机遇，加快创新小微金融产品和服务，走高质量发展道路。

（5）响应号召，落实三大主要任务。应把握"服务实体经济、深化金融改革、防控金融风险"三大主要任务。应围绕"三农"多样化的需求进行金融创新，加强对农村经济发展的重点领域和薄弱环节的支持；应推动村镇银行经营模式的转型，积极开展创新实践工作；应加强金融风险监测、评估和处置工作，着力推进风险治理改革、创新风险缓释方式，有效提升风险防控水平。

2. 战略目标

（1）市场定位：湖南省农村金融生力军。

（2）金融覆盖：至"十四五"时期末实现全省县域市场村镇银行全覆盖，并逐步延伸至30%的重点乡镇。

（3）规模与市场份额：按年均15%的复合增长率，至"十四五"时期末全省村镇银行资产、存款、贷款均突破千亿元大关。

（4）品牌战略：建立统一的湖南省村镇银行区域品牌，致力打造以浦发、长行、湘淮系为龙头的行业知名标杆企业品牌和百年老店。

（5）质量指标：整体经营稳健，风险可控，主要指标达到监管要求。

"支农支小"能力明显提高。坚持"立足县域、支农支小、服务社区"的市场定位，积极探索开发创新性金融产品和服务，进一步扩大服务半径，在促进县域经济和中小微企业发展中发挥生力军的作用。

内部治理体系更加完善。正确处理好与主发起行之间的关系，积极探索不同管理体制对村镇银行发展的推动与约束作用。健全公司治理组织架构，建立相应的专业委员会，充分发挥"三会一层"的职能作用，形成有效的监督制衡机制，提升抗风险能力。

管理体制机制逐步健全。对当前管理体制进行合理改革，强化村镇银行自身独立法人地位，以实现更好服务"三农"的目标。

（二）"十四五"期间湖南村镇银行运营机制优化路径

1. 村镇银行市场拓展方面

（1）保持信贷平稳较快投放，优化资金投向。充分发挥村镇银行信贷在促进地方经济发展中的融资渠道作用，促进信贷总量快速增长，引导金融机构盘活存量、优化增量。继续加大信贷投放，聚焦"乡村振兴"与新农村建设，加大对农村新基建、新型城镇化、乡村振兴建设的支持力度。引导资金投向中小微企业、"三农"等薄弱环节，提升金融服务实体经济质效、优化信贷结构。

（2）发挥地缘优势，坚持支农支小定位。坚守"支农支小"的战略定位，依据村镇银行普遍资本金规模小、业务能力不强、抗风险能力弱的特点，坚守"支农支小"的战略定位，通过客户定位和经营策略的差异化，获得持续稳定的更大发展空间。要加强对网点的精细化研究，通过积极主动的营销挖掘潜在客户，主动地融入当地的民俗文化、乡村文化，深入园区、市场、乡镇，全面做好街道、社区居民的摸底建档工作，筛选潜在客户、优质客户和重点客户，扩大现有的授信对象范围。

（3）调整贷款结构，优化贷款构成。村镇银行应加强客户信息的收集与分析评估，在发放贷款的过程中，根据当地经济发展水平及借款人生产经营状况、偿债能力和信用状况，创新信用支持，逐步减少对抵押担保的过度依赖，合理提高信用贷款比重。

（4）加快产品创新，因地制宜提供服务。村镇银行应在农村金融市场中取得竞争优势，就应形成自己的核心竞争力。因此，主发起人应加大村镇银行产品开发投入，在沿用自有业务品牌的同时，鼓励村镇银行根据当地金融需求特征，自主开发具有村镇银行特色、服务"三农"和中小微融资需求的金融产品。

（5）加大宣传力度，树立良好社会形象。村镇银行诞生时间较短，社会公信力不足，还有很多居民对村镇银行的认识存在偏差。因此村镇银行应加大宣传力度，提高社会认可度。在日常经营时，相关的工作人员应不断强化宣传职能、优化服务方式，将有关优惠政策的具体内容和优惠条件、申请事宜、整体流程等及时告知相关企业和人员。还应当在服务厅设立咨询台，为企业或个人答疑解惑。同时，应充分利用电视、电台、网站、报纸、手册、宣传栏等手段全方位宣传优惠政策。

2. 村镇银行内部管理方面

（1）自主经营，强化独立法人地位。目前，发起行占有村镇银行较大股份，控制着村镇银行股权，要合理处理二者之间关系，推进发起行与村镇银行合理分权，让村镇银行真正做到自主经营、自担风险、独立核算。村镇银行应完善公司治理机制，建立健全"三会一层"管理架构，在决策、执行、监督、经营管理方面实行科学合理的分工与制衡。主发起人既要积极履行发起人职责，又要充分尊重村镇银行的独立法人地位，对村镇银行的管理不能等同于分支机构，不能将村镇银行作为规避监管政策的通道和载体。

（2）多元控股，构建合理股权结构。村镇银行的发起行对其绝对控股，但股权过度集中也存在一些不足，要适当开放股权，特别要吸收当地自然人或者法人成为股东，推进骨干员工持股工作，推动村镇银行股权的本地化和社区化。这既有利于完善股权结构和监管体系，又能帮助村镇银行以较低成本获取"软信息"，加大当地居民对村镇银行的信任，进而带来更多的客户。

（3）科学决策，保证中小股东话语权。村镇银行的高级管理者一般是主发起行委派的管理人员，在制定经营决策的时候，中小股东的话语权很难得到保障。因此，村镇银行高管应定期向大股东以及中小股东公开有关事项，引导股东参与村镇银行管理，充分尊重大股东与中小股东的意见。同时要接受大股东与中小股东定期或不定期的财务与非财务检查监督。此外，主发起行应当指导并帮助村镇银行完善相关的发展规划体系、科技信息系统、人员培训体系等，减轻村镇银行的社会负担，防止村镇银行被大股东边缘化。同时，要强化中小股东的"三农"服务意识，引导他们树立长期发展理念，杜绝中小股东盲目追求短期利益最大化的倾向，促进村镇银行的长期稳定发展。

3. 加快机构全覆盖进程

按照"一县两行"的发展战略，引导村镇银行合理进行县域布局，化解湖南乡村银行业金融机构网点覆盖率低、金融服务空白、竞争不充分的问题，实现县域村镇银行全覆盖、农村金融服务全覆盖的目标，监管部门有力、有序推进县域村镇银行的培育和设立。

目前，湖南省村镇银行仅覆盖全省 70 个县（市），县（市）覆盖率 80.46%，只有长沙、湘潭、益阳、娄底、湘西等 5 个市（州）已经实现村镇银行县市全覆盖，目前，湖南省主要经济发达县域均已完成村镇银行布局，未完成布点的县域多集中在老少边穷地区，如怀化、邵阳等。

从全国情况看，已有江苏、重庆、江西、海南等成为全国第一批实现县市村镇银行全覆盖的省份。加快湖南省村镇银行县域全覆盖，有利于"一县两行"发展战略的落地，形成规模效应，提升湖南省村镇银行的综合竞争实力。

4. 村镇银行人才优化方面

（1）多元引进与定向引进相结合。引入一批"一专四高"（专业化、高学历、高职称、高能力、高水平）高级管理、科技人才，加强科技人才队伍建设；同时有针对性地招聘本土人才，解决网点人员不稳定、少数民族地区语言不通等问题。

（2）人员培训与考核激励相结合。建立内训队伍，采取"岗位集中培训、员工自培自学、同级人才竞赛、部门岗位跟班、多岗操作实践、岗位挂职锻炼"等方式开展定向培养；设立人才培养专项资金，用于对农村金融人才的培训和再教育给予补贴、鼓励，以提高村镇银行员工的整体素质，培育更多获得专业资格认证的农村金融人才，建立后备人才库。

（3）文化建设与经营管理相结合。首先要改善基层员工生活环境，提高员工的归属感、凝聚力和向心力；其次是提升幸福指数，以荣誉激励、情感激励、榜样激励、领导行为激励等方式，提高员工工作生活的幸福指数；同时应深入推进企业文化建设，将员工的个人梦想与单位的企业愿景紧密结合，着力构建团结共事、快乐成事、和谐奋进的工作氛围，打造一支有活力、能战斗的专业员工队伍，激发村镇银行系统内生动力。

5. 村镇银行经营策略方面

（1）差异化经营，贴近市场需求。首先要突破传统银行的营销观念，"三农"与小微企业才是村镇银行的客户，"做小""做散"才是村镇银行的出路。其次要创新营销手段，体现差异化、特色化，要贴近客户需求，结合当地实际。

（2）数字化经营，降低经营成本。一方面，可以依靠主发起行的科技支撑；另一方面，若主发起行的科技能力不足以支撑村镇银行的数字化经营，还可以托管给第三方科技公司，在第三方开放性金融科技平台上搭建自己的账户体系、产品工厂等。

（3）渐进式发展，扩大资金来源。村镇银行应当积极争取政府的支持，加快村镇银行的本地化进程，扩大储蓄存款的存量。应有序推进村镇银行乡镇网点建设。通过增加分支机构来扩大服务半径，在有条件的乡镇设立机构网点，在有条件的农村设置 ATM 机，加快农村地区基础设施建设，将网点设在乡镇。

（4）规范化管理，防范经营风险。村镇银行应当注重管控风险，稳健经营。

（三）"十四五"湖南村镇银行管理体制改革的模式与原则

1. 创新管理模式，更好地实现服务"三农"的目标

管理总部模式。实力较为强劲的主发起行总部专设管理部门。一方面，充分利用主发起行的信息、管理以及人才优势，为村镇银行提供政策信息支持、战略发展规划和员工培养机制。另一方面，管理部门在机构设置上比较灵活，能够根据实际情况对人员配置和组织架构进行调整。

总分制模式。2010 年，银监会下发通知，允许部分地区以市为单位组建总分制村镇银行，四川、湖南等省份率先开展试点工作，设立了首批 10 家总分制村镇银行。总分制村镇银行模式与一般商业银行管理模式比较相似，主发起行在地（市）设立村镇银行总行，在辖区县（市）设立支行，

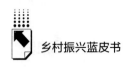

由总行代主发起行行使对支行的管理权。

监管部门对总分行制村镇银行的法人结构也采取了较为严格的标准，把建立完善包含"三会一层"、各专业委员会以及高级管理层的法人治理结构作为准入前提条件，总分行制村镇银行的风险管理、内部控制能力也有了较大的提升。

控股公司制模式。主发起行设立村镇银行集团公司或控股公司，由集团公司或控股公司代主发起行集中持有村镇银行的股份，并承担为村镇银行的未来发展制定规划、提供后台服务、对日常经营活动进行管理等责任。通过控股公司来批量化、规模化组建村镇银行，为其专业化、集约化管理提供运营平台和组织保障，有利于加快村镇银行的批量设立，并节约管理和系统上的成本。

投资管理行模式。遵循 2018 年 1 月发布的《中国银监会关于开展投资管理型村镇银行和"多县一行"制村镇银行试点工作的通知》的规定，可以让投资管理行代主发起行对村镇银行进行管理，主要负责投资和设立村镇银行并为其提供中后台服务，除此之外，投资管理行还可以开展其他银行业监督管理机构批准的其他业务。主发起行不再直接管理各家村镇银行，由投资管理行代理主发起行职责，村镇银行将作为独立的主体开展经营管理，有利于增强村镇银行的独立性，防止主发起行利用村镇银行从欠发达地区"抽血"，更好地实现"支农支小"的目标。投资管理型村镇银行可以通过自身投资平台，参与村镇银行的兼并和收购，助力村镇银行股权充分整合，实现高质量的发展。

2. 湖南村镇银行管理体制改革原则

坚持以提升服务为导向。首先，村镇银行要严格坚守在县域，积极向金融服务薄弱的乡镇和行政村延伸网点，扩大金融服务的覆盖面，提高服务的可得性，不得通过管理体制改革变相导致"去农化"。其次，要充分保持村镇银行工作链条短、决策效率高的特点，避免过于复杂的结构设置。最后，要构建有利于主发起行发挥作用的股权结构，建立健全股权托管、转让和质押管理制度，促进村镇银行的整合发展。

强化村镇银行主体地位。村镇银行管理体制改革旨在全面提升其经营管理水平,为构建多层次的农村金融服务体系添砖加瓦。一方面,主发起行应注重加强中后台服务功能,建立标准化服务体系,为村镇银行提供有力的系统支持和资金支持,充分尊重村镇银行的独立法人地位和自主性,不应将其等同于主发起行的分支机构加以管理。另一方面,村镇银行的发展与当地实际情况密切相关,对于不同类型的村镇银行,主发起行应根据情况进行分类管理,对村镇银行采用专门化、特色化的管理与处置方案。

推进改革试点落地实施。银保监会在首次发文确定建设投资管理型村镇银行后,又多次发文要求着力推动组建投资管理型村镇银行,再次明确了政策导向,但目前尚未有一家村镇银行的主发起行在湖南组建投资管理行。基于以上情况,湖南应积极响应现有的投资管理型村镇银行和"多县一行"试点政策,鼓励符合政策要求的村镇银行在湖南建立投资管理行和"多县一行",利用新的管理体制激发村镇银行的内在活力,探索两者在湖南的适应性和匹配性。

探索管理体制多元发展。自村镇银行这一新型农村金融机构诞生以来,已经过去了十多年。在尝试了多种管理体制后,投资管理行和"多县一行"的管理模式初步具备了实践性和可行性。村镇银行应综合根据成本、管理效率、监管准入等因素,选择适合自身的管理体制。

(四)进一步发挥湖南省村镇银行协会职能

湖南省村镇银行协会通过前期的不懈努力,为村镇银行提供信息、品牌、培训等共享服务,有效提高了村镇银行的整体品牌影响力和发展信心,基本达到了湖南省村镇银行抱团取暖的目的。未来,协会将凝心聚力、服务大局,进一步提升金融服务实体经济质效,全面深化金融供给侧结构性改革,在从严治党上确保先进性和纯洁性,在支持地方经济社会发展中保持先进性和纯洁性,在推动村镇银行业改革发展中保持先进性和纯洁性,在改进工作作风中保持先进性和纯洁性,自觉提升协会服务会员单位战略发展的能力和水平,更好地发挥协会的各项职能和促进作用,促进全省村镇银行持续

稳健发展。要进一步提高协会站位与格局，创新工作思路，加强外部合作，不断提升公信力、影响力、凝聚力，坚持维权与服务相结合、规范与自律相结合、创新与巩固相结合、协调与引领相结合、竞争与合作相结合的原则，努力使协会成为政策的建议者、信息的传播者、市场的调节者、纠纷的仲裁者、会员的服务者和专项工作的组织者、全省村镇银行能力提升的引领者，努力开创协会工作新局面。

（五）"十四五"期间湖南村镇银行要努力打造省级村镇银行区域品牌

《中国银保监会关于推动银行业和保险业高质量发展的指导意见》将推动现代金融体系建设加快，未来，大型银行将在规模体量、科技金融上更强，以综合金融服务能力为主；股份制银行围绕"差异化"市场定位，专注于打磨核心竞争力；地方中小银行覆盖自身合理经营半径，服务地方经济。

目前，全省村镇银行共有 18 家发起行设立村镇银行 62 家，形成了 18 个独立的村镇银行品牌。塑造省级村镇银行品牌势在必行。原因：一是品牌分散，没有树立起行业龙头品牌。二是品牌字号大多为"县域＋字号＋村镇银行"，名称拗口，品牌传播难以形成记忆。三是品牌推广各自为政，难以发挥整体效应。由于相互之间基础设施交互不畅，区域协同感不强，各品牌独立发层，处于孤立状态，难以实现信息资源共享机制，导致村镇银行良好的品牌形象没有树立，广大客户对村镇银行的品牌认知度、忠诚度低。

为此，协会对全省村镇银行品牌战略建议如下：一是建立统一的湖南省村镇银行区域品牌，致力打造以沪农商、浦发、长行、湘淮系为龙头的行业知名标杆企业品牌和百年老店。二是要积极推动投管型村镇银行尽快在湖南落地，探索村镇银行的集约化发展，让村镇银行的触角延伸到更多空白地区。三是尝试整合资源，推进湖南村镇银行投资集团成立。四是由协会牵头成立湖南省村镇银行品牌战略委员会，统一筹集品牌推广专项基金，统一行业 logo 方案及行业评优评先管理办法，弥补县域法人机构与生俱来的不足，消除地域品牌之间的交叉和重复，提高品牌规划的系统性、规范性、实用性和权威性。五是强化品牌建设营销，筑牢品牌发展根基，提升品牌营销能力，完善品牌发展机制，打造高品质、有口碑的村镇银行"金字招牌"，充分发挥湖南村镇银行的品牌效应，提高知名度和美誉度，提升客户的忠诚度，增强员工荣誉感和归属感，也有利于树立品牌在竞争市场中的良好形象。

致力塑造省内农商系村镇银行品牌。努力促进占全省机构数量60%以上的农商系村镇银行快速发展，稳健经营。建议：一是统筹建立省内农商系村镇银行的管理、服务的平台，解决目前七家农商行分散设立村镇银行管理部导致的政出多门、管理水平参差不齐、管理成本高企难点。二是统一省内农商系村镇银行的品牌内涵与外延。三是成立省内农商系村镇银行控股集团，形成规模效应。四是省联社为农信系统发起的村镇银行开放农信科技系统，协调解决农商银行和自己发起的村镇银行的内部良性竞争。

（六）"十四五"期间要进一步支持村镇银行创新转型

为切实防范系统性风险，以保证金融机构支持实体经济发展，财政部、人民银行、银保监会等监管部门陆续出台强监管政策和措施，覆盖公司治理、资产管理、投资管理、风险和资本管理、合规及反洗钱等多个方面，但基层管理部门在执行过程中存在强监管弱柔性、多管理少指导、多检查少帮扶、多处罚少容缺容错的痛点，建议在对村镇银行弱势群体坚持强监管的总原则前提下，正确处理好监管与发展的关系，将发展贯穿于监管的全过程，将监管融入发展的全过程。

（1）坚持强监管下柔性服务。要构建以公司治理为核心的配套监管政策体系，通过"监管的适配性"激励村镇银行提升"服务实体经济的适配性和有效性"。建议各职能部门、监管部门不定期与各村镇银行的主发起行召开会议，为村镇银行经营发展出谋划策，建立内、外联动监管机制，确保村镇银行稳健发展。同时，坚持市场定位监管，积极推动村镇银行立足县域、服务社区、支农支小，下沉服务重心，延伸服务触角，发挥区县法人银

行优势，支持地方经济发展。

（2）着力培育村镇银行的自主发展能力。主发起行应尊重村镇银行独立法人地位，以股东身份参与村镇银行公司治理，按照市场化原则处理好业务往来关系，根据村镇银行发展情况，可适时考虑调整主发起行的"兜底"要求，依照公司法由股东承担相应责任。

（3）出台政策支持村镇银行兼并重组。《金融控股公司监督管理试行办法（征求意见稿）》出台后，有助于整合金融资源，提升经营稳健性和竞争力。建议对业务发展严重滞后、对地方经济支持不力，内控不完善、公司治理不到位，面临金融风险和挑战的少量机构，坚持市场化、法治化原则，一行一策，结合实际情况，采取多种方式，比如直接注资重组、同业收购合并、设立过桥银行、引进新的战略投资者等，加快改革重组，尝试建立村镇银行金融控股公司，整合重组控股兼并，有助于集中区域内的资源支持当地实体经济，理顺区域金融市场，减少区域内同业竞争。引入有实力的战略投资者，有利于规范村镇银行的公司治理，盘活村镇银行内部资产，增加村镇银行资本金，增强其抗风险能力，提高村镇银行的竞争能力。

通过合并重组，村镇银行的资产规模增大，抵御市场风险的能力相对更高，也有利于进一步吸引较为优质的战略投资者，帮助剥离核销不良资产，规范村镇银行操作和提升治理水平。

（七）"十四五"期间加快湖南省村镇银行发展的总体诉求

1. 村镇银行的政策诉求

激发财政奖励基金活力。请求各级人民政府将推动村镇银行发展纳入重要工作议程，出台优惠政策，优化发展环境。一方面，对支持"三农"和小微企业的贷款进行风险补偿，发挥财政政策的杠杆效应。另一方面，对支持乡村振兴、新农村建设的村镇银行给予资金上的支持以及政策上的扶持，定期对其扶农业务进行奖励。此外，请求政府有关部门根据实际情况，考虑加大对设立村镇银行法人、增设网点、机构下沉乡镇的奖励力度。

优化支农再贷款机制。请求中国人民银行考虑从以下方面优化现有的支农再贷款机制。一是对于偏远地区的村镇银行，延长支农支小再贷款期限最长至 3 年，以解决支农再贷款与支农贷款发放期限不匹配的问题。同时对村镇银行的信贷规模调控应采取宽松政策。二是根据村镇银行的经营特点明确支农再贷款的关联方。一方面，明确界定关联方。根据是否存在对村镇银行的直接控制、间接控制、共同控制和重大影响的实质标准，适度扩大对"关联方"定义的范围，将隐藏的各种关联关系纳入关联交易监测范围。另一方面，限制关联方交易数量。在划分村镇银行资本规模档次的基础上，设置差异化的监管数量标准并考虑在重大关联交易和单一或集团关联贷款总额的标准方面引入绝对数量限额。

差异化补贴与税收扶持。建议政府有关部门在补贴与税收方面对村镇银行进一步进行扶持。一是延长定向费用补贴政策期限。建议规范村镇银行定向费用补贴政策期限，并采取措施有效保障定向费用补贴政策的落实。二是将村镇银行列入财政专户准入名单。建议村镇银行的财政开户准入条件，应主要依据主发起行的准入条件而定。三是延续营业税减免政策。建议继续延续营业税 3% 优惠税率，营改增后安排优惠税率政策的过渡期，并继续对村镇银行执行相应优惠政策。同时，对逾期 90 天的应收未收贷款利息在实现收入时计征营业税。

2. 村镇银行的营商环境诉求

加快推进清算系统建设。一是逐步将湖南省各地的村镇银行加入银联清算系统，纳入数字化建设体系中。同时，请求央行尽快把村镇银行纳入全国支付结算体系。二是设计透支功能，解决村镇银行的临时头寸问题和相互间拆借业务受额度比例的监管限制问题。三是提供 7×24 小时实时支付清算功能，即结算客户不受大额支付系统 5×21 小时的限制，方便客户应急、错时业务的办理。

鼓励接入全国征信系统。不断扩大湖南省征信系统的覆盖范围，将各村镇银行纳入全国征信体系。首先，人民银行应加强与第三方信用评定机构的合作，补充完善征信信息，引入外部数据、完善征信评估指标体系，将工资

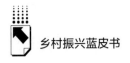

发放、水电费缴纳情况等指标纳入征信系统，不断完善农村居民的征信信息。其次，实现村镇银行之间的信息共享，利用互联网大数据分析方法建立完善的农村征信体系。

分区制定相应投资政策。合理区分农村地域需求，制定相应投资对策，从而最优化湖南省村镇银行的营商环境。以经济发展水平高低为标准，把全省农村划分为经济发展水平滞后的地区、经济发展水平较高的地区以及经济发达的地区三种，并合理规划三种地区农村金融的需求。采取市场浮动利率，引入不同地区的金融机构，扩大农村地区投资总体储备。

3. 村镇银行的监管诉求

开展信贷政策评估。在稳健经营的基础上，增强村镇银行信贷活动和经营模式的自主性。同时，各地对于贷款集中度、存贷比等各项指标也可根据具体情况具体制定，根据村镇银行资产和负债的动态性特点，形成一套完备且灵活的信贷评估政策。

完善差异考核方式。一是制定不同于商业银行的流动性风险管理指引，以计量、监测和控制流动性风险，建立符合村镇银行自身特点的简单有效的流动性监测指标体系和管理信息系统。二是完善村镇银行的开办条件，科学确定村镇银行的设立门槛，将部分准入事项归入自主决定或委托代理业务的序列。三是逐步放开村镇银行的业务。对于监管评级达到二级以上的村镇银行，支持其开展代理、委托等中间业务，允许其与控股银行合作或联合发行专门的"三农"金融债、大额存单，开展特定的理财及信用卡等业务。

完善相应监管模式。一方面，完善村镇银行涉农贷款统计制度和相关监管指标，加强监测检查。完善村镇银行风险处置机制和退出机制，加强主发起行对村镇银行的运营监管，并确保其在村镇银行中的实际控制地位。另一方面，完善监管服务。根据村镇银行发展特点，监管部门要在业务准入、风险资产权重、业务考核等方面实施差异化监管。

参考文献

《中国银保监会办公厅关于进一步推动村镇银行化解风险改革重组有关事项的通知》（银保监办发〔2020〕124号），2020年12月30日。

《中国银保监会办公厅关于推动村镇银行坚守定位　提升服务乡村振兴战略能力的通知》（银保监办发〔2019〕233号），2019年12月20日。

高锡麟：《制约村镇银行发展的因素及对策分析》，《经济管理文摘》2021年第6期。

王晓明：《建立村镇银行治理的"四梁八柱"体系》，《农村金融时报》2020年5月18日。

陈涛：《村镇银行与农村金融供给侧改革》，《中国金融》2020年第3期。

王丽丽：《破解村镇银行发展中的痛点和难题》，《当代农村财经》2019年第12期。

周昱衡：《村镇银行的定位困局与破解之道》，《银行家》2019年第1期。

邹勇燕、谢红越：《湖南省村镇银行发展的影响因素分析》，《北方经贸》2013年第6期。

刘亦文、黄静寅：《基于政策性和盈利性视角下湖南省村镇银行市场定位研究》，《湖湘论坛》2016年第3期。

谌争勇：《村镇银行发展面临的困境及对策——来自湖南省桃江建信村镇银行的调查与思考》，《现代商业银行导刊》2010年第12期。

案 例 篇
Village Reports

B.9
临湘市桃林镇东湖村调研报告

李珺　陈文胜*

摘　要：　2021年中央一号文件明确我国已经进入全面推进乡村振兴的
　　　　　新发展阶段，"全面"既强调五大振兴要全面推进，更着眼
　　　　　于整个乡村振兴范围的拓展。岳阳临湘市下辖的东湖村，既
　　　　　没有位于城郊的区域优势，又不属于脱贫攻坚时期的重点扶
　　　　　持贫困村，是一个长期以来没有政策倾斜的中部村庄的典型
　　　　　代表。存在打工与留守、土地抛荒、人才匮乏、精神贫困等
　　　　　矛盾和困境。本报告提出了要紧紧抓住乡村振兴这一历史性
　　　　　发展机遇，不断推动规划下乡、教育下乡、医疗下乡、产业
　　　　　下乡、数字下乡、自治下乡，在县域内实现城乡融合，打造
　　　　　东湖村社会共同体的发展对策。

＊　李珺，湖南师范大学中国乡村振兴研究院、马克思主义学院博士研究生，主要研究方向为乡
　　村文化；陈文胜，湖南师范大学中国乡村振兴研究院院长、博士生导师、中央农办乡村振兴
　　专家委员、省委农村工作领导小组"三农"工作专家组组长，主要研究方向为农村经济、城
　　乡关系、乡村治理。

关键词： 东湖村 贫困边缘村 乡村振兴

岳阳临湘市桃林镇下辖的东湖村虽依山傍水、自然环境好，但所处地理位置较偏远（距临湘市 26 公里），既没有位于城郊的区域优势，又不属于脱贫攻坚时期的重点扶持贫困村，长期以来没有政策倾斜。正是这样一个"离贫困村很近、离富裕村很远"的处于贫困边缘的东湖村，可以说是绝大多数中部村庄的典型代表，只有让数量上占据绝对优势的贫困边缘村发展起来，"不让一个村庄落下"，全面乡村振兴才能实现。

一 东湖村基本情况概述

2016 年，由原来的东湖村和塘下村合并而成的东湖村，共有 39 个村民小组，1108 户，人口 5019 人，现在常住人口不足户籍人口的一半。[①] 东湖村人气衰微，在家人口的年龄结构不完整，农业劳动力短缺，年轻人尤其年轻男性很少，大多选择去附近城镇打工，老年人与少数留守儿童构成村庄人口的主力军。以王塘组为例，原本村民小组有村民 170 人，现在仅 20 多人在家，不足 10 户，且大多是 60 岁以上的老年人，46 岁的李明（化名）是该组最年轻的成年男性，他家 8 岁的儿子是该小组在村的唯一未成年人。李明也并不是一直在老家生活，20 岁外出打工后，在岳阳市从事过经商、运输、汽车美容等多种职业，10 年前回到老家用打工赚来的钱翻修了老房，现在虽在老家居住，但仍然在城市兼有一份工作，一直在村里和岳阳市两头跑。

因为居住较分散且人不多，除了逢年过节时，村里都是很安静的，与祖辈们一样，村里人都喜欢请客，红白喜事、生日、乔迁搬家、小孩升学等，

---

① 《东湖村基本情况介绍》，打印稿。

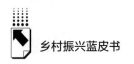

不追求规模有多大，但频率都不低。名义上是请客，收礼却是实际内容。①
这就是村里人的社交场合，收到邀请的一方，不去的话就失了礼数。与过去
主人亲自下厨或乡亲们互相帮忙准备宴席不同，现在的请客办酒都是通过社
会化服务解决，到市场上购买服务。

村里留守的60岁以上的老年人，他们大部分会选择和子女住在一起，
尤其是上了年纪、配偶已去世的老人。但子女一般正值壮年，或外出打零
工，或从事小买卖，在家的时间很少，老人平常白天很少能见到子女，但这
也在一定程度上避免了两代人住在一起久了难免会产生的小摩擦。村里没有
养老院，也没有学校，只有一名上了年纪的村医，现在村民们小病小痛会去
镇上的医院看病买药，大病的话就去临湘市的医院进行治疗。

以前村民们农忙时在田间地头忙碌，闲暇时的娱乐不过就是打麻将、拉
家常；如今互联网早已在东湖村普及，大大改变了村民的休闲时光，"每家
每户都有电脑、电视，各人都在自己家里看剧刷抖音，比去外头广场看电影
舒服得多"。一些村民坦言。公共文化活动逐渐碎片化，导致村民之间的关
系日益淡漠，村庄共同体意识不断消解。不过村里的广场舞等活动依然能够
拉近彼此感情。65岁的李兰（化名）就是其中一位，在广场舞队成立后多
次到镇里参加演出比赛，她们的舞步与城市居民相比没有多大差别，这极大
地丰富了村民的业余生活。

二 在他乡与返乡之间的冲突与情感

随着中国城镇化进程不断加快，大量农民涌入城镇成为农民工，为城市
的现代化建设添砖加瓦。东湖村外出打工人口年龄集中在26～50岁，打工
地点不一，有的在省外沿海城市，有的在附近城镇，据村干部粗略估计，流
向省外的人口大大超过留在省内的，岳阳市区的占比可能不到两成。②

---

① 李珺：《洞庭湖边的一个村庄实录》，《书屋》2021年第6期。
② 李珺：《洞庭湖边的一个村庄实录》，《书屋》2021年第6期。

现在村民们的主要收入来源于外出打工。与父辈不同,外出务工第二代对工资高低反倒没那么看重,认为找一个"看上去相对体面的活儿"更重要。年轻人选择服务岗位的越来越多,因为劳动强度不高,就业形式灵活,月均收入也还不错。

只要有能力,东湖村人也十分热衷于买房,这点与城里人似乎没有太多差别。但通常选择在附近镇上购置房屋的居多,因为大城市房价高,外出务工的村民很难单凭工资性收入在大城市定居;乡镇的房价不高,教育和医疗条件还比较完善,虽然与大城市相比有差距,但比起村里还是好太多,于是举全家之力在村附近的镇上或县城买房似乎就变成了一种风尚。

与之相对应,回乡重新翻修老屋也是一个潮流,在他乡漂泊久了的东湖村人回到家乡总有一种落叶归根之感。村里建了不少外观造型与城市楼房相差无几的房屋,虽然平日里大多闲置,但外出的打工者逢年过节还是会回去看看。这些在他乡的东湖村人看到自己在老家的"豪华"房屋时,也有一种"衣锦还乡"的荣耀。①

在外发展较好的东湖村人,大多会将家中父母长辈也接出村,只要父母愿意。但有的老年人并不愿意离开,一是担心不适应城镇的生活,自己在东湖村生活了一辈子,而城镇是一个太陌生的地方,"找个人说话都找不到";二是为了缓解子女在城镇生活的高成本压力,选择留守在家帮忙照顾孙辈,为进城子女提供支持、减少负担。

不管在他乡生活、工作多长时间,在老一辈东湖村人心中,回乡是一种安全的退路。李东就是其中的代表,在广东漂泊 15 年后,仍然找不到家的感觉,不能完全融入城市,还惹了一身病痛,于是和老婆商量后,毅然决定回乡村生活,他说自己很喜欢乡村的自然风光,不同于城市紧张的节奏,乡村的慢生活让整个人都会放松下来。

---

① 李珺:《洞庭湖边的一个村庄实录》,《书屋》2021 年第 6 期。

三 东湖村面临的谁来种地难题

东湖村的种地主力军是 50 岁以上的留守老人，他们耕种大多为满足家庭需要，不单纯为了赚钱，尤其现在机械化程度越来越高，田地的翻耕和稻谷收割都靠机械。年纪大的老人是完全可以胜任种地的。种地于老人们而言似乎是一种生活方式，可以锻炼身体，他们对土地怀有深深的情感。正如费孝通曾说："我们的民族确是和泥土分不开的了。"① 在老东湖村人祖祖辈辈的心里，土地更是精神寄托。

但年轻一代的东湖村人则完全不同，他们对于土地有更强的功利性态度，种田还是不种田，一般要考虑种田与其他行业相比划算不划算的问题。② 当然，东湖村"种地者老龄化"现象是大多数村庄的一个普遍性问题，和外出务工相比，种地的收益太低，吸引力明显不足，因此，常住在村里的人们大多以副业为主，种地反而是兼职。原本大多数青壮年倾向于外出务工，留在村里的劳动力本就比较少，而为数不多的年轻人又都不愿务农："单纯种地不挣钱呀，每亩能赚几百块钱了不得了。"于是慢慢出现了这样的情况：一些留守在村的中年人荒废了菜园，和城里人一样去镇上买菜。

还有村民认为现在田太少了："地每个人分到手只有一点点，又分散。要有个几十亩田就太好了。"东湖村土地过于细碎，单靠种田没办法维持日常生活。不愿种地的另一个重要原因是种地获得的收益并不稳定，往往与当年的雨水气候变化密切相关，靠天吃饭的感觉让东湖村人无法专一务农，必须找到另一种相对稳定的副业来维持生计。

---

① 费孝通：《乡土中国》，人民出版社，2015，第 2 页。
② 李珺：《洞庭湖边的一个村庄实录》，《书屋》2021 年第 6 期。

四 东湖村面临的人才困境

东湖村现在共有 113 名党员、8 名村干部，村干部年龄都在 40 岁以上，[①] 学历基本是高中及以下。村干部大多有副业，或做点小买卖，或在镇上打零工，因为光靠村干部的基本工资是难以养家的。

由于村部要经常迎接上级的检查和考核，村干部在各种繁杂的日常工作中自顾不暇，根本没时间认真思考村庄未来的发展规划。"虽然是坐班制，早九晚五，但周末也经常加班，平时的事又多又杂，处理的事情涉及方方面面"。但有意思的是，虽然村干部基本都在村部，是各个生产组的人，大多数村民却并不清楚他们日常所做的事情："自己很少去村委会，与村干部一般没有什么接触，村里也很少开会，确实不太了解。"正在走向现代化的中国乡村实质上是一个"半熟人社会"[②]，尤其近年来的村庄合并加剧了共同体意识的消解。当前村干部与村民不仅仅是"半熟人"关系，有的甚至是"陌生人"。有的村民说："自从我们村和隔壁村合成一个村，我们村的不认识他们村的干部，他们村的不认识我们村的干部。"

关于东湖村的发展，当地村干部常常诉苦：经济落后，又比较偏僻，村里没有任何企业，缺乏产业发展。归根结底，留不住人、吸引不来产业是制约东湖村发展最关键的因素。虽然近几年，东湖村的硬化道路已经通到各个小组，家家户户都有自来水，生活条件也大幅度改善了，但工资与教育、就业、医疗、卫生等公共服务资源与城市相比依然存在较大的差距，因此大部分有文化、懂技术、会经营的中青年农民都往大城市发展，寻求新机遇，而在外获得成功的人士，愿意回村发展的比例不高。

当然，近些年村里也陆陆续续有过几名返乡创业者，但由于农业、养殖业的抗风险能力较弱，企业结果并不如意。返乡的李龙就是其中一员，5 年

---

① 《东湖村基本情况介绍》，打印稿。
② 贺雪峰：《未来农村社会形态："半熟人社会"》，《中国社会科学报》2013 年 4 月 19 日。

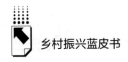

前他决定返乡，在家喂养鸽子，规模也不小，本想扎根养殖业、慢慢做大，但由于没有掌握到核心养殖技术，再加上突如其来的一场瘟疫就让他前期的全部努力付之东流，自这以后李龙再没有大规模进行农业养殖的打算，又重回镇上打工，虽然收益也不高，但至少不会亏损。

反观还留在东湖村的人口，人口结构极不合理，具有高中以上学历的村民在东湖村屈指可数，大部分是初中及以下学历者。文化教育水平不高，又没有接受过正规的农业技术与职业培训，导致大部分村民没办法掌握最先进的农业科学技术，远远不能满足农村现代化经济转型发展的需要。

"离农"教育倾向也导致一部分本土人才流失。东湖村人会教育小孩要"好好读书，以后去城里工作"。城乡之间巨大的资源不对等性，让他们只好将希望寄托到下一代身上，这也导致从东湖村走出去的小孩对城市无比向往，而对家乡越来越陌生。东湖村的主体人群是"流动性"的，就像候鸟一般，只在村里作短暂停留，谁来重建乡村共同体？这已经成为东湖村眼前最为迫切需要解决的问题。

五　小结

在城镇化的大背景下，农村劳动力不断进入城市，乡村人口逐渐减少，这是无论在中国还是在其他发达国家的现代化进程中，都难以逆转的大趋势。有的乡村会衰落或消失，但依然会有人选择留守家园，守护着人类文明之根——乡村。在当代中国推进乡村振兴战略的具体实践中，缩小城乡差距、实现全体人民共同富裕[1]是时代的题中应有之义。

总的来说，作为贫困边缘村代表的东湖村，自身基础薄弱，可以将它现在面临的困境归纳为"四没有"：没钱、没人、没产业、没扶持。在持续推进乡村振兴战略的大背景下，要重视对贫困边缘村的发展规划，否则将给乡村全面振兴带来巨大挑战。东湖村的空心化、人口老龄化现象不仅是中国部分乡

---

① 李珺：《洞庭湖边的一个村庄实录》，《书屋》2021 年第 6 期。

村的现实图景，也是世界其他发达国家现代化进程中不可绕过的困境。需要警惕的是，村庄规划不能运用城市思维来简单看待，城市与乡村是完全不同的两种发展路径，要着眼长远，把握东湖村未来走向，明确村庄发展定位，从而科学预测人口集中趋势。长远来看，单独讨论某个村庄的发展并没有意义，未来世界的"连接"最重要，因此要紧跟临近镇、县的发展步伐，推进县乡村公共服务一体化，在整个县域经济发展的大背景下，实现东湖村不断向前发展。

中国乡村社会一直处于变迁之中，只有当乡村和城市重新建立紧密的关系，才能真正携手走向未来。2021 年中央一号文件明确了"三农"工作重心的历史性转移，我国已经进入全面推进乡村振兴的新发展阶段，[①]"全面"二字既强调落实到单个村庄层面的五大振兴要全面推进，更着眼于整个乡村振兴范围的拓展。东湖村作为处于贫困边缘的"中间村"代表，要紧紧抓住乡村振兴这一历史性发展机遇，不断推动规划下乡、教育下乡、医疗下乡、产业下乡、数字下乡，在县域内实现城乡融合，打造东湖村社会共同体，从而促进农业高质高效、乡村宜居宜业、农民富裕富足。

作者手记虽然不是农村长大的小孩，但在父母老家度过了我最快乐的童年暑假时光。夏夜前坪上最凉快舒适，晚饭后，大人们将竹椅竹床搬到宽宽的坪上享受凉风，小孩们忙着数星星、追月亮，玩累了躺在竹床上听大人们讲长长的故事，外婆给我们摇扇赶蚊，小孩就听着故事迷迷糊糊睡着了。那时的东湖村仿佛是我梦中的宝瓶，是幸福之源。

现在我已长大，家乡的老村庄却似乎愈发年轻，洋溢着现代化的青春气息，仿佛拥有返老还童的魔力：通往村、队的宽阔水泥路，为家家户户的出行提供了极大的方便；乡亲们不再"面朝黄土背朝天"式地辛苦劳作，机械化种田大大减轻了农民的负担。远去或许是另一种超越，写下这篇田野观察，不仅是对家乡村庄的情感记录，更是面向未来的展望，希望时代浪潮下不断变迁的东湖村站在新的历史起点上，不断加快现代化演进步伐。乡村兴则国家兴，毕竟每一个乡村都代表着中华文明的未来。

---

① 奉清清：《进入向乡村振兴全面推进的新发展阶段》，《湖南日报》2021 年 2 月 23 日。

参考文献

中共中央马克思恩格斯列宁斯大林著作编译局：《马克思恩格斯选集》（第一卷），人民出版社，2012。

马克思、恩格斯：《共产党宣言》，人民出版社，2018。

费孝通：《乡土中国》，人民出版社，2015。

陈文胜：《城镇化进程中乡村治理秩序的变迁》，《浙江学刊》2020年第5期。

贺雪峰：《未来农村社会形态："半熟人社会"》，《中国社会科学报》2013年4月19日。

熊万胜：《村落的未来形态：在农庄与社区之间》，《学习时报》2014年9月29日。

奉清清：《进入向乡村振兴全面推进的新发展阶段》，《湖南日报》2021年2月23日。

朱远洋等：《当前乡村发展存在的六大困难和问题——来自17个省39个村的调查》，《中国发展观察》2020年第19~20期合刊。

B.10
桃源县漆河镇华岩河村调研报告

朱 烨 陈文胜*

摘 要： 乡村治理体系是国家治理体系在乡村社会的基础。党的十九
大以来，乡村治理体系建设这一问题在全国各个地区的乡村
都得到重视。笔者认为在乡村治理体系建设中，存在着人才
缺乏、制度不够健全、组织涣散、治理方法不够成熟等问
题，并分析导致这些问题的原因。在乡村治理中应该要注重
乡村治理人才队伍的建设、完善乡村治理的制度体系、改善
乡村治理的管理方法、加强村规民约的规范性，更好地建设
治理有效的乡村。

关键词： 华岩河村 乡村治理 乡村振兴 村庄

乡村治理就是基于公共权力对乡村公共事务的支配、影响及调配的
一种过程。乡村治理也需要借助一整套治理体系，党的十九大报告指出
乡村治理体系以"三农"问题为抓手，以乡村振兴为价值导向，以实现
"产业兴旺、生态宜居、乡风文明、治理有效、生活富裕"为总要求，[1]

---

* 朱烨，湖南师范大学中国乡村振兴研究院、马克思主义学院硕士研究生，主要研究方
向为乡村治理；陈文胜，湖南师范大学中国乡村振兴研究院院长、博士生导师、中央
农办乡村振兴专家委员、省委农村工作领导小组"三农"工作专家组组长，主要研究
方向为农村经济、城乡关系、乡村治理。
[1] 《中国共产党第十九次全国代表大会文件汇编》，人民出版社，2019。

是国家治理体系的基础。乡村治理体系是国家治理体系的一个子体系，在乡村社会中，乡村治理体系是国家治理体系在乡村社会的延伸，发挥着重要的作用。党的十九大以来，乡村治理体系建设问题受到了全国各地的高度重视。一些村庄的治理取得了良好的效果。村庄变得更加安宁稳定，村民的生活质量得到了改善，村民们感受到了乡村治理所带来的好处。与此同时，在乡村治理体系建设过程中也出现了一些问题。以笔者调查的湖南省常德市桃源县漆河镇华岩河村为例，该村在乡村治理体系建设中，存在着人才缺乏、制度不够健全、组织涣散、治理方法不够成熟等问题。

一 村庄的基本情况

湖南省常德市桃源县漆河镇华岩河村位于湖南省北部，村庄面积 30 平方公里，该村不属于贫困村也不处于老少边穷地区；该村不是少数民族聚居区，主要地形地貌是平原和山地，生产类型是水稻生产；该村耕地面积 531 亩，承包地面积 356 亩，草场面积 200 亩，林地面积 600 亩。2020 年人口户数 242 户，人口数 1021 人，外出务工劳动力占劳动力总数的 60%。2020 年村庄收入共计 3 万元，2020 年村庄支出共 2.7 万元，村庄目前没有发展集体经济，2020 年该村村民人均纯收入 3156 元。村庄公路里程 17 公里，全部是硬化公路。村庄实现了"村村通"（硬化公路）、"组组通"（硬化公路）、"户户通"（硬化公路），通了公交线路。该村距离县城的距离是 24 公里，距离乡镇的距离是 8 公里，该村没有集市，没有农贸市场，没有信用社、银行等金融机构，但有村卫生室（所）。①

---

① 湖南省常德市桃源县漆河镇村民委员会村庄基本资料。

二 乡村治理体系建设中存在的问题

（一）乡村治理组织中缺乏高素质人才

就笔者调研的华岩河村来说，一是乡村干部队伍中年轻人很少，在整个村干部队伍中，40 岁以上的村干部占 80%，40 岁以下的只有 3 人，这就导致村干部老龄化比较严重；二是整个乡村干部队伍中缺少德才兼备的综合型人才，大专及以上学历的只有一人，干部整体素质不高；三是乡村干部在乡村治理过程中经验和能力不足，缺乏现代化的农业市场经验、科技知识、乡村经济发展等方面的基础知识，这就导致乡村治理队伍没有办法跟上乡村现代化发展的步伐。

（二）乡村治理体系中缺乏科学制度

就笔者调研的湖南省常德市桃源县漆河镇华岩河村来说，一是始终缺乏科学且行之有效的治理制度。该村没有一套科学而且有效的乡村治理制度，这就造成乡村治理无章可循。二是始终缺乏明确各治理主体职责的规范。该村没有一套对各乡村自治主体职责、权限等方面的规范，这就使得乡村治理主体职责不清、工作效率不高。三是缺乏有效的乡村治理法规。农村基层政府的职能和权利有待更加明确和规范，以使村民能够参与到基层治理建设中来。调研显示，该村的一些乡村治理制度不够详细，对一些问题缺乏明确的解释，导致缺乏科学完整的制度支持多主体之间的互动。

（三）乡村治理建设中缺乏科学有效的方法

就笔者调研的湖南省常德市桃源县漆河镇华岩河村来说，一是乡村干部队伍素养不够高。在整个村干部队伍中，学历层次普遍不高，这就造成村干部整体素质不高，整个乡村缺乏出色的带领者。二是乡村组织内部的关系不和谐。在整个村干部队伍中有时会出现各种各样的矛盾，这就造成

村干部内部不团结，影响办事效率。三是乡村事务公开形式化问题较为严重。该村事务公开就是张贴一张表，比较形式化，造成民主议事氛围不浓。四是村干部选举存在形式化问题。在村干部选举中，匿名投票前，村里的小组长就会暗示选举谁，这就造成村干部选举缺乏民主，难以体现民意。

（四）乡村治理体系中缺乏有效的村规民约

就笔者调研的湖南省常德市桃源县漆河镇华岩河村来说，一是旧有的村规民约已经过时，新的村规民约还未健全，这就造成整个村子没有较好的村规民约；二是村规民约缺乏一定的执行要求，表达模糊，与村民的习惯性用语和本村庄基本情况存在一定差距，使村民无法将村规民约牢记在心、转化为自觉行为，流于形式，成为"墙上文字"；三是村规民约缺乏民主，制定村规民约的主体是村干部，大多数村民认为自身文化程度不高，不愿主动参与村规民约的制定，这就造成村规民约缺乏民意基础，容易成为一纸空文；四是红白理事会规章制度难以执行，在整个村子中没人遵守红白理事会的规章，这就导致许多不该办酒席的人家办了酒席，造成了铺张浪费。

三　乡村治理体系建设存在问题的原因

（一）乡村社会经济发展落后

乡村社会经济发展落后是乡村治理体系建设存在问题的原因之一，改革开放以来，随着工业化的快速发展，一些依靠自然资源发展的村庄、城郊村庄和城中村庄，在经济方面发展得较快，而其他农村地区经济发展较为缓慢，这些地区的经济基础也比较薄弱。随着农民生活水平的提升、消费水平的提高，越来越多的农民待在农村看不到希望，在这种情况下，没有办法谈论乡村的发展，农村人力大多选择离开农村，大部分村民不愿留在农村，这就导致出现了农村老龄化和空心村。① 笔者调研的湖南省常德市桃源县漆河镇华岩河村也是这样，中青年离开本村去外地工作，本村剩下的大多是老年人和儿童。同时，一些从本村走出去的大学生，因为乡村经济发展落后，也不愿意回乡村工作，这就导致乡村社会治理中高素质人才的缺乏。

（二）治理机制没有完善

治理机制尚未完善也是乡村治理体系建设存在问题的原因之一。在乡村治理中要实现人的全面发展，乡村治理主体就要以人为本，为村民提供便利服务，保护和维护村民的合法权益。在中国的行政体制下，各级政府处于相互制约的状态。下级政府一方面要对上级政府负责，另一方面要对再下一级政府的工作进行安排和考核。乡镇政府作为我国的基层政府部门，其主要职责是为村民自治组织村委会提供服务。但实际上，村委会却成为乡镇政府部门的下属机构，本应该深入群众、提供服务、为村民解决问题的村民委员会，却变成了为乡镇政府部门完成行政事务的下级机构。本应行使行政职能的乡镇政府部门，却变成了下放权力的上级组织，村民委员会行政化严重且服务职能被削弱，这就导致村干部等乡村治理主体每天去做一些行政事务，而忽视了对村民的服务，也就造成在乡村治理中没有科学有效的乡村治理体系，造成乡村治理没有规则可循。笔者调研的华岩河村也是这样，村委会承担了漆河镇政府的一些行政事务，造成村委会职能偏离原来的轨道，导致没有形成一套科学有效的治理制度。

（三）城乡二元结构难以破除

城乡二元结构难以破除是乡村治理体系建设存在问题的原因之一。我国自 1958 年以来推行"城乡分治"的模式开始，优先发展重工业，实现工业现代化，这就造成城市和农村发展速度不同②，城镇居民具有良好的公共服

---

① 陈文胜、王文强主编《湖南乡村振兴报告（2019~2020）》，社会科学文献出版社，2020。
② 陈文胜：《论中国乡村变迁》，社会科学文献出版社，2021。

务和生活条件并且在很多方面能得到国家政策的支持，而农村发展相对缓慢，这就造成大多数农民想去城市，随着改革开放的推进，越来越多的农民进入城市，并逐渐发展成为一种趋势。笔者调研的华岩河村也是这样，大量的农民涌入城市，这就导致乡村治理缺乏高素质人才，从而也缺乏科学的治理方法和较好的村规民约。

（四）乡村民主思维、法治思维尚未完全形成

乡村法治思维尚未完全形成也是乡村治理体系建设存在问题的原因之一。目前广大乡村地区村民的民主意识还比较弱，对村干部选举不够重视，还不能合理地运用法律赋予自己的权利去选举维护自己权益的代表，在笔者调研的华岩河村，很多村民听别人选谁就是谁，这就造成缺乏有效的民主。村民委员会干部的法律意识淡薄，还没有形成依照法律治理村庄的法治思维。在乡村发展过程中，更多的村干部习惯于依靠个人的魅力去管理事务、治理乡村，在笔者调研的华岩河村，很多村干部都是基于自己的个人主观想法做事，效率不高，不能有效地治理乡村。

四　乡村治理体系建设对策建议

（一）注重乡村治理人才队伍的建设

就笔者调研的华岩河村来说，一是要培养干部队伍，鼓励本村有学识的青年回乡担任村干部，提高村干部的素质，同时，也要支持有为青年回乡创业，为乡村治理提供源源不断的人才；二是要开展对村民委员会正式干部的培训，让他们学习新的知识，不断适应社会的变化，培养一支能对乡村市场进行调控、对村民关系进行调节、快速掌握新技能、新知识的新型干部队伍；三是要充分发挥村民委员会老干部的作用，充分发挥老党员和在任多年村干部的言传身教的作用，让新一批青年村干部快速成长，成为本村干部中

的中流砥柱；四是要颁布一些能够吸引社会人才的优惠补贴政策，吸引有文化、有担当的青年来建设乡村，让乡村变得更加和谐美好。

（二）完善乡村治理的制度体系

就笔者调研的华岩河村来说，一是要制定科学有效的乡村治理制度体系，可以依据相关法律规定及政策，结合本村的实际情况制定科学的制度体系；二是在制定治理制度的过程中，要明确规定各治理主体的职责、权限，提高工作效率；三是要体现民意，可以设立更加便利的"微管理"自治组织，设立乡村治理理事会，调动村民参与村庄社会生活的主动性。这样村民的知情权、监管权、发言权、参与权可得到充分保障，可促进村民自主地参与乡村社会活动，进一步推动乡村治理体系的发展与建设；四是要调动各治理主体的积极性，明确村支书、村干部、村民等的职责，形成各主体的良性互动。

（三）改善乡村治理方法

就笔者调研的华岩河村来说，一是要进一步强化对乡村基层党组织的思想政治教育，特别是理想信念方面的教育，造就一支真正忠诚、纯洁、能干、负责的乡村干部队伍。确保乡村基层党支部的团结和村干部队伍的稳定，提高本村的干部队伍素质，做到本村治理有人领头。二是要坚持处理好干部之间的内部矛盾，及时化解矛盾，形成一支团结有爱的队伍，提高办事效率。三是要对本村事务进行公开，建立本村微信平台，及时将本村事务发布在微信群中，让村民知晓，鼓励村民积极参与本村事务、积极发表意见，形成村干部、村民的共同治理。四是要改善选举程序，在选举过程中，本村村干部候选人发表竞选演说，以使村民更加了解候选人，从而选出本村的干部。

（四）加强村规民约的规范性

就笔者调研的华岩河村来说，一是要制定覆盖生活各个方面的村规民

约，村规民约应体现在乡村社会生活的每一个方面，如社会公德、乡风民俗、土地分配、义务教育、公路建设、农村环境等领域。二是要根据村民意愿制定符合本村情况的村规民约，避免形式化，应动员全体村民积极参与制定村规民约，而且要让村民认可并严格遵守，以发挥村规民约的作用。三是要组织村民积极学习村规民约，使得每个村民对村规民约熟记于心，发挥村规民约的积极作用。四是要积极发挥红白理事会的作用，鼓励本村所有村民遵守红白理事会的规章制度。[1]

乡村治理作为国家治理体系中的一个子体系，是国家治理体系中的重要构成部分，实现良好的乡村治理也是实现国家长治久安、广大农民安居乐业的重要保障。面对乡村治理中存在的问题，要积极探索解决办法，不断推进乡村体系现代化、乡村治理能力现代化，以建设具有中国特色的美丽乡村、实现乡村振兴。

参考文献

《中国共产党第十九次全国代表大会文件汇编》，人民出版社，2019。

湖南省常德市桃源县漆河镇村民委员会村庄基本资料。

陈文胜、王文强主编《湖南乡村振兴报告（2019~2020）》，社会科学文献出版社，2020。

陈文胜：《论中国乡村变迁》，社会科学文献出版社，2021。

---

[1]　陈文胜、王文强主编《湖南乡村振兴报告（2019~2020）》，社会科学文献出版社，2020。

B.11
保靖县清水坪镇夕东村调研报告

田 珍 陆福兴*

摘 要： 本文选取保靖县夕东村作为调研样本，围绕精准扶贫和乡村振兴相衔接等问题，对曾经的国家级贫困村夕东村进行了实地考察和走访，对夕东村的基本村情、基础设施、产业发展等进行了考察，剖析了其发展所面临的资金缺乏、投入不足、专业技术人才短缺、青壮年劳动力流失、产业发展组织力不强、村民聚焦发展能力不足等问题。对推进夕东村进一步发展提出了对策措施：加大财政支持力度、引进培养专业技术人才、建立农村致富带头人队伍、提高村民创业就业能力、加强村小建设、提高村民素质等。

关键词： 夕东村 产业发展 乡村振兴 脱贫攻坚

一 基本概况

夕东村作为国家贫困村，与其他贫困村一样于 2020 年顺利脱贫。夕东村的区位资源、人口状况、经济社会发展水平都有自己的特色。

---

* 田珍，湖南师范大学中国乡村振兴研究院、马克思主义学院硕士研究生，主要研究方向为乡村教育；陆福兴，湖南师范大学中国乡村振兴研究院教授，主要研究方向为农村政策法律、农业安全。

（一）区位资源

夕东村地处湖南省湘西土家族苗族自治州，位于保靖县西北部，距清水坪镇政府所在地 20 公里，与马王村、客寨村相邻。现在的夕东村是由原来的夕东村与芭蕉村、三溪村三村合并而成，总面积为 18 平方公里，其中耕地面积为 2495 亩、林地面积为 18916 亩，夕东村的耕地主要分为旱地和水田，水田的地势较旱地而言低、较为平坦，旱地多为坡地，以酸性沙质土壤为主，耕地较为贫瘠、肥力不足。夕东村远离交通主干道，距迁清公路约22 公里，与外界联系主要依靠一条县级公路，交通路线单一；但村内交通设施较为完善，村级道路已经基本硬化，小型客货车可以通行。①

（二）人口状况

夕东村下辖 6 个村民小组，共 618 户 2271 人，其中第四组人口最多，有 610 人，第六组人口最少，仅有 173 人。村内青年劳动力外流严重，多去江苏、浙江、广东三省务工，村里常住人口以儿童和老人为主，留守儿童与空巢老人多是本村较为明显的特征。②

夕东村有三个党支部，共有党员 76 名。第一支部有 37 名，第二支部有19 名，第三支部有 20 名。女性党员人数较少，仅有 7 名。党员的平均年龄较大，为 61.97 岁。其中，年龄在 60 岁（包括 60 岁）以上的党员共有 40人，年龄在 50~60 岁（包括 50 岁）的党员共有 19 人，年龄在 20~40 岁的党员只有 17 人。有部分党员在外务工，没有长期待在村庄。③

（三）经济社会发展水平

受地理位置、土壤贫瘠等自然因素的影响，夕东村经济发展较为缓慢。村里仅有一个非农产业——制砖厂，还有一个外村人开办的养鸡场，村民的

---

① 数据由夕东村村委会提供。
② 数据由夕东村村委会提供。
③ 数据由夕东村村委会提供。

主要经济收入来源是外出务工，人均收入较低。

在精准扶贫政策的帮扶下，夕东村的经济情况有所改善，人均收入也有所提高，2014年至2019年累计脱贫207户797人，贫困发生率由2013年的35.80%下降到2019年的0.66%，人均纯收入由2013年的2029元增加到2019年的8020元，村民的居住环境通过危房改造工程得到了大幅改善。以村民田仁山家为例来具体说明，田仁山家共有六口人，经济收入全靠儿子儿媳在浙江务工，以前的人均收入低于全村人均收入，仅为1900元，住的房屋是当年分田到户时修建的老房子。在精准扶贫政策的帮扶下，田仁山家进行了危房改造，修建了两层楼房，配备了一系列家用电器，如冰箱、洗衣机等，居住环境得到改善，家庭人均收入也得到提高，由以前的低于全村人均收入，到现在能够高于全村人均收入，人均达9050元。虽然夕东村的人均收入得到了提升，但仍然有很大的提升空间，村民的生活水平还有待进一步提高。①

（四）生产生活情况

1. 生产方面

夕东村是以种植业为主的中国传统的小村庄，生产设施建设侧重于灌溉水渠，及柑橘园、黄金茶的道路硬化方面，灌溉水渠实现了基本农田全覆盖，保证水稻耕种的供水，柑橘园、黄金茶的道路硬化工程还没有全部完成，还需进一步加以完善。耕作方式得到改善，小型机械化耕地比例达74%，传统牛耕几乎绝迹；但小型机械化耕地对土地有所要求，必须靠近公路且地形较为平坦之处才能使用小型机械，使用范围受限。在收割方面，仅有水稻收割实现了半机械化，其他作物（如玉米、大豆等）都还是采取传统的收割方式。

2. 生活方面

夕东村在生活基础设施建设方面在不断完善。在2018年实现村组道路

---

① 数据由夕东村村委会提供。

通畅通达。村里完成了进户路硬化工程，村民实现了不沾泥土进家门的愿望；村里新修村（组）道路 11.8 公里且实现了全部硬化。2014 年，夕东村主要干道安置路灯，确保村民夜晚出行安全，并于 2018 年实施路灯改造升级，升级为太阳能路灯，更加节能环保、符合生态发展理念。

村里实现自来水入户，确保村民饮用水便利安全。在精准扶贫的政策支持下，夕东村完成危房改造 119 户 439 人，实施易地扶贫搬迁 34 户 149 人，实现了村民安全住房全覆盖，确保村民能够安居，提高了村民居住适宜程度。①

在生活用电方面，夕东村在 2015 年完成农网改造，生活用电实现全网同价；在缴付电费方面，村民可通过微信的生活缴费来缴付电费，不需要亲自去电力公司及其代收点去缴付电费，这便利了村民生活。

在医疗方面，夕东村设立了村卫生室，便于村民及时就医；农村合作医疗的参保率达 85%，重度残疾、独生子女以及两女结扎户免费享受农村合作医疗的优惠，农村合作医疗对于村民大病就医有很大帮助，减轻了村民看病压力，减少因病返贫发生率。

在教育方面，村里达到入学年龄的孩子全部上学。在学校选择上，绝大多数村民选择送孩子去镇上或县城上学，只有少部分村民选择让子女在村庄附近的小学上学。从学校选择上反映出，村民收入有所提高后对教育质量有更高的追求。

二　夕东村的产业发展

在精准扶贫政策支持下，夕东村的产业发展有了长足进步，取得了一系列成绩，产业多元发展格局已经形成，种植面积不断扩大，产量逐年提高，种植品种丰富，产品的市场潜力大，生产管理水平逐步提高。

---

① 数据由夕东村村委会提供。

（一）产业多元发展格局已经形成

夕东村种植业、养殖业、非农产业均有布局，产业多元发展格局已经形成。

在种植方面，主要种植柑橘、油茶和黄金茶，且种植面积逐步扩大。柑橘种植面积达 1100 亩，油茶种植面积为 1500 亩，黄金茶种植面积为 400 亩，且种植较为集中，便于统一管理。在养殖方面，多以本地的山羊、黄牛和土鸡养殖为主，山羊、黄牛的养殖数量分别为 210 头、55 头，以家庭散养为主；土鸡主要是养鸡场养殖，规模不大，有 300 多只鸡，每天鸡蛋产量200 枚左右。非农产业仅有一家制砖厂，制砖厂是露天的，制砖厂的产量受天气影响较大，晴朗天气一天制作 1700～1800 块砖，雨雪天气不能制作，制砖厂还聘请了两个村民工作，砖的价格根据送货距离远近而定，经济效益较好。

（二）种植面积不断扩大

夕东村的柑橘、油茶和黄金茶的规模种植面积不断扩大。2013 年以前，夕东村柑橘的种植面积仅为 300 亩，到 2020 年，夕东村的柑橘种植面积达1100 亩，是 2013 年的 3 倍多，种植面积扩展迅速。夕东村油茶的种植面积从 2014 年的 500 亩迅速增长到了 2020 年的 1500 亩。在 2016 年以前，夕东村还没有种植黄金茶，截至 2020 年，仅 4 年时间，夕东村黄金茶的种植面积就从零增长到了 400 亩，种植面积迅速扩大。[1]

（三）产量、质量逐年提高

随着种植面积的扩大以及树苗的长成，柑橘、油茶和黄金茶的产量大幅提高。如柑橘成林挂果需要 4～5 年时间，2014 年和 2015 年种植的新树苗在 2020 年开始挂果，亩产可达 3000 斤，盛产期亩产能达到 5000 斤左右，

---

[1] 数据由夕东村村委会提供。

产量大幅提高。在养殖方面，本地山羊和土鸡的养殖数量逐年增加，土鸡养殖场的养殖数量增长较快，规模进一步扩大。非农产业方面，在农民回村盖房浪潮的影响下，村民对砖的需求扩大，制砖厂的产量也随着进一步提高，效益也越来越好。

（四）品种结构逐渐优化

夕东村种植的柑橘、油茶和黄金茶品种的市场潜力大。柑橘主要种植的品种是纽荷尔，这一品种的柑橘口感好、保存时间长、产量高，受消费者喜爱，是农户种植或嫁接的第一选择。油茶主要种植的是杂交品种，杂交品种的特点就是产量高、出油率高。夕东村种植的黄金茶品种主要有两种——黄金茶 1 号、黄金茶 2 号，黄金茶 1 号的特点是产量高，黄金茶 2 号的特点是品质好。这两种茶叶的消费市场很大，黄金茶 1 号以产量高来占据中低档茶叶的市场，黄金茶 2 号以其高品质来占据中高档茶叶市场。种植两种不同品种的茶来占据不同层次的消费市场，市场潜力大，未来产业结构将不断向高端化发展。

（五）生产管理水平逐步提高

随着产业的不断发展以及生产经验的增加，夕东村的生产管理水平逐步提高。以柑橘种植为例，以前，村民对柑橘树的管理比较粗放，对小细节的关注不多，比如树苗死掉后补种的树苗却是另一品种，但现在，村民对柑橘树的管理倾向于精细化，柑橘管理的科技化程度提高，村民对树苗的细小变化都会加以关注，更加注重柑橘的品质，而不是单一地追求增加产量。

三　夕东村发展面临的主要问题

在精准扶贫政策支持下，夕东村产业发展有了长足进步，取得了种植面积不断扩大、产量逐年提高等阶段性成果，为夕东村的经济社会发展奠定了坚实的基础。但作为刚刚脱贫的贫困村，其全面乡村振兴仍然面临着一些困境，这阻碍着夕东村的进一步发展。

（一）发展资金投入不足

资金投入是发展的基础，由于资金投入不足，乡村的各项发展还十分缓慢。特别是在发展产业上，种植柑橘、油茶和黄金茶等需要很大投入，幼苗、肥料、农药、人工等，都需要投入资金，前期投入大，回报周期长，如柑橘需要 4~5 年才能有收益，并且受天气影响大，雨水太多会导致果实腐烂；雨水太少，则会导致树叶焦黄、果实小；村里的养殖场不仅投入大，还要考虑到市场的风险和发生鸡瘟等传染性疾病的影响，而农户自己所能够投入的资金又十分有限，不足以支撑规模化发展，也不敢把资金大量投入进去，因而一直是小规模经营。产业发展所需资金的不足，致使产业规模扩大缓慢。

（二）专业技术人才短缺

科学技术是第一生产力，专业技术人才是村里产业发展的带头人。随着夕东村发展的加速，专业技术人才短缺问题日益凸显。全村农业产业以种植业为主，以柑橘、油茶和黄金茶为种植重点。种植柑橘、油茶和黄金茶需要具备一系列专业知识，需要专门从事柑橘、油茶和黄金茶种植的专业技术人才的指导，但夕东村目前缺乏这些具有专业知识的专业人员。以柑橘为例，夕东村种植柑橘已有多年，种植面积为 1100 亩，但有近 400 亩的柑橘都是无技术人员管理的，处于传统的生产管理状态之下，收益不高；能获得较高收益的柑橘不足 500 亩，还有 200 多亩柑橘树还是小树苗，还需 4~5 年才能结果。当前，大多数柑橘种植大户都是凭借自己的经验种植，缺乏专业科学种植知识，虽然产量得以增加，但果子品相不佳、品质不高，难以提高卖价。专业技术人才的匮乏，是产业发展难以突破困境的原因之一。[1]

---

① 数据由夕东村村委会提供。

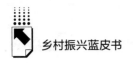
（三）青壮年劳动力短缺

夕东村90%以上的年轻人都外出务工，村里留下的多是老人和儿童，致使劳动力不足。年轻人外出务工的原因非常现实，最主要的原因是打工的工资相较于务农的收入而言，会高出许多。还有一些其他原因，如务农受天气影响极大，且投入大，周期长，相较于打工而言，务农已不是青壮年劳动力的最佳选择。青壮年劳动力外流，影响了夕东村农业产业的发展。

（四）组织力不强、带头人少

农村要发展，离不村党组织和村委会的领导，发展带头人的作用更是不容忽视的。当前，村干部缺乏产业发展方面的专业知识，不知道从何处入手去指导村民发家致富，对产业发展的带动力也相对较弱，对村级产业发展的组织能力不强。同时，村里没有一批有能力、有技术、敢闯敢干的人带头，村里的整体发展规划不健全，难以吸引外部资源注入。

（五）村民发展能力不足

村民发展能力不足的主要原因有三。其一是村民学历较低，专业缺乏。大多数村民是初中毕业，专业能力有限，发展种植业、养殖业依靠的大多是经验积累，缺乏现代种养的专业知识。其二是村民见识不足，小农意识严重。村民受小农意识影响，利己思想深厚，不易于接受新鲜事物。其三是村民经济能力有限，无大资金投入生产，只能小打小闹，也经受不起风险。在这些因素的多重影响下，村民发展的能力不足，致富的速度不快。

四　推进夕东村进一步发展的对策措施

发展受阻，需要找到症结所在并对症下药。夕东村要进一步发展，可以采取以下措施。

（一）加大财政支持力度

夕东村是一个偏远山村，以农业产业为主，基础设施薄弱，公共服务水平不高，因而迫切需要国家财政继续支持，进一步加大财政投入力度，支持其产业发展。随着夕东村柑橘、油茶和黄金茶种植面积的不断扩大，所需要投入的资金也越来越多，村民面临着缺少发展资金的问题。政府要加大财政支持产业发展的力度，给予村民发展产业补贴，帮助农户预防产业风险；加大贷款扶持力度，对发展产业需要资金的农户降低贷款利息、延长还款年限等，减小农户还款压力，营造较好的产业发展金融环境。

（二）引进和培养专业技术人才

人力资本是农村经济社会发展的主要动力源泉。[①] 夕东村要进一步发展，需要专业技术人才的引进与助力。当前，夕东村产业发展的专业人才十分短缺，柑橘、油茶和黄金茶等产业是需要专业技术人才指导的产业，必须引进这方面的专业技术人才，要与高校、职业学校建立长期合作，让专业技术人员下农村，指导农村产业发展。在专业技术人才的帮助与指导下，通过成立产业发展合作社，把农民组织起来，统一规划种植品种，科学种植，提高柑橘、油茶和黄金茶的产量与质量，扩大柑橘、油茶和黄金茶产业发展规模，打造特色农产品品牌，提高经济效益。

（三）培育农村致富带头人队伍

培育农村带头人队伍是现代农村农业发展的新要求。农村带头人队伍包含了两支队伍，一支是以村支两委为核心的基层村干队伍，主要负责加强政府与群众之间的沟通交流，反映群众需求，并主持产业发展政策的落实等；另一支则是以种植大户、专业技术人才组成的技术指导队伍，从自己的专业领域出发，落实好发展措施，给农户提供专业技术支持，推动产

---

① 陈文胜：《为乡村振兴提供内在动力》，《伊犁日报》（汉）2019年5月16日，第5版。

业良性发展。村支"两委"与种植大户、专业技术人才两支队伍各司其职，通力合作，共同推动夕东村产业发展，提高农户经济收入。

（四）提高村民创业就业能力

村民是推动夕东村向前发展的主力军，村民的创业就业能力提高与否，对于夕东村的发展至关重要。要提高村民创业就业能力，首先政府要为村民创业就业打造便利空间，做好村民创业就业的保障和指导工作。其次要从自身出发，"打铁还需自身硬"，村民要解放思想，转变思想观念，不断接触新鲜事物，参加各种培训，学习现代化产业知识，实现思想和技能与时代接轨。

（五）充分利用村小资源，提高村民文化素质

习近平总书记指出，教育是人类传承文明和知识、培养年轻一代、创造美好生活的根本途径。[①] 乡村发展离不开乡村教育的支撑，而专事乡村教育的村小是村民的宝贵资源，可以为村庄培养村民人才，也可以为村民进一步升学奠定学业基础，因而充分利用村小资源对于乡村主体发展意义重大。要强化村小既有的作用，培养村民后代对村庄的怀念感恩之情，延续村庄的传统乡土文化；利用村小与国家的联结关系，进一步提升农民的思想政治水平，提高村民的文明程度和文化素质，为村庄发展提供智力支持。

夕东村从原来的贫困、落后状态到现在一片欣欣向荣的发展状态、村民生活得到质的改善，离不开国家政策的大力支持、基层干部以及村民的共同努力。村民对美好生活的追求与向往，是推动夕东村不断向前发展的动力；村民的美好生活没有止步，夕东村的发展也不会止步。

---

① 《习近平主席在联合国"教育第一"全球倡议行动一周年纪念活动上发表视频贺词》，《人民日报》2013 年 9 月 27 日。

参考文献

陈文胜：《为乡村振兴提供内在动力》，《伊犁日报》（汉）2019 年 5 月 16 日，第 5 版。

《习近平主席在联合国"教育第一"全球倡议行动一周年纪念活动上发表视频贺词》，《人民日报》2013 年 9 月 27 日。

陈文胜：《脱贫攻坚与乡村振兴有效衔接的实现途径》，《贵州社会科学》2020 年第 1 期。

陈文胜、王文强主编《湖南乡村振兴报告（2019～2020）》，社会科学文献出版社，2020。

陆福兴：《现代化改造：乡村振兴进程中小农户发展的方向》，《浙江学刊》2019 年第 3 期。

B.12
益阳市赫山区米香村大米
加工业调研报告

曹倩 陈文胜*

摘　要：　大米加工业作为米香村支柱性产业，不仅提供了许多的就业
　　　　　岗位给本村及邻村，同时催生了大批大米加工企业，带动了
　　　　　米香村整体的发展。然而，米香村大米加工业仍然存在资金
　　　　　周转不灵、贷款难、成本高，专业管理人才稀缺，产业链不
　　　　　齐全等问题。解决米香村大米加工业问题的对策：培养先进
　　　　　管理人才；发挥社会化服务组织的作用，降低成本；明确市
　　　　　场需求导向，健全产业链；打造洞庭湖自有品牌，扩大品牌
　　　　　影响力；畅通贷款渠道。

关键词：　大米加工业　乡村产业振兴　产业链

环洞庭湖一带的岳阳、益阳、常德等城市因水资源丰富、地形平坦、交通发达等区位优势，作为国内曾经的稻谷生产基地，不仅粮食种植业发达，而且大米加工业也越来越发展成熟，许多村庄的经济支柱便是大米加工。本次调研的村庄湖南省益阳市赫山区龙光桥镇米香村便是典型的大米加工业村庄之一，米香村地理环境优越，位于平原地区，地势平

---

* 曹倩，湖南师范大学中国乡村振兴研究院、马克思主义学院硕士研究生；陈文胜，湖南师范大学中国乡村振兴研究院院长、博士生导师、中央农办乡村振兴专家委员、省委农村工作领导小组"三农"工作专家组组长，主要研究方向为农村经济、城乡关系、乡村治理。

坦，东临国道 G536，村口紧临一条三车道，可 15 分钟内直达益阳城区，村庄南边离益阳市朝阳高速口驾车只需 15 分钟。米香村在 2006 年实现全村道路硬化，不论是收购稻谷、对市内销售，还是跨市跨省交易，交通都十分通畅，因此米香村才能成为龙光桥镇大米加工行业的领头村，多次获评先进粮食生产单位。

一　米香村大米加工业现状

米香村共有米业工厂 39 家、糠厂 6 家。米香村 2014 年由两村合并而来，合并后总耕地面积 3225 亩，全村共有 4476 人。米香村大米加工业起步早，L 米厂 20 世纪 90 年代开始经营，并带动整个米香村大米加工业的发展。米香村除去正式在工商管理局注册、具有一定规模的企业外，还有 10 家左右的自营加工小米厂。

在龙光桥镇，相较于其他村庄，米香村米厂加工的综合实力是数一数二的。然而，如今米香村大米加工业的发展却大不如前了，21 世纪初是米香村大米加工业发展的鼎盛时期，米厂数量最多时能达到 200 家左右，几乎家家都开了米厂。随着竞争的激烈，生产管理规范、技术水平高的企业扩大生产规模，提升本企业核心竞争力。但大量米厂无法适应市场的变化而面临破产，同时，随着企业运行成本的增加，许多米厂不堪重负，只能被迫倒闭。现存的这些大米加工企业中，一部分也面临着贷款难、运输成本高、管理人才急缺等问题，影响到其生存以及持续发展。

二　面临的困境及原因

米香村米业实际上是龙光桥镇大米加工业的缩影，离市区近、离稻谷产地近、离高速路口近，这三大优点在 20 世纪 90 年代迅速化为优势，家家户户开起了米厂。然而米香村现存米厂 39 家、糠厂 6 家，数量锐减的原因何在？

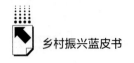

（一）资金周转不畅、贷款难

"现在的米厂可不好做，处处都要用到钱，随时都在花钱"，米香村一位曾破产的米厂厂主说道，"米厂不像其他企业，大量的原料费、运输费、工人费都需用到现钱，其他行业的职工一般按月结算工资"。现金开支大，一旦回款不及时，便会出现资金短缺的问题，资金短缺对上市企业或者一定规模的企业而言并不是大问题。然而，对于乡镇米厂而言，资金短缺频繁，这是个致命的问题。一旦不能及时补足资金缺口，不仅进货没有保障，货物加工过程中聘请工人、运输都将无法正常进行。而工人都是敏感的，一旦赊账情况过多，不论是米厂工人还是进货商，都会争相挤兑，最终导致米厂破产。

人力成本的增加是缓慢的，10年前每人每日120元的工资，现在每人每日200~300元的工资，尽管随着科学技术的进步，米香村已不再像从前那般"几乎半个村庄的人都在大米加工工厂谋生"，然而搬运工人、设备启动工人、包装工等是一个米厂所必需的，这些工人的工资渐涨，且需要按周或者半月结一次账，现金短缺会成为压死小微大米加工厂的最后一根稻草。

米厂迫切需要得到银行的贷款，然而贷款渠道不畅通、审批难、手续繁杂、通过率低等问题阻碍着米厂的正常运转。尽管政策对于现存的企业给予了一定的支持与肯定，但正如此前那位米厂主所言："银行确实会借钱，但哪家银行愿意一次又一次地借钱给米厂呢？"于是贷款难导致无法正常完成进货、交货成为上百家米厂倒闭的主要原因。

（二）运输成本高、效益提升难

运输成本的增高幅度是最大的。15年前，米香村米厂数量最多时，达200多家，为何彼时家家户户都能开得起米厂呢？成本低、市场广阔是原因之一。往年一卡（一节火车车厢）的运输费用是15万元左右；而现今，一卡的运输费在20万~30万元，两卡基本在50万元左右，小型米厂光运输费就承担不了，就更别说跨市、跨省的货车运输费用，不论是油费还是高速公路过路费，这些费用都得折算在运输成本里，运输成本高成为米厂效益提升难的直接原因。

（三）专业管理缺失，品牌建设难

这是乡村米厂最容易忽视的问题，也是最重要的问题。米香村米厂的职工，一半都是米香村本地人、做体力活，曾当过米厂货车司机的 Z 某透露，米厂运输早些年还存在不少的问题，存在偷运问题。曾经米厂用的都是地磅，在货车出米厂前，货车司机将货车水箱里的水偷偷排空或排一半，因此能多装几百斤的货物，中途再偷偷将多运出的货物卸下，到了交货方上地磅前，将水箱里的水装满。一开始出现此类偷运货物的司机时，米厂主们都不太在意，甚至没有发现，然后偷运的货物数量越来越多，这种司机越来越多，许多米厂遭遇了重大的经营危机。

专业管理人员不足，尤其是财会方面的人才。米香村的 W 先生是正在经营米厂的一位米厂主，他坦言，米厂曾出现一次巨大的危机，他原本与另一位朋友一起合伙开办米厂，这位合伙人负责财务方面的工作，合伙人做假账导致米厂直接损失达百万元。此类事情并不只出现在 W 先生所开米厂中，类似合伙人背叛的事件，W 先生估计起码有 20 家。对于这种现象，W 先生认为："不过可能更多，只是可能尚未发现或者在发现前因为其他问题就破产倒闭了。"

米香村大米加工业在销售环节存在品牌意识不强的问题，这与没有专业管理团队有关。没有形成良好的品牌，因此利润低，这个问题在大米加工成本上升后更加凸显出来。市场上高端大米品牌最出名的是东北大米、泰国香米，湖南的洞庭香米近几年才崭露头角，没形成品牌效应，这对于米厂的销售、利润的增加是非常不利的。需要从生产、加工与销售环节共同努力，不仅要培育品牌意识，更要开始打造品牌、塑造品牌的良好形象。

（四）产业链不全，可持续发展难

米香村收购稻谷的类型分早稻和晚稻，早稻一般品种为早短与优质早长，晚稻品种一般为长粒型的湘晚籼米 12 号与黄华占，以及少量杂交稻。加工出米率在 65% ~ 67%，出米率计算的是好米的产出，除好米之外，加工副产品包括：稻壳、米糠、碎米以及异色粒，其中米糠又分白糠与油糠。米香村仍有 40% 米厂无法完成对副产品的深加工甚至初加工，这对于提升大米加工副产品的价值是十分不利的。

就谷壳而言，多家米厂仍用"贱卖"的方式将其卖至砖厂充当燃料，而这种方式在邻村砖厂倒闭后，需联系更远的砖厂进行销售，成本进一步提升。随着科学技术的发展，谷壳的功效被发掘，它不仅能充当饲料填充剂，还能用于包装、制作纸盒等，但部分米厂没有深加工大米副产品的意识，从米香村的企业类型也可以看出，没有专门的大米副加工企业进行专业加工。

不仅是谷壳，米糠、碎米的价值也未被充分挖掘，因为若重新安装新机器或者改进工艺，无法在短期内收回成本，大多数米厂主对此无能为力。二是副产品深加工出来的产品不一定有销路，目前只有临镇两家大型米业公司有能力对大米加工副产品进行深加工或精细加工，且能找到销路。米香村米业公司综合实力虽居中偏上，但大型、特大型米业公司却没有。三是米香村企业类型单一，除了大米加工副产品中的油糠有专业糠厂进行深加工之外，对稻壳的利用意识以及专业企业还未出现。

三　解决对策

"产业兴，则乡村兴；乡村兴，则农民富"。党的十九届五中全会指出，要优先发展农业农村，全面推进乡村振兴。[1] 习近平总书记指出，产业兴旺是乡村振兴的重要基础，是解决农村一切问题的前提。[2] 针对上述问题，要有针对性地解决米香村大米加工企业面临的困境。

---

[1] 《中国共产党第十九届中央委员会第五次全体会议公报》，新华社，2020 年 10 月 29 日。
[2] 中华人民共和国国务院：《国务院关于促进乡村产业振兴的指导意见》（国发〔2019〕12 号）。

（一）培养先进管理人才

乡村振兴包括人才的振兴，坚持和加强党对乡村人才工作的全面领导，坚持农业农村优先发展，坚持把乡村人力资本开发放在首要位置，大力培养本土人才。[①] 由于缺乏先进的管理人才，因此管理经验不足，导致出现品牌战略意识不足、账务问题等。比如上文所述运输工人偷运货物的问题，只需改变管理方式，由原先的地磅称重转变为标准磅称重，例如规定每袋米的重量为 100 千克，则只需数出库的大米袋数，运输到达目的地后也数大米的袋数。只需管理方式的改变，就能解决困扰米香村大米加工业十余年的难题。因此，引进专业的人才团队是米香村大米加工业在人才队伍建设中的重要任务。

首先，政府必须重视乡村企业的人才培养，尤其是针对性地培养本土大米加工业的专业人士，开设专业培训班，从生产、加工到销售环节进行培训。培训班的开设将解决传统家族传承学习进度慢、创新能力不足的问题，由政府培养人才并输送到乡村大米加工厂，补齐乡村人才队伍专业性不足的短板。

其次，企业要重视先进管理人才的引进，摒弃任人唯亲的传统思想，将眼光转移到企业的长远发展上。给予专业人才一定的待遇，重视脑力劳动所创造出来的价值。尤其是引进专业财务人员，配备系统健全的监督管理制度，在财务系统方面领先一步。

最后，加强校企合作，由政府牵头，将乡村大米加工业与农校联结起来。形成良好的产学研机制，增强乡村企业的自主创新能力，同时达到培养人才的目的。尤其是在乡村振兴战略背景下，基于洞庭湖平原的优势地理位置、种植位置，将洞庭湖边大米加工业打造为洞庭湖边乡村招牌行业。

（二）发挥社会化服务组织的作用，降低成本

成本高是大米加工企业面临的重大问题，这里的成本主要指流动成本，

[①] 中共中央办公厅、国务院办公厅：《关于加快推进乡村人才振兴的意见》，2021 年 2 月 23 日。

占比最大的是工人费用与运输费用。吸收借鉴东北平原、新疆采棉雇工流程，开发洞庭湖专用雇工 App，最大效率地雇用工人。利用涉农企业主导的经营性农业社会化服务组织，重点推进物流、销售、管理、市场营销方面的服务，降低大米加工过程中不必要的成本。

其一，政府应当主导公益性组织或准公益性组织，帮助大米加工企业测量稻谷指标参数，严格把控稻谷品质，引导农业生产者种植高质、高量的稻谷。从源头抓起，严格防范品质不过关大米进入市场，避免企业陷入"罚款麻烦"。同时加大对基础设施的投入，例如对于大米加工企业耗时少、占地小的加工环节，可由政府牵头，按序在规定场所完成加工。

其二，发挥经营性服务组织的作用，孔祥智认为，经营性服务组织实现盈利一般要求服务连片的土地面积在 500 亩到 1000 亩。① 仅米香村的总耕地面积就达 3225 亩，且集中连片，而相邻两个村的情况也大致差不多。然而无论是在生产还是加工环节，整个龙光桥镇的经营性社会服务组织存在数量少、不成规模、发展不成熟的情况。因此，政府要发挥此类经营性社会服务组织的作用，尤其是物流服务组织的作用。成立专业的物流运输服务组织，组织生产后、加工后、营销中三个环节的物流运输服务。这样既能提高效率，又能节约成本。

（三）明确市场需求导向，健全产业链

企业要形成市场需求导向意识，引导大米消费观念转变。大众以往选米都看米的成色是否亮、滑，尽管这类经过精细加工的大米营养价值低、食用后容易导致血糖超高。现今流行健康消费、绿色消费，随着知识的普及，初加工制成的糙米市场需求扩大，因此企业首先要明确市场需求导向。特别在中国饮食结构的调整之下，米厂的发展方向要顺应饮食结构的调整。例如随着米粉的需求上涨，米厂可以在原有加工过程中加入米粉机，制成米粉成品。

---

① 孙世芳：《如何提升农业社会化服务水平》，《经济日报》2021 年 4 月 29 日。

政府要引导乡村产业结构合理布局，利用好现有米厂稻壳出品数量多的情况，成立稻壳深加工、精细加工企业，健全、完善大米加工产业链，提高大米加工副产品的附加价值。指派专家进厂指导，对米厂、糠厂现有工艺技术提供建议，争取在最小成本上达到成果的最优化。同时定期对企业公布现有大米需求、糙米需求、各大米加工副产品需求报告，引导企业在市场需求的指引下生产产品。

（四）打造洞庭湖自有品牌、扩大品牌影响力

在现代社会，品牌是质量效益与竞争力的综合体现，是产业的核心竞争力，市场领域的所有产业竞争集中地体现为品牌竞争。[①] 米香村大米加工企业应主动加强与兰溪镇开展品牌战略合作，邻镇兰溪镇1990年被国家工商行政管理局认定为全国十大米市之一，然而由于品牌意识不强，直到2019年才意识到要以"赫山兰溪大米"为"母品牌"，积极引导打造区域内各生产基地的子品牌，形成"赫山兰溪大米"系列产品，促进全区优质水稻种植，提升农民种植效益。这是整个赫山区的品牌定位标准，米香村与兰溪镇直线距离2公里，与邻镇大米加工企业联系密切，因此具有共同打造、提升"赫山兰溪大米"的实力与影响力。

政府积极引导企业为打造"赫山兰溪大米"这一"母品牌"做出贡献，制定奖励机制，同时引导消费者的消费需求，为"赫山兰溪大米"提供消费动力。一方面，设立"赫山兰溪大米"品牌标准，为赫山区大米树立良好的品牌形象，同时用奖励机制积极引导大米加工企业的加入；另一方面，拍摄大米加工品牌宣传片，在消费者心中树立良好形象，引导消费者购买"赫山兰溪大米"，扩大这一品牌的影响力。同时，政府应定期举办品牌战略合作会议，引导大米加工企业之间相互学习、借鉴经验，进一步扩大品牌影响力与号召力。

---

① 陈文胜：《论乡村振兴与产业扶贫》，《农村经济》2019年第9期。

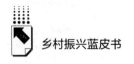
（五）畅通贷款渠道

资金周转不灵是米香村大米加工业普遍存在的困难，而贷款渠道不畅通则将企业遇到困难后的解决道路变得崎岖。米香村有一大型农业生产经营主体，他偶尔也会面临资金周转不灵的情况，然而他更多的是求助于民间借贷，原因是银行借贷已达上限，不得已才求助于民间借贷。农业生产经营短期资金缺口少，求助民间借贷东补西凑确实可行，然而大米加工短期资金缺口大，求助民间借贷要耗费大量时间不说，贷款手续麻烦，可借贷资金也少。

政府要畅通银行贷款渠道，尤其是对优质企业，贷款上限可适当提升。对于贷款金额上限的审定制定衡量标准，不能过于死板，综合评定申请贷款企业近期机器更新换代情况、稻谷收购周期等。同时减少繁杂的手续流程、缩短贷款到账的时间，为大米加工企业贷款精减流程。

同时鼓励企业之间流动资金的相互利用，每家企业资金周转的时间不同，因此可以鼓励企业之间的双向或者多向合作，特别是打造优质企业间无利率或低利率的借贷平台。在企业资金合作基础上探讨更多合作可能，为加强企业联系、提高品牌凝聚力增添动力。

四　小结

湖南被称为"鱼米之乡"，传统农业大省要突破现有瓶颈，不仅要在生产环节发力，也要在加工环节发力。米香村的大米加工业实际上是益阳市大米加工综合实力居中村庄的缩影，其面临的问题与其说是米香村大米加工业的问题，不如说是益阳市大米加工业面临的问题。这不仅关乎大米加工业的发展，同时也涉及上千上万人的就业。在全面推进乡村振兴战略的背景下，乡村产业的振兴、大米加工业的振兴，将惠及米香村大米加工业，助力大米加工企业向好向善发展。

参考文献

中共中央办公厅、国务院办公厅：《关于抓好"三农"领域重点工作确保如期实现全面小康的意见》，2020 年 1 月 2 日。

《中国共产党第十九届中央委员会第五次全体会议公报》，新华社，2020 年 10 月 29 日。

中华人民共和国国务院：《国务院关于促进乡村产业振兴的指导意见》（国发〔2019〕12 号）。

中共中央办公厅、国务院办公厅：《关于加快推进乡村人才振兴的意见》，2021 年 2 月 23 日。

孙世芳：《如何提升农业社会化服务水平》，《经济日报》2021 年 4 月 29 日。

陈文胜：《论乡村振兴与产业扶贫》，《农村经济》2019 年第 9 期。

B.13
长沙县开慧村新乡贤调研报告

易永喆 瞿理铜*

摘　要：　党的十九大报告提出乡村振兴战略，新乡贤作为乡土社会的
　　　　　成功人士，是乡村社会发展的中流砥柱。新乡贤的价值在于
　　　　　提供乡村振兴所需的资金、人才、信息、技术、文化、组织
　　　　　等资源，助力化解乡村振兴人力、物力、财力不足的问题，
　　　　　通过运用其掌握的新兴知识，基于强烈的社会责任感，有效
　　　　　促进城乡主要生产要素自由流动，带动乡村产业振兴、人才
　　　　　振兴、文化振兴、组织振兴。朱有志在开慧村扎根12年的实
　　　　　践表明，政策的支持保障、治理平台的有效设置、有成就感
　　　　　和获得感的身份认同是新乡贤初心不变、助力乡村振兴的
　　　　　关键。

关键词：　新乡贤　乡村社会治理　乡村振兴　开慧村

一　新乡贤回归乡土、助力乡村振兴的内在逻辑

当前，中国社会经济发展已取得举世瞩目的成就，进一步补齐自身短板
是未来努力的方面，目前来看，乡村地区在中国现代化建设进程中面临的问

* 易永喆，湖南师范大学中国乡村振兴研究院、马克思主义学院硕士研究生，主要研究方向为
乡村规划与土地政策；瞿理铜，湖南师范大学中国乡村振兴研究院副教授，主要研究方向为
土地经济与土地政策、区域发展与城乡规划。

题较多，新乡贤有助于提升乡村抵御风险的能力、乡村社会的治理水平，盘活各种有利资源，寻找传统与现代要素的平衡，引导多元主体形成合力，促进城乡融合发展，最终实现乡村全面振兴。新乡贤作为社会行动者，其回归乡村是由国家政策及其自身价值追求等内外部因素共同驱动的。

（一）乡村振兴呼唤新乡贤助力

在中国传统农业社会中，乡绅士族这类群体链接了上层官吏与下层民众，在治理乡村的过程中承担着中间调节的角色，倘若上传下达、下联上应的双向互动不通畅，势必会引发双轨政治的严重冲突①。中国古代皇权不下县，乡贤在乡村治理中发挥了积极作用。当代新乡贤作为振兴乡村的强大人才支撑，是传统乡贤内嵌于时代背景、不断演进而成的，与传统乡贤相比，其人员构成、地域属性、权威来源均有所区别。首先，传统乡贤的人员构成较为单一，受限于家族背景和地位等级，以封建地主阶级为主。其次，传统乡贤发挥价值功用和影响力以乡土为纽带，局限于其土生土长的那片土地，跨区域调度的可能小。最后，传统乡贤的权威大部分基于家族本位，依赖家族势力维系和重构乡土秩序。新乡贤作为乡村治理的重要组成部分，是关切乡村公共利益，引领乡村生产生活方式变革并受村民敬重爱戴的乡村精英，在发挥传统乡贤稳定乡村秩序、② 主导乡村自治的功用基础上，突破地域限制，重塑权威来源，以其强烈的社会责任感，凝聚乡村社会资本，推进城乡一体化发展③。

中国迈向现代化的发展路径实际上是城市向乡村不断汲取养分的过程。改革开放以来，市场经济成为风向标，城市的快速崛起吸引农村劳动力蜂拥而入，以乡促城、以农补工的政策导向放缓了农业农村前进的步伐。乡村有

① 费孝通：《中国绅士》，中国社会科学出版社，2006。
② 郎友兴、张品、肖可扬：《新乡贤与农村治理的有效性——基于浙江省德清县洛舍镇东衡村的经验》，《中共浙江省委党校学报》2017 年第 4 期。
③ 胡鹏辉、高继波：《新乡贤：内涵、作用与偏误规避》，《南京农业大学学报》（社会科学版）2017 年第 1 期。

才能的青壮年劳动力大量外流，不断掣肘乡村自治的内生动力，造成乡村治理失序、经济发展滞缓、传统习俗弱化、生态环境恶化等诸多问题。从源头上解决这些问题需要培养联系一批愿意"返场"乡村，扎根乡村，完成在地化，契合新时代乡村振兴的现实需要以及乡村社会发展客观规律的高质量复合型乡贤队伍。

（二）政策导向吸引新乡贤参与乡村振兴

畅通新乡贤参与乡村振兴的重要渠道离不开国家的认可、引导和推动，政策搭建的有效平台，为新乡贤"返场"、各尽其用提供了正当性和合法性。从2015年中央一号文件首次正式提出"创新乡贤文化，弘扬善行义举，以乡情乡愁为纽带吸引和凝聚各方人士支持家乡建设，传承乡村文明"[1]，到2018年中央一号文件再次强调需要"坚持自治为基，加强农村群众性自治组织建设，健全和创新村党组织领导的充满活力的村民自治机制""拓展新乡贤作用发挥的空间"[2]，为新乡贤返乡建立制度化的激励机制，增强新乡贤参与乡村振兴的动力。习近平总书记在地方考察时曾多次指出"乡村振兴，人才是关键"，实现乡村振兴需要凝聚一支多元化、高质量、有情怀的强大人才队伍，而集多种资源于一身且自愿投身乡村建设的新乡贤无疑是这支"乡村振兴人才队伍"中最不容忽视的关键力量。现代化发展的现实需要、国家对"乡村振兴人才队伍"建设的重视和投入、国家在政策层面对新乡贤的政策支持和鼓励，不仅推动地方政府结合地区实际和特色塑造新乡贤，而且为新乡贤全方位助力乡村振兴的实践提供了强大的外部力量。

（三）新乡贤的价值追求使其自愿融入乡村振兴

马斯洛需求层次理论认为，"自我实现的需要"是人最高层次的需求。[3]

---

① 《中共中央　国务院　关于加大改革创新力度　加快农业现代化建设的若干意见》，《光明日报》2015年2月2日，第1版。
② 《中共中央国务院关于实施乡村振兴战略的意见》，《光明日报》2018年1月2日，第1版。
③ 〔美〕马斯洛：《马斯洛人本哲学》，成明译，九州出版社，2007。

对于具有高度自我追求、已经拥有丰富知识技能和财产资源的新乡贤自身而言，在基本满足了生理需求、安全需要后，为实现自我价值，新乡贤必然对"获得感""归属感""幸福感"等更高层次的需求有所追求和向往，这为新乡贤反哺桑梓提供了内生动力。新乡贤自发地通过个体发展与乡土发展一体化的形式来取得利他与自救的统一，这构成了新乡贤回归乡土的重要基础。新乡贤回归乡土的重要内在动力是造福村民。许多新乡贤已迈入退休阶段，但这并不意味着生命价值的终止，相反成为他们第二段人生的开端，而这一人生以振兴乡村为主题。新乡贤回归乡土，离不开内心深处的情怀和责任担当，他们在造福村民的过程中获得了生命价值的升华。

二　长沙县开慧村新乡贤助力乡村振兴的创新实践

开慧村位于长沙县北部，地处两市三县之交，西邻汨罗，北毗平江，全村总面积 18.6 平方公里，耕地面积 5487 亩，山林 12600 亩；全村共 7186 余人，村党总支下设党支部 6 个，有党员 245 人，下辖村民小组 64 个 2000 余户。

2009 年 12 月，在中央政策的支持下，时任湖南省社会科学院院长、党组书记的正厅级干部朱有志决心反哺乡土，正式兼任长沙县开慧镇开慧村村党支部第一书记。在此后的 12 年间，朱有志俯身乡野，把自己称作开慧村村民，带领开慧村村民，想方设法发展村级集体经济，开启了全新的乡村振兴实践。在朱有志的指导和带动下，开慧村干部勇于举旗子、敢于亮牌子、勤于闯路子、乐于登门子、精于做框子，团结带领村民一心一意谋发展，积极探索村级集体经济发展路径，让村民率先共享改革发展成果。2021 年，开慧村力争集体经济收入超过 100 万元。朱有志扎根开慧村 12 年的实践表明，新乡贤能够通过提供乡村振兴急需的资金、人才、技术、组织等资源，更加具体、直接、深入地服务农村和乡亲，促进乡村产业振兴、人才振兴、文化振兴、组织振兴。

（一）建言献策，引资聚财，助力乡村产业振兴

产业兴旺是乡村振兴的基本支撑，可以为农业农村人口提供稳定的、可持续的就业岗位和就业机会。只有实现产业振兴，才能夯实乡村振兴的物质基础。新乡贤拥有较高的社会地位和丰富的社会资源，其嵌入乡村振兴事业，能够为解决乡村产业发展难题提供有力的支持。

首先，为乡村产业发展提供新理念。朱有志结合开慧村的资源禀赋和时代发展的新要求，创造性地提出培育"红色旅游、绿色乡村、橙色教育、蓝色航空"的"四色"产业经济发展理念，致力于打造美学经济发展典范和乡村振兴示范样板。新乡贤凭其开阔的眼界和格局，不仅成为乡村产业融合升级的"领头雁"，还为乡村产业发展提供了新思路、拓展了新途径、增添了新活力。

其次，为乡村产业振兴提供资源支持。朱有志作为湖南省社科院原院长，拥有广泛的政治、经济、文化等社会资源，助力产业基础薄弱的开慧村兴产业、谋新局。俗话说"要想富，先修路"，朱有志瞄准开慧村独特但较为分散的红色资源，向上争取指标，为开慧村量身规划一条开慧大道。同时，朱有志建构了一套集打造政府名片、兼顾企业利润、惠及村民于一体的利益共享机制，带动开慧村文创产业、水果产业、湘绣产业、民宿产业、通航产业发展，助力开慧村以商招商，构建更加完善的产业格局。

最后，为乡村产业振兴提供智慧信息支持。针对当前农村土地流转中存在的普遍问题——"村里单个农户做不大，外面的企业进不来"，朱有志结合开慧村的实际情况并听取村民、老党员、老干部的意见和提议，决定重新包装土地，确定以村支两委作为土地整体流转的主体，面向村集体，将村里彼此独立的土地集中流转到集体土地合作社，再打造集体土地合作社的名片对外流转，目前已吸引全村96％的村民自愿入社，并签订土地流转合同。同时，为提高村民收入、进一步壮大集体经济，朱有志还在村里联系村民共同组建水稻、果蔬、机械等6个生产合作社，有组织有计划地带领村民科学种田、养土猪、建果蔬基地，助民致富。此外，朱有志洞见大数据时代给农村带来的发展机遇，利用互联网融合市场的特点撬动农村经济，组织村民们学习抖音、微信等自媒体操作，通过直播带货、公众号推送等方式推广村里的红色景点，以及优质大米、蓝莓、猕猴桃等特色农产品，引导村民接纳新兴技术，将产品直接对接消费者，实现农民自身利益的最大化。近几年，开慧村依托已有的根雕、湘绣、水果等文旅产品，和邻村骄杨绿茶、板仓人家农产品进行整合，打造具有开慧特色的文旅特色产品，让旅客、培训研学的团队带走产品、留下消费。2020 年创造村级集体经济收入 60 万元，村民们在获得经济收益的同时，也收获了强烈的获得感和幸福感。

（二）外引内培，同频共振，带动乡村人才振兴

全面推进乡村振兴，人才是底气。在城市虹吸效应作用下，乡村人才单向度流向城市，村庄日益"空心化"，人才短缺是乡村发展面临的关键性问题。新乡贤"返场"乡村可以在一定程度上弥补人才短板。[①]

首先，身体力行打头阵。朱有志是"三农"工作的研究者，是乡村民众和社会公认的精英。开慧村是他农村工作的观察站，他通过躬耕陇亩的实践来发现村庄的道路失修问题是阻碍产业入驻的关键，发现并一一破解村里种田主力不足、农民种田积极性不高、种粮大户不敢扩张土地流转规模等难题，他的到来有效弥补了开慧村乡村振兴中的人才短板，是"当地村民经济发展的智库"。

其次，吸引更多人才返乡。朱有志解甲归田后凭借自己的号召力，以乡情为纽带、各种惠民政策为保障，吸引部分有经验、有情怀、有资源、有能量的退休干部、知识分子返乡助力乡村建设，产生"一花引来百花开"的效应。

最后，帮助乡村培育人才。出身农民家庭、在农村长大的朱有志，深感文化技术的重要性。他专门请湖南农业大学的教授对村民进行技术指导，立志培育新型职业农民、增强农村自身造血功能，还鼓励支持高等院校的师生到开慧村建立调研基地，组织师生与农民、村干部一对一、面对

---

① 徐学庆：《新乡贤的特征及其在乡村振兴中的作用》，《中州学刊》2021 年第 6 期。

面地交流。同时,朱有志采用开展团队建设、外出参观学习等方法,强化乡村骨干的能力,注重营造良好的参与体验,实现人才外引和内培力量的共振。

(三)弘扬传统,乡风涵育,实现乡村文化振兴

文化振兴是乡村振兴的灵魂。新乡贤的"贤"字揭示该群体承载着强烈的道德象征和文化意涵。在乡村传统文化日益凋零的背景下,新乡贤有责任发挥文化引领作用,努力传承传统文化的优秀基因与规范,并以符合现代人习惯的方式加以传播,彰显传统文化的活力。[①]

首先,传承和发展优秀传统乡土文化。到开慧村后,朱有志特别注重优秀传统文化的继承与传颂,他坚持传承开慧烈士的大爱精神,积极弘扬优秀的传统的敬老、爱老、尊老文化。为教化村民、弘扬开慧精神,朱有志先后组织专家编写出版了图书《杨开慧》《杨昌济》,深入挖掘当地红色文化资源,并组织村民共同学习。同时,朱有志坚持写日记,将自己在开慧村躬行实践的所学所思所感汇编成了《开慧村语》一书,记录红色村庄的点滴,进一步丰富红色教育的内容,致力于传承红色基因、讲好开慧故事。

其次,促进社会主义核心价值观在乡村落地生根。结合工作实际和乡村振兴工作的需要,朱有志发挥社科研究专长,通过进一步学习开慧烈士的光辉事迹,概括了以"忠于信仰,勤于学习,乐于助人,敢于开拓,勇于牺牲"五个方面为内核的开慧精神。开慧精神是社会主义核心价值观在乡村社会落地生根、差异化传播的表现。在开慧精神的熏陶,这些年,村庄精神面貌焕然一新,访谈过程中我们接触的组长们干劲十足,对组内村里建设的热情十分高。当社会主义核心价值观与当地传统文化耦合时,村庄形成了一股向上的发展合力。

---

① 苏志豪:《新乡贤回嵌乡土的动力机理、阶段过程和功能发挥路径》,《理论导刊》2020 年第 12 期。

最后，发挥模范带头作用，做乡风文明的倡导者。在朱有志看来，杨开慧不仅是一位光荣的烈士，更是一位伟大的母亲，感恩父母、孝敬长辈是树立正确人生观的起点。因此，他不仅将学习红色母爱文化常态化、制度化，让文明的乡风潜移默化地烙印在村民心中，还以"母爱"为主题，从 2019年开始，已经连续三年在开慧陵园的前坪广场举办村民自编自导、自觉参与的"开慧村母爱文化艺术群英会"，朱有志作为活动的发起者，每年还会带头表演，并不断创新节目形式，让村民亲身感受浓郁的红色乡风。开慧村书记杨屹伟说："在朱院长的组织下，现在逢年过节，我们开慧村的党员、干部、妇女、儿童及全体村民都要以各种形式瞻仰开慧陵园、缅怀开慧烈士、学习开慧精神！"德高望重的新乡贤的文化气质是教化乡民、泽被乡里的重要力量，在乡村振兴战略实施中有利于凝聚人心、促进和谐、重构传统乡村文化，更有利于乡村治理和精神文明建设。

（四）创新机制，治理为民，推动乡村组织振兴

回归乡土的新乡贤在乡村社会内部充当地方干部与村民的联系人，对外担任乡村社会与国家对接的中介者，为稳定乡村秩序、推动乡村组织振兴打开了新局面。

首先，探索乡村基层组织自治模式。2014 年，朱有志突破开慧村原有的基层组织自治结构，结合开慧村项目多、管理散的实际状况，着力推行"四自"治理模式，即村级公共基础设施项目自选、自建、自管、自用。在服从村集体领导的基础上，探索出一套决策民主公平、建设科学规范、投入合理高效、运行稳定安全的建管机制，解决了一系列推进村级发展过程中遇到的难题。2020 年，朱有志尝试把自治与党建、行政力量结合起来，再次探索出"双向耦合、四层协力"的基层治理模式，在自治的同时听党话，将党建力量线与行政力量线紧密结合起来，实现多层治理主体在党总支领导下的高效协同。

其次，提升乡村多元治理主体协同治理水平。为确保民主决策和科学决策，在开慧村凡是事关项目入驻、招商引资、道路修建、整治村貌等与村民

利益密不可分的民生事项，朱有志都要求不能搞"一言堂"，必须充分听取民意，贯彻群众路线。为此，他要求村内事务要严格遵循"五议"流程，即首先由党支部提议，接着提交村支两委合议，村支两委随后与党小组长和老领导商议，再提交党员代表审议，最后提交村委会决议，在最大程度上保障决策的科学性和民主性，调动乡村多元主体协同参与治理。作为沟通基层党委政府、村"两委"、群众和社会力量的重要桥梁和纽带，朱有志在推动构建多元主体共同参与基层治理的体制机制中发挥了不可替代的权重评价和社会监督作用。

最后，贯彻群众路线，坚持治理为民。朱有志到开慧村担任村支部第一书记后，延续了原来在湖南省社会科学院研究"三农"问题时向乡野求真、为农民说话的情怀和态度，立下多项为民服务的新规，如每天都要安排几位村干部在村委会值守上班，让村民办事找得到人；村支两委成员要定期反思工作作风和态度，每周都要上交工作总结和下周工作计划，推进村委会积极主动为村民办事；他的"开会"，不是玩虚的，而是虚功实做，紧紧依靠、广泛发动和吸引广大群众参与，向群众问计；不是浮在面上，而是沉在底层，用开会统一思想，用开会研究发展思路，用开会推动工作落实。可谓招招见实、式式见真。

三 长沙县开慧村留住新乡贤助力 乡村振兴的经验启示

党的十九大提出"实施乡村振兴战略"以来，具有丰富才识和地方声望的新乡贤等社会精英群体的回归与驻任已然成为接续引领和有力推动乡村振兴的大趋势。但我们在调研过程中深切感受到新乡贤作为自愿反哺乡土的社会精英，主观能动性很强，本身并不能被培育，能够培育和改良的只能是新乡贤发挥作用的场域[1]，或者是新乡贤得以彰显价值的

---

[1] 胡鹏辉、高继波：《新乡贤：内涵、作用与偏误规避》，《南京农业大学学报》（社会科学版）2017年第1期。

平台。从朱有志在开慧村扎根 12 年的实践来看，政策的支持保障、治理平台的有效设置、有成就感和获得感的身份认同是其初心不变、助力乡村振兴的关键。

（一）政策支持——健全新乡贤助力乡村振兴的制度保障

新乡贤参与乡村建设不能仅靠热情和对家乡的感情，还需要有相应的制度机制以保障其参与的规范和可持续性，只有实现参与主体的多赢，方能保证乡村建设的可持续健康发展。为此，需要完善激励新乡贤参与乡村振兴的政策。[①]

首先，政府要为新乡贤引资建设乡村提供必要的便利和完善的服务。例如，2017 年开慧村想引进工业、开发旅游，却因为交通不便，引入企业有困难。朱有志便谋划向上级部门请示打通交通，将开慧村分散的红色资源连点成线，经过协商和沟通，上级部门迅速给予大力支持，为资本下沉至乡村开辟绿色通道，一条长 3.8 公里、宽 12 米的开慧大道顺利建成，乡村旅游业顺利发展起来。

其次，建立服务新乡贤的保障制度，留住新乡贤。有保障的服务与政策是消除新乡贤后顾之忧、坚定其为农村服务决心的定心丸。服务新乡贤的保障制度要结合地方实际和新乡贤自身的身体状况和需求，为其提供相应的体检服务和出行交通等方面的社会公共服务。如朱有志已入花甲之年，在村内处理公共事务或去往农户家调研时便配置了公用车辆接送，且开慧村当地卫生院会定期上门检查询问朱老的身体状况，为朱有志提供安心、有保障的工作环境。

（二）筑巢任能——提供新乡贤助力乡村振兴的载体支持

新乡贤作为乡村治理中上传下达的重要主体之一，不仅是政府与市场出现缺位、村干部与村民发生矛盾时沟通协调的稳定纽带，同时是乡村治理中

[①] 吴晓燕、赵普兵：《回归与重塑：乡村振兴中的乡贤参与》，《理论探讨》2019 年第 4 期。

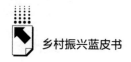

组织议事、招揽社会贤达、保证党对基层治理绝对领导的重要力量。①

首先，搭建新乡贤参事议事组织平台，形成合力。开慧村采取了"村两委＋乡贤"的实践形式，对于村庄建设，朱有志积极参与公共议题设置和讨论，为村庄公共事务建言献策，并监督村两委的工作，但不越俎代庖或包办代替，不会左右村民的意见。当其参与村民间纠纷的调解、资源的分配、村庄环境的整治以及监督村庄的财务等事务时，行为必须符合村民自治法律的规定和乡规民约的要求，要在村民自治的大框架下参与村庄事务的治理。

其次，保证党对新乡贤治村的统一领导。在新乡贤引凤归巢工作中必须坚持"党管人才"的基本守则，牢守新乡贤驻村治理的初心，保障新乡贤在发展过程中的正当权益，同时确保新乡贤在工作中有明确的政治方向，为推动农业改革转型和农村经济发展贡献力量。朱有志在基层治理实践中听党指挥，牢记使命，十分注重党建工作，结合开慧村实际，探索出"勇于举旗子、敢于亮牌子、勤于闯路子、乐于登门子、精于做框子"五个方面的基层党建方向。

（三）重视宣传——活化新乡贤正能量的记忆场

人才支撑是乡村振兴战略实施的引擎，弘扬乡贤文化、宣传乡贤事迹等举措可加强对新乡贤的认同，给新乡贤发挥作用提供积极正面的乡村文化氛围。身份认同是功能和角色发挥的前提。新乡贤作为在各个领域的精英，具有高尚的道德品质、造福桑梓的觉悟和强烈的乡土情怀，他们不计得失、一心为民来到乡村助力乡村振兴的做法值得被人们传颂学习。政府应活化新乡贤正能量的记忆场，重视新乡贤对乡村建设的付出。例如开慧村对朱有志事迹进行多方面的宣传，不仅将电视、报纸等传统媒体与微信公众号等新媒体结合起来，进行大范围、多角度的线上报道，还充分利用醒目的村内公共空

---

① 杨军：《新乡贤参与乡村协同治理探究》，《山西师范大学学报》（社会科学版）2016 年第2 期。

间宣传在朱有志和村支两委的带领下开慧村取得的瞩目成绩，通过线上线下结合的方式宣传朱有志俯身参与农村工作的精神。

参考文献

费孝通：《中国绅士》，中国社会科学出版社，2006。

秦晖：《传统十论——本土社会的制度、文化及其变革》，复旦大学出版社，2004。

郎友兴、张品、肖可扬：《新乡贤与农村治理的有效性——基于浙江省德清县洛舍镇东衡村的经验》，《中共浙江省委党校学报》2017年第4期。

胡鹏辉、高继波：《新乡贤：内涵、作用与偏误规避》，《南京农业大学学报》（社会科学版）2017年第1期。

梁漱溟：《乡村建设理论》，上海人民出版社，2006。

《中共中央　国务院　关于加大改革创新力度　加快农业现代化建设的若干意见》，《光明日报》2015年2月2日。

《中共中央国务院关于实施乡村振兴战略的意见》，《光明日报》2018年2月5日。

〔美〕马斯洛：《马斯洛人本哲学》，成明译，九州出版社，2007。

徐学庆：《新乡贤的特征及其在乡村振兴中的作用》，《中州学刊》2021年第6期。

苏志豪：《新乡贤回嵌乡土的动力机理、阶段过程和功能发挥路径》，《理论导刊》2020年第12期。

费孝通：《乡土重建》，岳麓书社，2011。

吴晓燕、赵普兵：《回归与重塑：乡村振兴中的乡贤参与》，《理论探讨》2019年第4期。

杨军：《新乡贤参与乡村协同治理探究》，《山西师范大学学报》（社会科学版）2016年第2期。

费孝通：《乡土中国　生育制度　乡土重建》，商务印书馆，2017。

B.14
后　记

随着脱贫攻坚这一历史任务的完成，在向第二个百年奋斗目标迈进的历史关口，面临复杂多变的发展外部环境和国内发展变化带来的新问题，党的十九届五中全会提出要坚持把解决好"三农"问题作为全党工作重中之重，走中国特色社会主义乡村振兴道路，强化以工补农、以城带乡，推动形成工农互促、城乡互补、协调发展、共同繁荣的新型工农城乡关系，深化农村改革，实现巩固拓展脱贫攻坚成果同乡村振兴有效衔接，加快农业农村现代化。这是党中央以中华民族伟大复兴战略全局、世界百年未有之大变局的"两个大局"为战略支撑，主动适应中国社会主要矛盾新变化和"三农"发展突出短板而作出的科学判断，以进入新发展阶段、确立新发展目标、贯彻新发展理念、构建新发展格局为发展逻辑作出的事关全局的系统性、深层次的战略部署，是对经济发展客观规律的正确把握和实践运用，由此开启全面建设社会主义现代化国家的第二个百年奋斗目标新征程，中国社会也由此进入新发展阶段，这是"三农"工作重心转移的历史拐点。

"十三五"时期，湖南认真贯彻习近平总书记关于"三农"工作的重要论述和对湖南工作的重要讲话指示精神，现代农业建设取得重大进展，新时代脱贫攻坚目标任务如期完成，农村居民收入保持较快增长，乡村振兴实现良好开局，为建设现代化新湖南奠定了坚实基础。然而湖南作为传统农业大省，在取得成效的同时，也存在区域农产品同质化竞争、农民增收压力较大、地方财政增加投入潜力有限、农业防灾减灾风险较多、乡村振兴工作体制机制待完善等困难和问题。这些困难和问题既有老难题，也有新挑战。需要以进入新发展阶段、确立新发展目标、贯彻新发展理念的变革逻辑为取向，按照大力实施"三高四新"战略、奋力建设现代化新湖南要求，立足于精细农业发展特色、"两型社会"建设名片、精准扶贫首倡地三大优势，在构建农业高质高效、乡村宜居宜业、农民富裕富足的农业农村现代化新格局上，闯出湖南的新路子，彰显湖南的新担当，展现湖南的新作为，谱写湖南的新篇章。

服务实践是"三农"理论工作者的职责。今年我们继续出版发布《湖南乡村振兴报告》，致力于以构建农业农村现代化新发展格局为主题，立足省内洞庭湖地区的调研，总结农业大省实施乡村振兴战略的新经验，分析新形势，探讨新问题，提出新对策，为湖南全面推进乡村振兴、构建农业农村现代化新发展格局贡献智慧，也期待能为全国实施乡村振兴战略提供有实际价值的参考。

本书由湖南省委农村工作领导小组"三农"工作专家组成员陈文胜、邹冬生、杨胜刚、王文强、柳中辉、瞿理铜担任编委会成员，其中陈文胜作为主编，负责统筹、组织、策划和统稿、定稿工作。湖南师范大学中国乡村振兴研究院是本书研究的支撑机构，研究院成员陆福兴、瞿理铜担任副主编，并作为核心研究力量，进行了分工合作研究。

《湖南 2021 年乡村振兴研究报告》的研究工作由陈文胜主持，陆福兴、瞿理铜、李珺、李珊珊、汪义力共同执笔完成，陈文胜统稿定稿。

《岳阳市 2021 年乡村振兴研究报告》由湖南理工学院刘健挺、陈灿煌、刘清泉等共同调研并执笔完成，陈文胜定稿。

《常德市 2021 年乡村振兴研究报告》的研究工作由陈文胜主持，陆福兴、李珊珊、汪义力共同执笔完成，陆福兴统稿，陈文胜定稿。

《益阳市 2021 年乡村振兴研究报告》由湖南城市学院汤放华、孙倩、汤勇、任国平、郭韵齐等共同调研并执笔完成，陈文胜定稿。

《湘阴县 2021 年乡村振兴研究报告》的研究工作由陈文胜主持，李珺、曹倩、朱烨共同调研并执笔完成，陈文胜定稿。

《澧县 2021 年乡村振兴研究报告》由陆福兴主持，陆福兴、田珍共同调研并执笔完成，陈文胜定稿。

《南县 2021 年乡村振兴研究报告》由瞿理铜主持，瞿理铜、易永喆共同调研并执笔完成，陈文胜定稿。

　　《湖南省村镇银行 2021 年研究报告》是湖南省村镇银行协会与湖南大学团队合作的研究成果，潘敏、高峰是顾问，王修华是课题主持人，吴志明、张学陶、唐铁成、王毅鹏、杨彦宁、宁洁瑶、胡若兰、廖嘉盛、张洁钰共同调研并执笔完成，陈文胜定稿。

　　《临湘市桃林镇东湖村调研报告》的研究工作由陈文胜指导，李珺、陈文胜执笔完成，陈文胜定稿。

　　《桃源县漆河镇华岩河村调研报告》的研究工作由陈文胜指导，朱烨、陈文胜执笔完成，陈文胜定稿。

　　《保靖县清水坪镇夕东村调研报告》由陆福兴指导，田珍、陆福兴执笔完成，陈文胜定稿。

　　《益阳市赫山区米香村大米加工业调研报告》由陈文胜指导，曹倩、陈文胜执笔完成，陈文胜定稿。

　　《长沙县开慧村新乡贤调研报告》由瞿理铜指导，易永喆、瞿理铜执笔完成，陈文胜定稿。

　　本书的研究与出版得到了省委农村工作领导小组办公室的关心、指导与支持；得到了岳阳市、常德市、益阳市、湘阴县、澧县、南县等地党委、政府及有关部门的大力支持与帮助；得到了省农业农村厅、省乡村振兴局、省村镇银行协会等单位的大力支持；得到了社会科学文献出版社领导和编辑的倾心指导与大力支持，在此，一并表示衷心的感谢！

　　本书引用了大量数据、案例，如无特殊说明，均来自调研中各地方部门或相关单位提供的资料，以及省、市、县（市）《统计年鉴》《国民经济与社会发展统计公报》和政府门户网站所发布的资讯，在此作特别说明并表达谢意。由于编者和研究者的水平有限，书中难免有不妥之处，敬请读者批评指正。

陈文胜
2021 年 10 月

权威报告·一手数据·特色资源

皮书数据库
ANNUAL REPORT(YEARBOOK)
DATABASE

分析解读当下中国发展变迁的高端智库平台

所获荣誉

- 2019年，入围国家新闻出版署数字出版精品遴选推荐计划项目
- 2016年，入选"'十三五'国家重点电子出版物出版规划骨干工程"
- 2015年，荣获"搜索中国正能量 点赞2015""创新中国科技创新奖"
- 2013年，荣获"中国出版政府奖·网络出版物奖"提名奖
- 连续多年荣获中国数字出版博览会"数字出版·优秀品牌"奖

成为会员

通过网址www.pishu.com.cn访问皮书数据库网站或下载皮书数据库APP，进行手机号码验证或邮箱验证即可成为皮书数据库会员。

会员福利

- 已注册用户购书后可免费获赠100元皮书数据库充值卡。刮开充值卡涂层获取充值密码，登录并进入"会员中心"—"在线充值"—"充值卡充值"，充值成功即可购买和查看数据库内容。
- 会员福利最终解释权归社会科学文献出版社所有。

数据库服务热线：400-008-6695
数据库服务QQ：2475522410
数据库服务邮箱：database@ssap.cn
图书销售热线：010-59367070/7028
图书服务QQ：1265056568
图书服务邮箱：duzhe@ssap.cn

社会科学文献出版社 皮书系列
SOCIAL SCIENCES ACADEMIC PRESS (CHINA)
卡号：859355172934
密码：

S 基本子库
SUB DATABASE

中国社会发展数据库（下设 12 个子库）

整合国内外中国社会发展研究成果，汇聚独家统计数据、深度分析报告，涉及社会、人口、政治、教育、法律等 12 个领域，为了解中国社会发展动态、跟踪社会核心热点、分析社会发展趋势提供一站式资源搜索和数据服务。

中国经济发展数据库（下设 12 个子库）

围绕国内外中国经济发展主题研究报告、学术资讯、基础数据等资料构建，内容涵盖宏观经济、农业经济、工业经济、产业经济等 12 个重点经济领域，为实时掌控经济运行态势、把握经济发展规律、洞察经济形势、进行经济决策提供参考和依据。

中国行业发展数据库（下设 17 个子库）

以中国国民经济行业分类为依据，覆盖金融业、旅游、医疗卫生、交通运输、能源矿产等 100 多个行业，跟踪分析国民经济相关行业市场运行状况和政策导向，汇集行业发展前沿资讯，为投资、从业及各种经济决策提供理论基础和实践指导。

中国区域发展数据库（下设 6 个子库）

对中国特定区域内的经济、社会、文化等领域现状与发展情况进行深度分析和预测，研究层级至县及县以下行政区，涉及省份、区域经济体、城市、农村等不同维度，为地方经济社会宏观态势研究、发展经验研究、案例分析提供数据服务。

中国文化传媒数据库（下设 18 个子库）

汇聚文化传媒领域专家观点、热点资讯，梳理国内外中国文化发展相关学术研究成果、一手统计数据，涵盖文化产业、新闻传播、电影娱乐、文学艺术、群众文化等 18 个重点研究领域。为文化传媒研究提供相关数据、研究报告和综合分析服务。

世界经济与国际关系数据库（下设 6 个子库）

立足"皮书系列"世界经济、国际关系相关学术资源，整合世界经济、国际政治、世界文化与科技、全球性问题、国际组织与国际法、区域研究 6 大领域研究成果，为世界经济与国际关系研究提供全方位数据分析，为决策和形势研判提供参考。

法律声明

　　“皮书系列”（含蓝皮书、绿皮书、黄皮书）之品牌由社会科学文献出版社最早使用并持续至今，现已被中国图书市场所熟知。“皮书系列”的相关商标已在中华人民共和国国家工商行政管理总局商标局注册，如LOGO（▧）、皮书、Pishu、经济蓝皮书、社会蓝皮书等。“皮书系列”图书的注册商标专用权及封面设计、版式设计的著作权均为社会科学文献出版社所有。未经社会科学文献出版社书面授权许可，任何使用与“皮书系列”图书注册商标、封面设计、版式设计相同或者近似的文字、图形或其组合的行为均系侵权行为。

　　经作者授权，本书的专有出版权及信息网络传播权等为社会科学文献出版社享有。未经社会科学文献出版社书面授权许可，任何就本书内容的复制、发行或以数字形式进行网络传播的行为均系侵权行为。

　　社会科学文献出版社将通过法律途径追究上述侵权行为的法律责任，维护自身合法权益。

　　欢迎社会各界人士对侵犯社会科学文献出版社上述权利的侵权行为进行举报。电话：010-59367121，电子邮箱：fawubu@ssap.cn。

社会科学文献出版社